职业教育商贸类专业公共课教材

电子商务基础
（第 4 版）

陈孟建　陈奕婷　许益亮　编著

电子工业出版社

Publishing House of Electronics Industry

北京·BEIJING

内 容 简 介

"电子商务基础"是职业教育商贸类专业公共课，也是职业院校电子商务专业的一门专业必修课。本书的每章内容都由理论知识、实训、习题三部分组成。本书所收集的案例都是目前较为流行的。本书在编写手段上采取理论知识与实际案例相结合，由浅入深、循序渐进、易看懂、易操作的方式。本书主要内容包括电子商务概述、电子商务的运作、电子交易与支付、网络营销与策划、电子商务安全技术、电子商务物流管理、电子商务客户服务、移动电子商务、最新热点技术。

本书可作为职业院校商贸类专业公共课及计算机、电子商务、工商管理等专业课的教材或者参考书，也可供具有一定文化程度的读者自学使用。

本书还配有电子教学参考资料包（包括教学指南、电子教案及习题答案），详见前言。

图书在版编目（CIP）数据

电子商务基础 / 陈孟建，陈奕婷，许益亮编著. —4 版. —北京：电子工业出版社，2020.8
ISBN 978-7-121-38373-1

Ⅰ. ①电… Ⅱ. ①陈… ②陈… ③许… Ⅲ. ①电子商务 Ⅳ. ①F713.36

中国版本图书馆 CIP 数据核字（2020）第 021959 号

责任编辑：徐　玲
印　　刷：大厂回族自治县聚鑫印刷有限责任公司
装　　订：大厂回族自治县聚鑫印刷有限责任公司
出版发行：电子工业出版社
　　　　　北京市海淀区万寿路 173 信箱　邮编：100036
开　　本：787×1 092　1/16　印张：15.75　字数：403.2 千字
版　　次：2010 年 1 月第 1 版
　　　　　2020 年 8 月第 4 版
印　　次：2024 年 9 月第 9 次印刷
定　　价：39.00 元

凡所购买电子工业出版社图书有缺损问题，请向购买书店调换。若书店售缺，请与本社发行部联系，联系及邮购电话：（010）88254888，88258888。

质量投诉请发邮件至 zlts@phei.com.cn，盗版侵权举报请发邮件至 dbqq@phei.com.cn。

本书咨询联系方式：xuling@phei.com.cn。

前言

本书第 3 版于 2017 年 8 月出版，两年多来被全国各地的广大读者使用，而且好评如潮。在此期间，我们也收到了不少读者的来信，并根据读者的反馈意见和建议，对本书第 3 版进行了修订。

电子商务的发展日新月异，特别是近年来出现了很多新思维、新思想、新技术，这些都对企业和客户提出了更新、更高、更全面的要求。为了使广大学生能适应现代电子商务管理岗位的需要，我们在本次修订工作中做了如下调整。

（1）系统地修改和完善了各章节的内容和习题。

（2）新增了第 9 章最新热点技术，包括大数据技术、云计算技术、慕课技术、直播教育技术等内容。

（3）修改、完善了第 5 章的内容，删除了 5.3 节的内容。

（4）修改、完善了第 6 章的内容，删除了 6.4 节的内容。

（5）修改、完善了第 7 章的内容，删除了 7.3 节的内容。

（6）对一些章节的案例也做了相应的调整。

总之，我们尽量保持本书第 3 版的风格，既方便学生的学习，又方便教师的教学，希望能够给广大读者带来更大的帮助。

为了方便教学，本书还配有教学指南、电子教案及习题答案（电子版）。请有此需要的读者登录华信教育资源网（www.hxedu.com.cn）下载或者与电子工业出版社联系，我们将免费提供（E-mail：hxedu@phei.com.cn）。

本书由浙江经贸职业技术学院陈孟建、杭州艺术学校陈奕婷、浙江经贸职业技术学院许益亮共同编著，浙江工商大学沈美莉参与了此书的编写。在本书编写过程中，我们得到了李华、李锋之、刘逸平等专家的帮助，在此表示衷心的感谢！

由于编著者水平有限，加之时间仓促，书中难免存在错误和不妥之处，恳请读者批评指正。

编著者

2020 年 7 月于杭州

第1章

电子商务概述

1.1 电子商务的概念

1.1.1 电子商务的案例

1. 社会的网络化进程

在网络化的社会环境里，人们的社会生活已经离不开网络，离不开电子商务了。例如：

（1）人们回到家或到办公室的第一件事就是上网检查一下电子邮箱（E-mail）和语音信箱（Voice-mail）。

（2）出门或出差前先上网查询一下本地和目的地的天气预报。

（3）在繁忙的工作之余，如果有短暂的休息，首先会上网去看自己感兴趣的新闻或娱乐信息。

（4）人与人之间的沟通和交流，一般是通过 E-mail、电话或上网以 QQ、微信聊天等方式来进行的。

（5）休闲娱乐可以完全根据自己的时间和兴趣爱好，通过网络寻找合作伙伴来进行。

（6）购物、水费、电费、电话费的支付、理财和个人账户管理等经济活动一般可以通过网上银行或电子商务系统来完成。

（7）查询资料、搜索市场或商务信息，首选的不是图书馆和传统媒体，而是通过网络媒体进行搜索。

（8）办公文件、商务单证的处理和传递等都是通过网络来完成的。

（9）学生选课、查成绩、查学分、交作业、与教师交流等都可通过网络来实现。

（10）看病可以不去医院而直接在网络上进行；对于疑难病例，可以通过网络让全世界最好的专家进行会诊。

（11）在电子商务时代，足不出户即可对商品货比万家地进行选择。

（12）一天周游世界不是梦，可以通过网络访问世界著名的旅游网站，欣赏世界各地的风景名胜。

2. 现实生活中的电子商务

实际上，电子商务并不神秘，它在全球各地已有许多成功的实践，人们可以通过这些现实生活实践来了解和熟悉它。

1）网上购物

最近几年，相继在各地开展的"网上生存大赛"活动就是不借助其他任何一种通信方式，全部通过网络来搞定衣食住行。名为"网上生存"的极限运动受到了年轻人的青睐，"饿了就在网上订餐要外卖，需要什么生活用品就到网上商城去购买，娱乐、休闲活动都可以足不出户、通通靠网络来搞定。"这就是大赛的宗旨，其目的是让更多的人来了解电子商务，了解网络的更多魅力。

网上购物实际上就是足不出户即可享受逛街的乐趣。只要一台计算机、一根网线就可以将琳琅满目的商品尽收眼底。轻轻单击鼠标，逛街—购物—付款，轻松搞定！只需静待商品上门。

这就是快捷、便利的网上购物。如图 1-1 所示的是当当网主页，地址是 http://www.dangdang.com/。

图 1-1　当当网主页

2）网上银行

郑老师在某学院工作，学院每月将他的工资直接存入他在工商银行的账户上。郑老师只要登录工商银行的网站，就可以查询本月工资的数额、累计余额、在网上消费和交易等明细账目。例如，单击"我的账户"模块，就可以打开含有注册账户列表查询、账务查询、电子回单、电子工资单、住房公积金、资金自动归集、账户管理等功能项目的菜单窗口。中国工商银行个人网上银行主页如图 1-2 所示。

图 1-2　中国工商银行个人网上银行主页

如果选择"账务查询"功能，就可以进行余额查询、明细查询、网上购物查询、网上售货明细查询、利息税汇总查询、缴费明细查询、预付账户查询、预付交易当日明细查询、预付交易历史明细查询、商务卡定向支付查询等。

目前，国内各大银行都开通了网上银行业务，并可办理各种信息服务、信息咨询、银行转账、个人理财等多种业务，特别是可办理数额较大的资金存取与转账业务，既方便又安全。

3）旅游预订

暑假将至，陈老师一家三口准备外出旅游，他希望了解一些旅游线路和旅行社的情况。为此，他访问了国内著名的旅游网站——同程旅游网（http://www.ly.com），该网站主页如图 1-3 所示。

图 1-3　同程旅游网网站主页

陈老师一家围坐在计算机旁，进行了认真的研究，最后选择了中国著名的十大名山之一的稻城三神山去旅游，并在网上向旅行社办理了预订手续。之后不久，一家三口开始了快乐的旅行。

> 思考：你曾在网上享受过电子商务带来的乐趣吗？若享受过，请举例说明。

1.1.2　电子商务的定义

近几年，"电子商务（Electronic Commerce，EC）"一词在社会经济生活中高频率地出现，成为众说纷纭的新名词。国内外都试图对电子商务的概念做出确切的表述，但终究没有形成完全一致的看法。这些定义可以从两种角度进行分类：一种是单纯地从商品或服务交易的角度；另一种是从整个供应链的角度。

1. 电子商务的广义定义

电子商务是指使用各种电子工具从事商务活动。这些工具包括从初级的电报、电话、广播、电视、传真，到计算机、计算机网络，再到 NII（国家信息基础结构——信息高速公路）、GII（全球信息基础结构）和 Internet 等现代信息系统。而商务活动是指从泛商品（实物与非实物、商品与非商品化的生产要素等）的需求活动到泛商品的合理、合法地进行消费（典型的商品生产过程除外）的所有活动。

2．电子商务的狭义定义

电子商务是指利用 Internet 从事商务活动。电子商务是在技术、经济高度发达的现代社会里，掌握信息技术和商务规则的人系统化地运用电子工具，高效率、低成本地从事以商品交换为中心的各种活动的总称。

这个定义突出了电子商务的前提、中心、重点、目的和标准，指出了电子商务应达到的水平和效果，是对电子商务更严格和更体现时代要求的定义，它从系统的观点出发，强调人在系统中的中心地位，将环境与人、人与工具、人与劳动对象有机地联系起来，用系统的目标、系统的组成来定义电子商务，从而使电子商务具有生产力的性质。

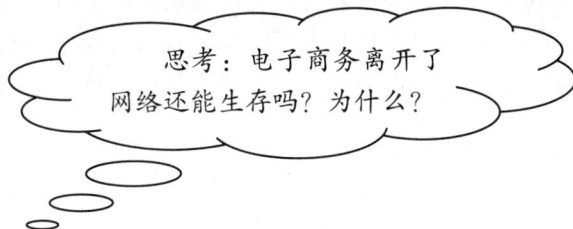

> 思考：电子商务离开了网络还能生存吗？为什么？

1.1.3　电子商务的特点

1．网络角度的特点

从网络角度来看，电子商务具有数字化、交互性和高效率三个基本的特点。

1）数字化

当商务及与商务活动相关的各种信息都以数字形式被采集、存储、处理和传输的时候，商务模式就发生了质的变化，数字生活、数字商务、虚拟企业等数字化形式就应运而生了。信息数字化所具有的易于存储、查询、处理、修改等优越性，使人类将前进的方向与数字化牢牢地捆绑在了一起，正是由于电子商务的数字化特点，使得商务活动中的商流、资金流和信息流都能够在计算机网络中迅速传输，形成"三流合一"的商务模式，这使得现代商务活动朝着"无纸"商务、信息商务、快速商务的方向发展。

2）交互性

各种信息交互协议决定了数字化信息在计算机网络中具有双向沟通的功能，而电子商务正是基于这种网络环境的商务活动。因此，在电子商务过程中可以轻松地完成商务信息的双向沟通，实现商务交易主体之间的信息交互。这是电子商务与传统商务相区别的重要方面，它预示着电子商务可以采用网络重复营销、网络软营销、数据库营销、一对一营销等现代营销的方式和手段，从而提高营销的效率和效益。

3）高效率

电子商务信息的传递是基于电磁波的传输原理，传输信道主要采用互联网，它能够以每秒 30 万千米的速度（理想的理论值）传递信息。在这种速度下，常规的时间和空间的规律已经被彻底打破，电子商务已经突破了传统物理世界的时间限制和空间限制，使商务交易的

效率和商务服务的效率都得到了极大的提高。

2．买方市场角度的特点

从买方市场角度来看，电子商务具有全球化、充分竞争性、节约性、方便性和买方市场等特点。

1）全球化

互联网是普遍存在的，它的互联性决定了电子商务的跨国性，它的开放性决定了电子商务市场的全球性。电子商务在一种无国界的、开放的全球范围内去寻找目标客户、供应商和合作伙伴，带来了更大范围成交的可能性，因而能使企业卖得更多；同时，电子商务也提供了更广域的价格和质量的可比性，所谓在网上可以货比万家的说法是成立的，这使客户有了更多的选择，能够买到更便宜的商品，而这种可比性，使市场竞争更加激烈。

2）充分竞争性

电子商务的充分竞争性是电子商务市场的一个重要特征。经济全球化使企业的潜在客户扩大到了全球；同时，经济全球化也使企业的竞争对手扩大到全球范围，也就是说，同一领域中的企业将面临全球化大市场中的几乎所有强大的竞争者。这样，商品市场中的充分竞争将是必不可少的，当然，这也可能是消费者所希望看到的。

3）节约性

一般来说，商品的价格都是由商品的最终成本决定的。在电子商务环境下，作为商务服务主体的企业，由于采用的电子商务等相关先进技术而使企业可以实施低成本战略，或者可以长期以较低的成本生产和销售商品，也就是说，企业可以以较低的价格将商品或者服务销售给消费者。在这样的情况下，无论是大宗商品的生产性和销售性的购买，还是小宗商品的消费性的购买，都可以获得极大的节约。生产性和销售性购买的节约性主要体现在极大地降低了原材料、半成品和成品的采购成本、物流成本等；消费性购买的节约性主要体现在能使消费者获得高额的消费者剩余。

4）方便性

电子商务的数字化特性和高效率特性使消费者的商务活动可以轻松地突破时间和空间的限制。从理论上讲，地球上的消费者可以在任何时间、任何地点轻松地实现商务购买；这虽然只是一个愿景，但是随着各种方便的上网设备被发明出来，电子商务正在逐步将这个美好的愿望变成现实（至少数字化商品可以尽快地得以实现），这无疑给消费者的商务活动带来了极大的方便。

5）买方市场

所谓买方市场，是指交易由买方左右的市场，即市场是在具有压倒性优势的买方力量的控制下运行的。它的基本表现形式是：市场上商品丰裕，供应量超过了需求量，买方有着更大的商品挑选余地和更多的购买机会；卖方则处于次要地位，并要为促进商品的销售而彼此展开竞争，这就形成"卖难"。

电子商务的市场环境给了人们一个什么是真正的买方市场的满意答复。在电子商务市场中,消费者有足够的能力和可能获得提供商务服务的企业信息;另外,就算单个的消费者与提供商务服务的企业相比处于劣势,消费者也可以在虚拟网络中,通过"团购"轻松实现对提供商务服务的企业的劣势扭转。

3. 卖方市场角度的特点

从卖方市场角度来看,电子商务具有低成本、个性化、专业化等特点。

1)低成本

通过网络营销等电子商务活动,企业可以提高营销效率和降低促销费用。据统计,在 Internet 上做广告可以提高 10 倍的销售数量,同时它的成本是传统广告的 1/10;其次,电子商务可以降低采购成本,因为借助 Internet,企业可以在全球市场寻求最优惠价格的供应商,而且可以通过与供应商信息共享而减少中间环节,进而避免由于信息不准确带来的损失。有资料表明,使用电子数据交换(Electronic Data Interchange,EDI)通常可以为企业节省 5%~10%的采购成本。

因此,在充分利用各种电子商务技术和手段的情况下,商品制造类企业能够有效地降低其运营成本,特别是其中的商品成本,而非制造类企业也能够有效地降低其运营过程中发生的各种费用,从而使企业能够以较低的价格向消费者提供服务,同时保持较高的利润。追求高额利润是企业经营的终极目标,而企业运营发生的各种成本或者费用则是与利润额的高低相关的主要因素,因而低成本(费用)是电子商务最不易被忽略的一个特点。

2)个性化

电子商务个性化是指电子商务企业要向客户提供个性化的服务,主要包括以下三方面的内容。

(1)需求的个性化定制。由于自身条件的不同,客户对商品和服务的需求也不尽相同,因此,如何及时了解客户的个性化需求是首要任务。

(2)信息的个性化定制。互联网为个性化定制信息提供了可能,也预示着巨大的商机。《华尔街时报》很早推出的个人电子报纸就是一例。互联网最大的特点是实时、互动,随着网络互动电视的发展,不仅可以使消费者实现电视点播,而且会促使个人参与到节目的创意、制作过程之中。

(3)对个性化商品的需要。特别是技术含量高的大型商品,消费者不再只是被动地接受,商家也不仅仅是提供多样化的选择范围了事。消费者将把个人的偏好参与到商品的设计和制造过程中去。

电子商务个性化是企业创造竞争优势的重要手段。如今,在产品、价格乃至广告都同质化的今天,差异化竞争显得非常重要,这对于产品同质化程度较深、竞争异常激烈的 IT 行业来说尤甚。而个性化是体现差异化竞争优势的最好方式,实施电子商务个性化则有助于提升企业的核心竞争力。

另外,个性化也是电子商务本身的价值所在。电子商务的价值就在于能够主动、快速、准确地对客户的需求做出反应,并通过 EDI、电子渠道等方式来满足客户需求。在这个交易

过程中，其实质是企业对客户个性化需求的满足。电子商务的技术基础也为掌握客户的个性化需求提供了技术上的可能性。例如，可以通过在线互动的方式直接了解客户的个性化需求，然后设法去满足。

个性化电子商务和电子商务个性化在国内外已渐成潮流，成为推动电子商务发展的加速器。如今，一些开展了电子商务的企业纷纷打出了"个性化服务"这张王牌。

3）专业化

电子商务专业化可以理解为购物网站是某一领域（行业）或某类商品的主题网站，供应某一类商品，不让顾客被琳琅满目的商品弄得头昏眼花，如 Dell（戴尔）、Blue Nile（蓝色尼罗河）、Amazon（亚马逊网上书店）等。电子商务多元化可以理解为网站就像一个百货公司，那儿能提供从图书到汽车的所有物品，消费者只要在浏览器上轻轻一点，就能得到想要的任何商品，如 eBay（电子海湾）、Taobao（淘宝）等。

4．整体角度的特点

从整体角度来看，电子商务具有协同性、集成性、扩展性等特点。

1）协同性

在虚拟电子商务模式中，几乎所有的信息交互都可以在瞬间完成，相关的所有商务活动都必须适应这种速度，也就是所有提供商务服务的主体都应该相互协调并适应"光速"的商务规则，这就是电子商务的协同性。否则就会出现各种问题，最终影响商务活动的开展。例如，在互联网上，很多人会因为网页在 3 秒之内还不能打开而放弃对该网页的浏览。因此，网上的信息传输要足够快；同样，与网上信息的高速传输相比，如果相应的物流配送体系不能适应这种速度，至少其配送速度要在消费者能够容忍的时限之内。试想，如果到网上去购买一本图书，需要两个星期的时间才能到达读者手中，可以想象一下会有多少人会因为不能容忍这种慢速度而放弃网上购书，如果到货时间缩短到 2 天或者 1 天，情况又怎样呢？因此，从这个角度上讲，很多人把电子商务又称为协同商务。

2）集成性

电子商务必须作为一个整体而尽可能地向消费者提供良好的"一站式"模式的商务服务，也就是说，电子商务服务提供商所在的整个供应链必须被集成为一个整体而开展工作。只有这样，电子商务的协同性规则才能得到保证。同样，只有电子商务服务能力被集成为一个整体，才能真正适应"光速"的商务规则。

电子商务的服务能力与电子商务的服务提供商被物理地或逻辑地集成在一起，这种集成是必需的，不然，就有可能退回到实体商务的历史模式中去。

3）扩展性

与传统实体商务相比，电子商务天生就具有全球市场的特点；同时，由于信息的数字化传输突破了时间和空间的限制，"地球村"的商务理念正在被越来越多的人所理解和接受。因此，面对潜在消费者数目的极大不确定性，必然要求电子商务的服务系统必须具备高度的弹性，以适应越来越多的消费需求。否则，电子商务系统将会由于消费者的增多而难以承受，

进而降低服务水平，最终企业将失去市场生存能力。

> 思考：你享受过电子商务哪些个性
> 化的服务？有什么样的体会？

1.1.4　电子商务的优势与功能

1．电子商务的优势

互联网具有以下三个显著的优势，使得电子商务也随之具备了这样的优势。

1）传播优势

由于互联网具有传送文字、图片、动画、影像及声音等信息的超媒体功能，因而它迅速地成为新的商品营销手段。而且由于用户众多、传播面广、传播速度快、存储时间长、信息容量大、表现力强、价格低廉等特点，它已经引起了商业界的广泛重视；此外，精心策划和设计的网站及网络营销，已经成为全球企业界全新的经营方式。

2）技术优势

互联网的技术优势表现在使网站具有良好的交互性，其中可设置各种信息数据库，为访问者提供资信服务；同时收集访问者的意见、求购意向。结合企业各个部门的服务功能，网站内容可以扩展到投资、合作、营销、采购和查询等诸多方面。

3）交互优势

互联网具有交互性，通过万维网（Web）与客户进行交流和技术支持时，会使企业效率更高，并能让企业用快捷、方便、经济的方式把自己的信息融入信息高速公路之中，与客户保持有效而方便的联系。国际互联网的商用价值就在于具备网上贸易潜力，网站将成为企业的一个独立销售、贸易部门。

2．电子商务的功能

电子商务可提供网上交易和管理等全过程的服务，因此它具有广告宣传、咨询洽谈、网上订购、网上支付、电子账户、服务传递、意见征询、交易管理等各项功能。

1）广告宣传

电子商务可凭借企业的 Web 服务器和客户的浏览，在 Internet 上发布各类商业信息。客户可借助网上的检索工具（Search）迅速地找到所需商品信息，而商家可利用网上主页（Home Page）和电子邮件（E-mail）在全球范围内做广告宣传。与以往的各类广告相比，网上的广告成本最为低廉，而给顾客的信息量却最为丰富。

2）咨询洽谈

电子商务可借助非实时的电子邮件（E-mail）、新闻组（News Group）和实时的讨论组（Chat）来了解市场和商品信息，洽谈交易事务。如有进一步的需求，电子商务还可通过网上的白板会议（Whiteboard Conference）来交流即时的图形信息。网上的咨询和洽谈能超越人们面对面洽谈的限制，并提供多种方便的异地交谈形式。

3）网上订购

电子商务可借助 Web 中的邮件交互传送实现网上订购。通常都是产品供应商在产品介绍的页面上提供十分友好的订购提示信息和订购交互格式框，当客户填完订购单后，通常系统会回复确认信息单来保证订购信息的收悉。订购信息也可采用加密的方式使客户和商家的商业信息不会泄露。

4）网上支付

电子商务要成为一个完整的过程，网上支付是重要的环节。客户和商家之间可采用信用卡账号进行支付。在网上直接采用电子支付手段可省略现实交易中很多人员的开销。网上支付将需要更为可靠的信息传输安全性控制，以防止出现欺骗、窃听、冒用等非法行为。

5）电子账户

网上支付必须有电子金融来支持，即银行或信用卡公司及保险公司等金融单位要为金融服务提供网上操作的服务，而电子账户管理是其基本的组成部分。

信用卡号或银行账号都是电子账户的一种标志。而其可信度要配以必要的技术措施来保证，如数字证书、数字签名、加密等手段的应用保证了电子账户操作的安全性。

6）服务传递

对于已付了款的客户，应将其订购的货物尽快地传递到他们的手中，而有些货物在本地，有些货物在异地，电子邮件能在网络中进行物流的调配。最适合在网上直接传递的货物是信息产品，如软件、电子读物、信息服务等，能直接从电子仓库中将货物发到用户端。

7）意见征询

电子商务能十分方便地采用网页上的"选择""填空"等格式文件来收集用户对销售服务的反馈意见，这样就能使企业的市场运营形成一个封闭的回路。客户的反馈意见不仅能提高售后服务水平，而且可以使企业获得改进产品、发现市场的商业机会。

8）交易管理

整个交易管理将涉及人、财、物等多个方面，以及企业与企业之间、企业与客户之间、企业内部等各方面的协调与管理。因此，交易管理是涉及商务活动全过程的管理。

电子商务的发展将会提供一个良好的交易管理的网络环境及多种多样的应用服务系统，而这些又能促进和保障电子商务获得更广泛的应用。

1.2　电子商务的产生与发展

1.2.1　电子商务的产生

1. 电子商务的起源

电子商务最早讨论于 20 世纪 30 年代，产生于 60 年代，发展于 90 年代，如图 1-4 所示。

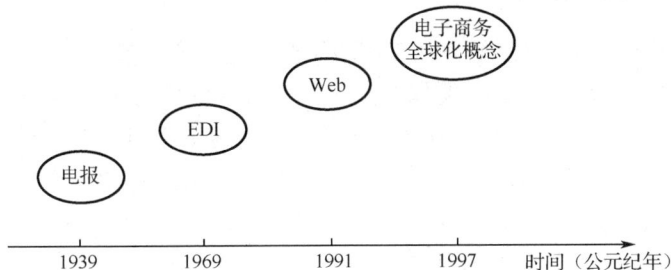

图 1-4　电子商务的起源

图 1-4 中的四个事件是电子商务起源过程中的标志性事件。

（1）1939 年，电报出现，人们就开始运用电子手段对商务进行讨论。

（2）1969 年，EDI 出现，使企业之间的业务往来开始通过电子化方式进行。

（3）1991 年，万维网（Web）在 Internet 上出现——电子商务规模发展的标志。

（4）1997 年，IBM 公司推出电子商务全球化概念。

2. 电子商务产生的条件

电子商务产生的重要条件主要有以下几个。

1）计算机的广泛应用

近 30 年来，计算机的处理速度越来越快，处理能力越来越强，价格越来越低，应用越来越广，这为电子商务的应用提供了物质基础保障。

2）网络的普及和成熟

由于 Internet 逐渐成为全球通信与交易的媒体，全球上网用户数量呈几何级数增长，Internet 快捷、安全、低成本的特点为电子商务的发展提供了应用条件保障。

3）信用卡的普及应用

信用卡以其方便、快捷、安全等优点而逐渐成为人们消费支付的重要手段，并由此形成了完善的全球性信用卡计算机网络支付与结算系统，使"一卡在手、走遍全球"成为可能，同时也为电子商务中的网上支付提供了重要的手段保障。

4）电子安全交易协议的制定

1997 年 5 月 31 日，由美国 VISA 和 Mastercard 国际组织等联合制定的安全电子交易协议（Secure Electronic Transfer Protocol，SET）的出台，以及该协议得到的大多数厂商的认可

和支持，为开发网络上的电子商务提供了一个至关重要的安全环境保障。

5）政府的支持与推动

1997年，欧盟发布了《欧洲电子商务协议》，随后美国发布了《全球电子商务纲要》。从此，电子商务引起世界各国政府的重视，许多国家的政府开始尝试"网上采购"。这为电子商务的发展提供了强有力的人文环境保障。

1.2.2 中国电子商务发展史

中国电子商务始于1997年。如果说美国电子商务是"商务推动型"，那么中国电子商务则更多的是"技术拉动型"，这是在发展模式上中国电子商务与美国电子商务的最大不同。在美国，电子商务实践早于电子商务概念，企业的商务需求"推动"了网络和电子商务技术的进步，并促成电子商务概念的形成。当Internet时代到来的时候，美国已经有了一个比较先进和发达的电子商务基础。在中国，电子商务概念先于电子商务应用与发展，"启蒙者"是IBM等IT厂商，网络和电子商务技术需要不断"拉动"企业的商务需求，进而引致中国电子商务的应用与发展。了解这一不同点是很重要的，这是中国电子商务发展的一大特点，也是理解中国电子商务应用与发展的一把钥匙。

1. 萌芽与酝酿期（1997—1999）

萌芽与酝酿期的特征：业内公认的说法是，国内第一批电子商务网站的创办始于1997年。当时，互联网全新的引入概念鼓舞了第一批新经济的创业者，他们认为传统的贸易信息会借助互联网进行交流和传播，商机无限。于是，从1997年到1999年，美商网、中国化工信息网、8848、阿里巴巴、易趣网、当当网等知名电子商务网站先后涌现。

（1）1997年，中国化工信息网正式提供服务，这是全国创建的第一个行业门户网站。

（2）1998年12月，阿里巴巴公司正式在开曼群岛注册成立，1999年3月其子公司阿里巴巴（中国）公司在杭州创建。

（3）1999年8月，国内首家C2C（Customer to Customer）电子商务平台易趣网创办。

（4）1999年9月，招商银行率先在国内全面启动"一网通"网上银行服务，建立了由网上企业银行、网上个人银行、网上支付、网上证券及网上商城为核心的网络银行服务体系。

2. 冰冻与调整期（2000—2002）

冰冻与调整期的特征：在互联网泡沫破灭的大背景下，电子商务的发展也受到严重影响，创业者的信心经受了严峻的挑战，尤其是部分严重依靠外来投资"输血"，而自身尚未找到营利模式以具备"造血"功能的企业，经历了冰与火的严峻考验。于是，包括8848、美商网、阿里巴巴在内的知名电子商务网站进入残酷的"寒冬"阶段，而依靠"会员+广告"模式的行业网站集群，则大都实现了集体赢利，安然度过了互联网最为艰难的"寒潮"时期。

（1）2000年春节前后，中国B2C（Business to Customer）电子商务迎来了第一个节日网购销售高峰。

（2）2000年4月，于1992年成立的慧聪国际公司推出了慧聪商务网，即现在的慧聪网。

（3）2000 年 5 月，卓越网成立，为我国早期 B2C 网站之一。

（4）2000 年 6 月 21 日，中国电子商务协会正式成立。

3．复苏与回暖期（2002—2005）

复苏与回暖期的特征：电子商务在经历了低谷及 2003 年一场突如其来的"非典"后，出现了快速复苏回暖，部分电子商务网站也在经历过泡沫破裂后，更加谨慎务实地对待营利模式和低成本经营。

（1）2003 年 5 月，阿里巴巴公司投资 1 亿元人民币成立淘宝网，进军 C2C。

（2）2003 年 10 月，阿里巴巴公司推出"支付宝"。

（3）2003 年 12 月，慧聪网（08292-HK）在香港创业板上市，成为国内 B2B（Business to Business）电子商务首家上市公司。

（4）2004 年 1 月，阿里巴巴公司董事局主席马云正式提出"网商"概念。 2004 年 6 月，"第一届网商大会"在杭州举办。

4．崛起与高速发展期（2006—2007）

崛起与高速发展期的特征：互联网环境的改善、电子商务理念的普及给电子商务带来了巨大的发展机遇，各类电子商务平台会员数量迅速增加，大部分 B2B 行业电子商务网站开始实现赢利。而专注 B2B 的网盛生意宝公司与阿里巴巴公司的先后上市成功引发的"财富效应"，更是大大激发了创业者与投资者对电子商务的热情。IPO 的梦想、行业良性竞争和创业投资热情高涨这"三驾马车"，大大推动了我国行业电子商务进入新一轮高速发展与商业模式创新阶段，衍生出更为丰富的服务形式与营利模式，而电子商务网站数量也快速增加。

（1）2006 年 12 月 15 日，电子商务领军企业网盛科技公司登陆深圳中、小企业板块，标志着 A 股"中国互联网第一股"诞生。

（2）2007 年 4 月，PPG 公司共获得 5000 万美元的国际风险投资，这种无店铺、无渠道的 B2C 新型电子商务直销模式表明传统产业与电子商务进一步融合。

（3）2007 年 8 月，今日资本公司向京东商城公司投资 1000 万美元，开启国内家电 3C 网购新时代。

（4）2007 年 11 月 6 日，阿里巴巴网络有限公司在香港主板上市，融资 16.9 亿美元，创全球互联网企业融资额第二大纪录。

5．转型与升级期（2008—2009）

转型与升级期的特征：全球金融海啸的不期而至，致使全球经济环境迅速恶化，我国相当多的中、小企业举步维艰，尤其是外贸出口企业随之受到极大阻碍。作为互联网产业中与传统产业关联度最高的电子商务，也难以独善其身。受产业链波及，外贸在线 B2B 首当其冲，以沱沱网、万国商业网、慧聪宁波网、阿里巴巴网为代表的出口导向型电子商务服务商纷纷或关闭、或裁员重组、或增长放缓。

而与此同时，在外贸转内销与扩大内需、降低销售成本的指引下，内贸在线 B2B 与垂直细分 B2C 却获得了新一轮的高速发展，不少 B2C 服务商获得了数目可观的风险投资（Venture

Capital，VC）的资本青睐，传统厂商也纷纷涉水，B2C 由此取得了前所未有的发展与繁荣。而 C2C 领域，随着搜索引擎巨头百度公司的进入，使得网购用户获得了更多的选择空间，行业竞争更加激烈化。

（1）2008 年 8 月，VANCL 公司已累计向启明投资公司、软银公司等财团进行三轮融资，融资额达 4000 万美元。

（2）2008 年，服装 B2C 直销领域兴起投资热，以 VANCL、BONO、衣服网、李宁为行业代表的各类服装网购平台兴起，其在线直销模式逐渐引发了传统服装销售渠道的变革。

（3）2008 年，中国电子商务 B2B 市场交易额达 3 万亿元人民币；C2C、B2C 网购交易额达 1500 亿元人民币。

（4）2009 年，C2C、B2C 网购交易额达 2500 亿元人民币。

6. 电子商务新元年（2010—2014）

电子商务新元年的特征：中国的电子商务始于 1997 年，但真正出现大发展与大跨越是在 2010 年之后，2010 年被称为真正的中国电子商务元年。各类电商公司百花齐放、百家争鸣，电商似乎成为一个与众不同的、独特的行业，很多电商的业内人士过分强调电商与传统业务的差异性，把电商搞得很神秘。

（1）2010 年年初到现在，国内品牌行业纷纷涉足网上销售业务。国内 60%以上的快速、耐用消费品品牌企业进驻了淘宝商城和建立独立网店。

（2）2010 年 2 月，苏宁电器（002024，股吧）旗下电子商务平台苏宁易购网上线。

（3）2010 年 5 月，随着电子商务分工的进一步细化，国内老牌的建站公司中国网服成立了专门代理网上商城建设和运营的网店托管部门，向品牌企业提供网站托管服务。

（4）2010 年 8 月，富士康公司旗下的 B2C 电子商务平台"飞虎乐购"上线。

（5）2010 年 11 月，国美公司以 4 800 万元人民币收购库巴网 80%的股份，推出全面进军电子商务战略的具体措施。

（6）2011 年 12 月，铁道部对铁路售票进行改革，全面推行网络售票，开创了网络售票新时代。

（7）2012 年 12 月，中国网络零售市场（包括 B2C 和 C2C）交易规模突破 1 万亿元人民币大关，达 13205 亿元人民币，同比增长 64.7%，占到社会消费品零售总额的 6.3%。而 2011 年全年，网络零售市场交易额达 8019 亿元人民币，同比增长 56%，已占到了社会消费品零售总额的 4.4%。

（8）2013 年 3 月，随着智能手机在中国的日渐普及，移动电子商务在中国进入快速发展期。移动网购交易额再创新高，达 266.6 亿元人民币，同比增长 250.3%，占互联网购物的比例从 2011 年 1 季度的 0.7%提升至 2013 年 1 季度的 7.6%，两年时间提升 10 倍。

（9）2014 年，移动电商已经成为不言自明的最大趋势。传统互联网企业、PC 端电商企业纷纷加紧移动互联网布局，微信电商已经初具移动电商平台的雏形，而移动购物、移动支付也有可能逐渐代替 PC 端的操作成为网购的主流购物场景。虽然手机已经成为人类的一个"器官"，但电商如何借助移动互联网，还要投入更多的时间探索。也正是因为这个探索阶段，移动电商必将赢得下一个弯道超车的机会。

（10）2014 年 3 月，《中华人民共和国消费者权益保护法》开始实施，这次主要从四方面完善消费者权益保护制度，如强化经营者义务、规范网络购物等新的消费方式、建立消费公益诉讼制度等。

7. 电子商务创新年（2015—2016）

伴随着社会信息化进程的加快，特别是互联网的高速发展，电子商务作为较先进的商业模式在中国快速兴起并呈现蓬勃发展之势。

1）2015 年"双十一" 1 天交易额为 912 亿元人民币

从这个数字可以看出，中国双寡头的电商格局已经形成：中国电商将只剩下阿里巴巴（淘宝、天猫、苏宁、易购等）及腾讯京东系（京东、微商等）两个电商垄断之寡头格局，两家电商占中国电商 90%以上市场份额的格局 3～5 年内不会被改变，其他中等电商，特别是 B2C 电商基本都将消失合并。

2）2015 年大的生活服务电商纷纷合并

2015 年出现的美团与大众点评、携程与去哪儿、滴滴与快的、58 与赶集等生活服务电商纷纷合并，还有 BAT 公司对生活服务电商的投资，如百度公司投资糯米公司、阿里巴巴公司扶持口碑公司。电商要通过微博、微信等手段去做新市场，也要通过专业的电商平台去推广商品。

3）2015 年 O2O 行业的冰与火

2015 年上半年，是 O2O 行业火爆的半年，各种 O2O 电商（特别是上门服务的那种 O2O 电商）获得融资的消息不绝于耳；而 2015 年下半年，各种 O2O 电商倒闭的消息开始纷纷传来。

4）2015 年微商的冰与火

在 2015 年 5 月之前，微商火爆得不行，人人赚钱，家家暴利；但 5 月之后，CCTV 出面来抨击微商，其他传统媒体也来夹击微商。到 2015 年 11 月，微商进入冰点，即最低点，直到现在，微商才开始反弹。经过洗礼，现在微商已经是一个正常的商业与行业，卖代理权的微商模式已经崩溃，微商零售已经崛起。

5）移动电商时代已经来临

在 2015 年"双十一"，移动电商已经达到 69%，而京东、唯品会等移动电商已经占 80%左右。目前热门的、被关注的、排第一的电商是移动电商与微商；其次是生活服务 O2O 电商。

6）农产品电商之火

2015 年，不知道为什么农产品电商那么火爆，例如，在微商领域，农产品取代面膜化妆品成为第一大品类；在欣欣向荣的微博电商领域，微博上卖货最多的最大群体是微博主，也是农产品人；而阿里巴巴公司、京东商城在 2015 年都将二三线农村市场作为自己的三大电商战略之一。

2016 年，农产品电商越来越多地被整合、并购；农产品电商成为电商的重要一环，并通过被整合、并购而得到壮大。发展农产品电子商务，是推动现代农业的进程、打造现代农业

市场流通体系的现实需要，也是农业信息化发展的必然趋势。

7）2016 年跨境进口电商发展迅速

2016 年，跨境进口电商交易额较往年有很大提升。近两年，很多节日被电商变成了购物节。"双十一"成为全民购物狂欢节日，而"黑五"也越来越得到海淘一族的重视，今年各大电商也有各式各样的促销形式出现。其中，电商天猫国际、洋码头交易额增长迅猛。据中国电子商务研究中心监测数据显示，电商洋码头在"黑五"大促销前 10 分钟的交易额就突破了 6 000 万元人民币，而电商天猫国际仅用 7 小时就完成并超越了 2015 年的全天交易额。

1.2.3 中国电子商务的发展趋势

从未来发展看，中国电子商务将呈现以下发展趋势。

1．大数据技术

大数据技术将推动电子商务向精细化发展，依托大数据分析，电子商务企业可以更准确地判断消费者的需求，制订更具市场竞争力的营销方案。对于电商行业来说，数据的重要性毋庸置疑，围绕着大数据，数据仓库、数据安全、数据挖掘和分析已经成为未来电商平台企业的制胜关键和利润焦点。而对于大多数品牌电商来说，如何借助大数据的应用，更好地融入商业分析中才是真正的重点。

2．多平台运营

随着电商模式日趋盛行，电商企业的竞争也趋向"白热化"。为拓宽发展空间，电商企业开始进行多平台运作，增加展示窗口，拓宽渠道和空间，以此吸引更多不同层次的消费群体，并加快自身的发展壮大。越来越多的电子商务企业开展跨界经营，其业务需求将催生企业向物流、金融、广告等其他业态发展。而全网渠道、多平台的组合运营，也会成为品牌商更加健康发展的必由之路。

3．移动支付成为主流

移动支付在过去几年中摸索前进，从手机支付宝购物，到水电、宽带交费，一些日常的交易都能够轻松在手机上完成。对于电商企业来说，移动支付拥有巨大的想象空间。移动支付的意义不仅对大电商格局有影响，更有可能对中、小型电商产生巨大影响。当下已经出现了很多单纯依靠移动支付如微信平台等，便可单月赢利几万元人民币、十几万元人民币的个人卖家。而 2014 年，随着 4G 时代的全面到来和智能手机的持续普及，移动支付的大浪正滚滚而来。

4．社会化营销

流量和转化率是电商企业最为关注的两点，在全网流量成本越来越贵的今天，如何通过更低成本去获取最优质的新客户，已经成了电商企业必修的课题。而社会化媒体的崛起，在带给电商企业新营销方式的同时，也带给电商企业以更低成本获取用户并与之建立关联的机会。可以预见，在流量费更贵的 2014 年，社会化营销必然成为电商营销方式的主流趋势之一。

很多人理解的社会化营销就是去培养"大号"，找"大号"转发。却很少有人通过社会化媒体，先用心把产品做好，把服务做到极致。我们只能依托社会化营销去把一个好产品卖好，而不可能用社会化营销去把一个做得很烂的东西卖好。还原到本质，如何借助社会化媒体，让电商企业和用户产生关联互动，让用户参与到电商企业的产品和服务的升级改造中，让社会化媒体成为电商企业和用户交流的桥梁，才是电商们应该首要考虑的问题。

5. 电商服务商发展爆发

随着未来的发展，服务商与品牌商之间会彼此触及。由于服务商的能力越来越强，有越来越多的品牌商把服务外包出去，而服务商也有可能影响到品牌商本身的变革。作为电商生态中重要的一环，服务商的崛起对于整个电商行业发展会有更多积极的推动作用。而对于品牌商来说，如何借助外部越来越专业的服务商来完善自己，如何在开放协作的同时，保留自己的核心竞争力，也会成为品牌商研究的方向。在转型互联网上，似乎脚步较慢的传统垄断企业，面对快速反应的互联网市场，显然不太适应。

6. 品牌商触网趋势加深加快

未来将有更多的品牌商进入互联网市场，而对于那些已经触网的品牌商，则立志于能在2014年快速扩大网上市场占有率。有资料分析进一步指出，无论是那些刚刚开始进入电商的品牌商还是那些打算继续深耕的品牌商，都希望在未来能通过网络实现营业额的快速增长。因而，未来几年里电商市场依然会是价格战的沃土，通过让利换取市场占有率会是大部分品牌商的做法。在国内，对于线下已经有一定实力的品牌商来说，电商天猫国际最有可能成为切入点，而对许多面向国外的品牌商来说，则会更多地借力于第三方的全球性网上零售平台。

7. O2O 模式将全面爆发

所谓 O2O（Online to Offline），泛指通过有线或无线互联网提供商家的销售信息，聚集有效的购买群体，并在线支付相应的费用，再凭各种形式的凭据，去线下，也就是现实世界的商品或服务供应商那里完成消费，让互联网成为线下交易的前台。这样线下服务就可以通过线上来揽客，消费者可以通过线上来筛选服务，特别适合必须到店消费的商品和服务，餐饮就是其中之一。

O2O 是一种线上虚拟经济与线下实体店面经营相融合的新型商业模式。作为一种新型的商业模式，只要克服其局限性，一定会带来新的商机。

O2O 改变了在线发现和支付模式，符合现代人的品位和生活方式。在未来，O2O 将超越传统（装箱子）电子商务，离线商务会打败在线商务。

O2O 具有以下优势。

1）对用户而言

（1）获取更丰富、更全面的商家及其服务的内容信息。

（2）更加方便商家在线咨询并进行预售。

（3）获得相比线下直接消费较为便宜的价格。

2）对商家而言

（1）能够获得更多的宣传、展示机会，吸引更多新客户到店消费。

（2）推广效果可查，每笔交易可跟踪。

（3）掌握用户数据，大大提升对老客户的维护与营销效果。

（4）通过与用户的沟通、释疑，更好地了解用户心理。

（5）通过在线有效预订等方式合理安排经营，节约成本。

（6）更加快捷地拉动新品、新店的消费。

（7）降低线下实体对黄金地段旺铺的依赖，大大减少租金支出。

3）对平台本身而言

（1）与用户日常生活息息相关，并能给用户带来便捷、优惠、消费保障等，能吸引大量高黏性用户。

（2）对商家有强大的推广作用及可衡量的推广效果，可吸引大量线下生活服务商家加入。

（3）具有数倍于 C2C、B2C 的现金流。

（4）具有巨大的广告收入空间及形成规模后更多的营利模式。

8. 实体店没有想象的那样不济

实体店未来的趋势会体现在以下几个方面。

（1）集中化：表现在越来越多的大卖场、购物中心、专业店会占据市场的份额，越来越多的商家愿意进驻实体店。

（2）多元化：表现在业态的组合模式上，多种业态组合为消费者提供全方位的消费服务。具体表现在娱乐、零售、餐饮、休闲、文化、艺术等多个领域。

（3）人性化：目前新建商业建筑设计、业态布局等已经开始考虑人性化因素。例如，在商业中心内设置轮椅通道，在厕所的卫生间设置婴幼儿专用座椅等，这些考虑都是人性化的。

（4）主题化：为了区别于其他商业中心，越来越多的商业中心采取主题化的方式来强调自我的定位和特色，也可以在商业中心加入文化元素，如三里屯 Village 的画廊。

9. 商业还是逐渐回归为人服务的本质

商业利益就这么多，电商要保证自己的利益，还要多留给客户一些利益，挤压的必然是厂商。互联网确实是改变了人民的生活方式，大幅提高了生产力，但是很多依托互联网的商业模式并没有创造新的价值，而只是打着创新旗号，改变了原来价值链条的利益分配。

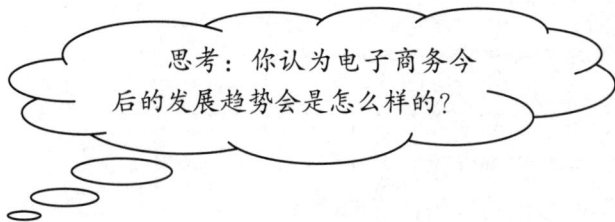

> 思考：你认为电子商务今后的发展趋势会是怎么样的？

1.3　电子商务的分类、模型与"四流"

1.3.1　电子商务的分类

电子商务的应用形式多种多样，要准确描述电子商务的类型，首先要确定一个分类准则，不同的分类准则，会产生不同的电子商务类型。下面从电子商务交易涉及的对象、电子商务的应用程度和所使用的通信技术等多个角度对电子商务进行分类。

1. 按电子商务交易涉及的对象分类

根据电子商务交易涉及的对象即参与交易的主体可以将电子商务分为 B2B、B2C、C2C、B2G（Business to Government）等类型。这里将 B 看成各类组织，包括企业和非营利机构，如教育机构、科研机构等；将 C 看成个体消费者；将 G 看成政府机构。

1）B2B 型

B2B 是指企业与企业之间的电子商务。B2B 类型是电子商务应用最广泛和最受企业重视的形式，企业可以使用 Internet 为每笔交易寻找最佳合作伙伴，完成从订购到结算的全部交易行为，包括向供应商订货，与供应商签约，接受发票和使用电子资金转移、信用证、银行托收等方式进行付款，以及在商贸过程中发生的其他问题，如索赔、商品发送管理和运输跟踪等。企业对企业的电子商务经营额较大，所需的各种软、硬件环境较复杂，它在 EDI 商务成功的基础上发展得最快。像阿里巴巴公司、中国制造网、慧聪网等都采用了最典型的 B2B。

2）B2C 型

B2C 是指企业与消费者之间的电子商务。这是消费者利用 Internet 直接参与经济活动的形式，类同于商业电子化的零售商务。随着万维网的出现，网上销售迅速发展起来。目前，在 Internet 上有许多各种类型的虚拟商店和虚拟企业，提供各种与商品销售有关的服务。通过网上商店买卖的商品可以是实体化的，如书籍、鲜花、服装、食品、汽车、电视等；也可以是数字化的，如新闻、音乐、电影、数据库、软件及各类基于知识的商品；还可以是提供的各类服务，如安排旅游、在线医疗诊断和远程教育等。采用最典型的 B2C 企业就是当当网、京东商城、卓越亚马逊、新蛋、HiShop 网店等。

3）C2C 型

C2C 是指消费者与消费者之间的电子商务。C2C 同 B2B、B2C 一样，都是电子商务的几种类型之一。C2C 商务平台就是通过为买卖双方提供一个在线交易平台，使卖方可以主动提供商品上网拍卖，而买方可以自行选择商品进行竞价。淘宝网、拍拍网、易趣网等都采用了最典型的 C2C。

4）B2G 型

B2G 是指企业与政府之间的电子商务。这种商务活动覆盖企业与政府组织间的各项事务。例如，企业与政府之间进行的各种手续的报批；政府通过 Internet 发布的采购清单、企业以电子化方式响应给予的商品报价回执；政府在网上以电子交换方式完成对企业和电子交易的征税

等，当然这也成为政府机关政务公开的手段和方法之一。

2. 按电子商务的应用程度分类

商品交易涉及三个方面的要素，即商品、交易过程和交易场所或中介，每个要素都可以是实物的，也可以是数字化的。因此，从三个要素维度的不同来取值，可以得到如图 1-5 所示的电子商务类型。

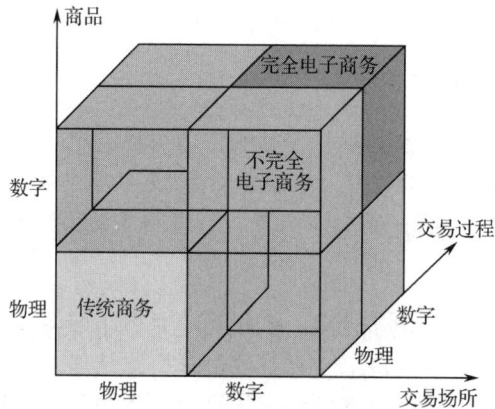

图 1-5　电子商务类型

1）传统商务

传统商务也称为完全非电子商务，其交易商品、交易过程和交易场所都是实体的，是一种"水泥+成块"组织。去传统的百货商场购买服装就是典型的传统商务，服装就是有形产品，交易过程就是面对面的现金交易，百货商场就是交易的物理场所。

2）不完全电子商务

不完全电子商务也称为部分电子商务，其交易商品、交易过程和交易场所这三者至少有一个是数字化的，同时至少有一个是实体的，它是一种"鼠标+水泥"组织。例如，淘宝、戴尔和沃尔玛公司的经营模式都是不完全电子商务。

3）完全电子商务

完全电子商务，其交易商品、交易过程和交易场所都是数字化的。例如，在边锋上玩游戏、在联众上玩游戏、在中国电影网上看电影、用网易邮箱发送短信等都属于完全电子商务。

3. 按电子商务所使用的通信技术分类

企业或个人开展电子商务可以使用不同的网络环境和通信技术。因此，也可以根据所使用的技术对其进行分类。

1）互联网电子商务

通常所说的电子商务一般都是指基于互联网的电子商务，即电子商务业务是在互联网平台支持下完成的。

2）非互联网电子商务

非互联网电子商务是指借助其他计算机网络实现的电子商务，如基于局域网、广域网或专用网的电子商务。

3）P2P 电子商务

P2P 是一种对等网技术，它使得网络上各节点计算机之间能够共享数据和处理，例如，在 C2C 对等网应用中，可以共享音乐、视频、软件和其他数字化产品，一些著名的下载软件，如迅雷、BitComet 等均支持对等网下载。另外，一些在线服务商也提供对等资源共享，如腾讯公司的 QQ 直播、PPLive 网络电视、PPStream 在线电视等。

4）移动电子商务

移动电子商务是指电子商务交易和活动的全部或部分是在无线网环境下完成的。移动电子商务应用包含能够接入互联网的移动设备，如便携式计算机、移动电话等。短信服务、铃声下载、移动支付、移动办公、移动导游等都属于移动电子商务。

> 思考：你用手机实现过移动电子商务吗？请举例说明。

1.3.2 电子商务的模型

1. 电子商务的环境模型

任何企业都存在于市场之中，并与市场中的其他元素，如其他企业、消费者、市场管理者等进行物质、劳动力、信息、资金的交换。市场不仅仅是企业经营活动的场所，也是企业和外界协作、竞争的媒介，是企业生存的环境。企业在市场中的活动涉及市场大系统的两个不同部分，即消费市场和产业市场。企业在消费市场和产业市场中扮演不同的角色。电子商务的环境模型如图 1-6 所示，它与传统企业没有根本的区别。

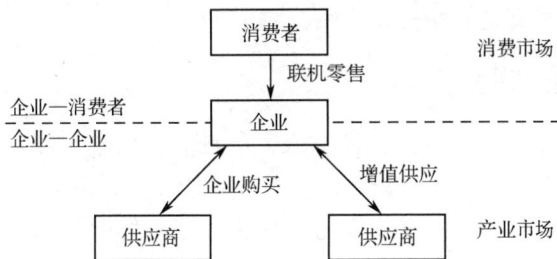

图 1-6　电子商务的环境模型

2．电子商务的概念模型

电子商务的概念模型是对现实世界中电子商务活动的一般抽象描述，它由交易主体、交易事务、电子市场和电子商务应用等基本要素构成，如图 1-7 所示。

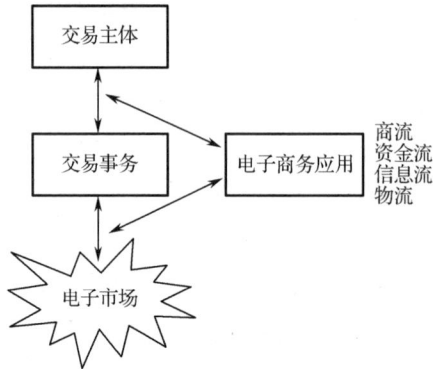

图 1-7　电子商务的概念模型

1）交易主体

交易主体是指从事电子商务活动的对象，是电子商务活动的实际参与主体，包括买卖双方和交易活动必需的第三方中介机构，如企业、银行、政府机构、认证机构和个人等。

2）交易事务

交易事务是指电子商务参与各方所从事的具体商务活动的内容，如询价、报价、转账支付、广告宣传、商品运输等。

3）电子市场

电子市场是指参与电子商务的各方从事商品和服务交换的场所，它是由商务活动参与主体，利用通信网络连接成的虚拟的统一经济整体。

4）电子商务应用

电子商务应用是商流、资金流、信息流和物流的整合。其中，信息流最为重要，它对整个流程起着监控作用，而资金流、物流则是实现电子商务的保证，商流代表着购买欲望和货物所有权的转移，标志着交易的动机和达成。

1.3.3　电子商务中的"四流"

电子商务中的"四流"包括商流、资金流、信息流和物流。"四流"互为依存、密不可分、相互作用。它们既有独立存在的一面，又有互动的一面。将商流、资金流、信息流和物流作为一个整体来考虑和对待，会产生更大的能量，创造更大的经济效益。

1．商流

商流是实现电子商务的动机和目的。所谓商流，是一种买卖或者说是一种交易活动过程，通过商流活动，可以使商品所有权发生转移。

商流是资金流、信息流和物流的起点，也可以说是后"三流"的前提，一般情况下，没有商流就不太可能发生资金流、信息流和物流。反过来，没有资金流、信息流和物流的匹配和支撑，商流也不可能达到目的。"四流"之间有时互为因果关系。

例如，A 企业与 B 企业，经过商谈达成了一笔供货协议，确定了商品价格、品种、数量、供货时间、交货地点、运输方式并签订了合同，也可以说商流活动开始了。要认真履行这份合同，下一步要进入物流过程，即货物的包装、装卸、搬运、保管、运输等活动。如果商流和物流都顺利进行了，接下来进入资金流的过程，即付款和结算。无论是买卖交易，还是物流和资金流，这三个过程都离不开信息的传递和交换，没有及时的信息流，就没有顺畅的商流、资金流和物流。没有资金的支付，商流就失去意义，物流也不会发生。

2．资金流

资金流是实现电子商务的条件，主要是指资金的转移过程，包括付款、转账、结算、兑换等过程。网络银行对电子商务有着重要的促进作用。在电子商务中，银行是连接生产企业、商业企业和消费者的纽带，起着至关重要的作用。银行能否有效地实现电子支付已成为电子商务成败的关键。

下面以一个简单的网上交易流程为例来看电子商务中的资金流转过程。

（1）持卡人向商家发出购物请求。

（2）商家将持卡人的支付指令通过支付网关送往银行。

（3）银行通过银行卡网络从发卡行获得批准，并将确认信息再通过支付网关送回商家。

（4）商家取得确认后，向持卡人发出购物完成信息。

（5）银行与银行之间通过支付系统完成最后的银行间结算。

从上述交易流程中不难发现，网上交易可以分为交易环节和支付结算环节两大部分，其中支付结算环节是由包括支付网关、银行和发卡行在内的金融专业网络完成的。因此，离开了银行，便无法完成网上交易的支付，从而也谈不上真正的电子商务。

3．信息流

信息流是实现电子商务的手段，主要包括商品信息的提供、促销、行销、技术支持和售后服务等内容，也包括询价单、报价单、付款通知、转账通知等商业贸易单证，还包括交易方的支付能力、支付信用和中介信誉等。

企业管理的基础就是对企业信息流实施有效控制。相对于传统的商务活动，电子商务活动的最大优势是在电子商务环境下，企业借助于现代通信网络技术，使得信息流的流动变得更为通畅。

信息流的产生伴随着整个业务的流转过程，信息流的不完整将直接影响到物流和资金流的作用结果，而控制流也就难以对业务起到事前、事中的控制作用，达不到精确管理。在电子商务环境下，企业通过对企业的流程重组，利用先进的通信网络技术，建立起通畅的企业信息网络，包括企业内部的信息网和企业外部的信息网，从而大大加快了企业信息流的流动速度，增加了信息的共享程度，为企业提供高质量的客户服务打下了坚实的基础。

4．物流

物流是实现电子商务的过程，是指商品在空间和时间上的位移，包括采购配送、生产加工和仓储包装等流通环节，以满足顾客的需求服务为目标，尽量消除物流过程中各种形式的浪费，追求物流过程的持续改进和创新，以最少的成本，在正确的时间（Right Time）、正确的地点（Right Location）、正确的条件（Right Condition）下，将正确的商品（Right Goods）送到正确的顾客（Right Customer）手中。物流虽然只是商品交易的一个组成部分，但却是商品和服务价值的最终体现。电子商务的最终价值，在于最大限度地方便最终消费者，"以顾客为中心"的价值实现最终体现在物流上。它既是企业保持可持续生产的保障，也是商流价值实现的载体，更是电子商务核心优势的体现。

5．"四流"的关系

商流是动机和目的；资金流是条件；信息流是手段；物流是过程。也就是说，由于需要或产生购买欲望，才决定购买，购买的原因和理由就是商流的动机和目的；因为想购买或决定购买某种商品，才考虑购买资金的来源或筹措资金问题。如果不付款，商品的所有权就不归你，这就是条件；又因为决定购买，也有了资金，然后才付之行动，这就是买主要向卖主传递一个信息，或去商店向售货员传递购买信息，或电话购物、网上购物，这些都是信息传递的过程，但这种过程只是一种手段；然而，商流、资金流和信息流产生后，必须有一个物流的过程，否则商流、资金流和信息流都没有意义。

因为物流受商流制约，随商流变化而变化，商家往往为了占领市场、扩大销售而牺牲物流利益。所以，在竞争激烈的商品经济社会，要加强对物流问题的研究和对信息技术等现代科学手段的充分利用。

商流和资金流是传统性的经济活动，规律性强，已经比较成熟和定型。信息流主要利用计算机互联网进行信息传输，属于电子化传输和软件开发领域的问题。这方面的竞争会不断加剧和复杂化，各企业的技术水平将来也会彼此靠近。前几年兴起的电子商务热之所以急剧降温，是因"物流瓶颈"的阻碍造成的，不是信息技术自身的问题。而且，商流、资金流和信息流将来都可能由计算机和网络通信部分取代，只有物流难以做到这一点。物流目前又十分滞后，物流发展的空间比商流、资金流和信息流要大，物流合理化、科学化管理的余地也很大，物流节约费用的潜力更大。

> 思考：你如何看待电子商务中的商流、资金流、信息流和物流？

1.4　电子商务的框架结构

1.4.1　电子商务的基本框架结构

电子商务的基本框架结构是指电子商务活动环境中所涉及的各个领域及实现电子商务应具备的技术保证。从总体上来看，电子商务的框架结构由三个层次和两大支柱构成。其中，电子商务框架的三个层次分别是基础层、支持服务层、应用层，两大支柱是指公共政策、法律、法规、隐私、权法和各种技术标准、安全网络协议等，如图 1-8 所示。

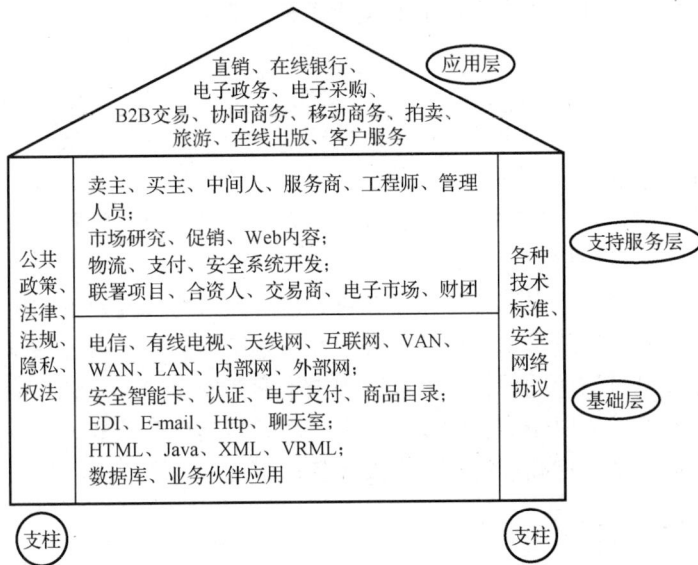

图 1-8　电子商务的基本框架结构

1．基础层

基础层是指实现电子商务底层的基础，即信息的传输系统。它是实现电子商务的基本保证，主要包括：信息传输通道，如电信、有线电视、天线网、互联网、VAN、WAN、LAN、内部网和外部网等；公共业务服务，如安全智能卡、认证、电子支付、商品目录等；信息传递方式，如 EDI、E-mail、Http、聊天室等；多媒体，如 HTML、Java、XML、VRML 等；接口，如数据库、业务伙伴应用等。

2．支持服务层

支持服务层是指实现电子商务的各种服务，主要包括：人，如卖主、买主、中间人、服务商、工程师、管理人员等；营销广告，如市场研究、促销、Web 内容等；支持服务，如物流、支付、安全系统开发等；商务伙伴，如联署项目、合资人、交易商、电子市场、财团等。

3．应用层

应用层是指电子商务在各方面的应用，主要包括直销、在线银行、电子政务、电子采购、

B2B 交易、协同商务、移动商务、拍卖、旅游、在线出版和客户服务等。

4．公共政策

公共政策包括围绕电子商务的税收制度、信息的定价、信息访问的收费、信息传输成本、隐私问题等，这些政策均由政府制定。国际上，人们对于信息领域的立法工作十分重视。例如，在美国政府发布的《全球电子商务的政策框架》中，在法律方面做了专门的论述；俄罗斯、德国、英国等国家也先后颁布了多项有关法规；1996 年，联合国贸易组织通过了《电子商务示范法》；我国政府在信息化方面的注意力还主要集中在信息化基础建设方面，信息立法还没有进入实质性阶段，针对电子商务的法律还有待健全。

5．法律

法律维持着电子商务活动的正常运作，违规活动必须受到法律制裁。从法律角度考虑，电子商务安全认证是指进行商务活动双方的资料或产品的真实性和资料或产品的安全性。电子商务和传统商务一样，是一种严肃的社会行为，为了从法律上保障购销双方的权益，电子商务双方必须以真实的身份进入市场、提供真实的资料或产品，这就是电子商务的真实性。正因为是真实的资料或产品，电子商务双方在对方没有授权可公开资料的情况下，有义务为对方的资料或产品保密，这就是电子商务的安全性。电子商务安全认证系统的建设，首先是电子商务法的制定。没有法律的保护，其他有关电子商务安全认证系统只能是空头支票。

只有法律还远不能保证电子商务的安全，电子商务安全认证须要政府职能部门利用互联网技术管理电子商务活动，这些职能部门主要包括以下几个。

1）工商管理局和公安局

工商管理局和公安局负责市场主体（企业或个人）进入电子商务的资格认证。任何企事业单位和个人都可以成为电子商务的市场主体，但必须以真实的身份进入电子商务市场。如何辨认电子商务市场主体的身份是否真实，对于企业就需要工商管理局颁发一个像身份证一样的代号用于标示这个企业的真实身份，以便对方在互联网上查询。个人也是一样。

2）税务局

电子商务是以赢利为目的的商业活动，必须按规定缴纳税金。税务局应利用互联网技术对每一笔电子商务业务进行自动收缴税金操作，以加强对税收的管理。

3）电子商务法庭

电子商务活动也会有各种各样的经济纠纷。为了保护当事人的合法利益，更加快捷地解决这些纠纷，当事人可以在互联网上进行起诉和答辩，电子商务法庭根据双方的陈词做出裁定。

4）人民银行

人民银行负责电子货币的管理和安全。电子货币是电子商务活动中十分重要的、不可或缺的支付手段。电子货币的安全是关系整个电子商务能否健康、高速发展的决定性因素之一。

6．隐私

在电子商务交易过程中，企业的隐私一般为商品价格的隐私、货物进出渠道的隐私、商品促销手段的隐私等；对于个人隐私一般为个人的姓名隐私、肖像隐私、性别隐私、身份隐私等。

随着电子商务的发展，商家不仅要抢夺已有的网上客户，还要挖掘潜在客户，于是人们在网上的各种商务活动和个人信息都在不知不觉中被商家记录了。商家应有的放矢，否则大量的宣传广告会充斥用户的电子信箱，甚至物理信箱，让用户觉得个人信息已泄露。如果个人信息的秘密得不到保障，则必然会使用户对电子商务望而却步，这将阻碍电子商务的发展。因此，为保障网上的个人隐私权和电子商务的发展，应该对此进行立法或对相应的法规进行修改。

7．技术标准

技术标准是信息发布和传递的基础，是网络上信息一致性的保证。技术标准定义了用户接口、传输协议、信息发布标准、安全协议等技术细节。就整个网络环境来说，标准对于保证兼容性和通用性是十分重要的。这就像不同的国家使用不同的电压传输电流，用不同的制式传输视频信号一样，必然会限制许多产品在世界范围的使用。目前，在电子商务活动中也遇到了类似的问题，所以像 VISA、Mastercard 这样的一些国际组织已经同各界合作制定出用于电子商务安全支付的 SET 协议。

> 思考：日常生活中的隐私与电子商务中的隐私有什么不同？为什么？

1.4.2　电子商务的动态框架结构

1．Elsie 和 Paula 电子商务动态框架结构

Elsie 和 Paula 认为，上述这些静态框架不能适应不同角色对电子商务的认识，"只对明确的环境有意义，不能提供一个有关电子商务类型、活动和能力的完整定义，而这种定义对有效分析在产品和服务方面的电子商务活动范围是重要的"。因此，他们提出了一个更一般的框架，如图 1-9 所示。该框架仅包括三个要素：法律要素（如政策、规章、隐私、知识产权、版权、法律、伦理道德、计算机犯罪等）；基础设施要素（如通信及网络技术、多媒体应用、互联网、内部网、外部网、页面开发、页面浏览、仿真、数据挖掘、数据仓库、信息安全、EDI、数据库管理、B/S 及 Web 服务管理、互联网服务提供商、人机接口、智能卡设备等）；服务要素（如互联网支付系统、电子出版、采购、电子目录、商业模式、各种信息、

在线购物、在线教育等）。

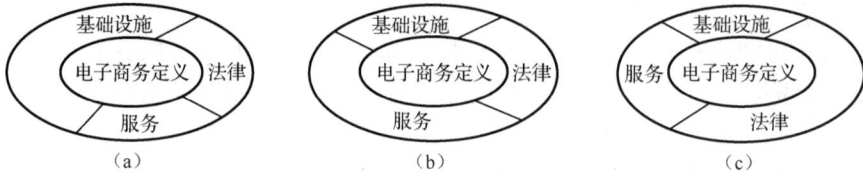

图 1-9　Elsie 和 Paula 电子商务动态框架结构

从图 1-9 中可知，不同的电子商务参与者，如客户、企业、服务提供商、计算机系统开发商、营销人员、律师等，可以设置不同的边界，例如，对网络工程师来说，他所强调的是基础设施，如图 1-9（a）所示；而服务提供商所强调的是服务，如图 1-9（b）所示；而对于一名律师来说，他所强调的是法律，如图 1-9（c）所示。

2．Yewsiang Poong 电子商务动态框架结构

Yewsiang Poong 等人在 Elsie 和 Paula 电子商务动态框架的基础上提出了另一个动态框架，如图 1-10 所示。

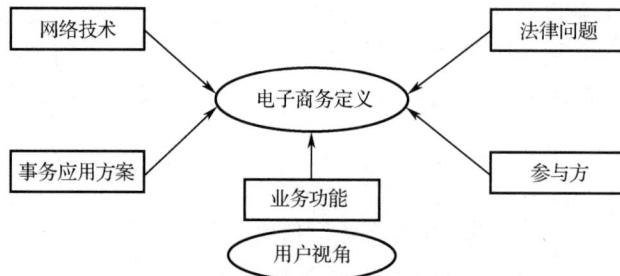

图 1-10　Yewsiang Poong 电子商务动态框架结构

从图 1-10 中可知，Yewsiang Poong 电子商务动态框架有以下几个要素。

1）用户视角

用户视角包括的可能是消费者、IT 管理者、程序员、律师、公务员、工程师、操作员、CEO 等视角。

2）网络技术

网络技术包括互联网、专用网、VPN、WAN、WAP、GPRS 等。

3）事务应用方案

事务应用方案包括电子邮件、支付处理、虚拟信用卡、信使（如 MSN）、Web 浏览器等。

4）业务功能

业务功能包括客户关系管理、广告、销售、购买、库存管理等。

5）参与方

参与方包括终端用户、消费者、学生、教师、商业伙伴等。

6）法律问题

法律问题包括政策、版权和专利、网络法、隐私、安全等。

1.4.3　电子商务的三角形框架结构

电子商务的三角形框架结构如图 1-11 所示。

从图 1-11 中可知，电子商务的三角形框架有以下几个要素。

1）技术

技术是指支持电子商务运行的硬件、网络、软件等基础设施。

图 1-11　电子商务的三角形框架结构

2）业务

业务是指适应电子商务运行的业务流程，包括从供应、生产到营销、销售、结算、订单履行、售后服务、客户关怀等环节。

3）环境

环境是指保障电子商务运行的法律、道德、安全、隐私等。

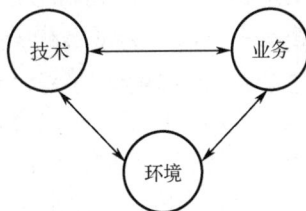

实训一　利用网络工具采集商务信息

【实训目的】

（1）掌握一种网络检索工具的操作方法。

（2）掌握利用网络检索工具检索商务信息的基本方法。

【实训要求】

（1）了解常用的搜索引擎网站。

（2）掌握搜索引擎的使用方法和基本技巧。

（3）掌握对网上信息进行分析整理的能力。

【实训内容】

（1）使用搜索工具检索以下内容。

① 检索有关手机的信息。

② 在搜索结果中继续搜索 TCL 品牌。

③ 通过分类检索在商品类中搜索与手机有关的信息。

（2）通过搜索实践，写一篇关于电子商务人才的需求报告。

（3）选择常用的搜索引擎。

① 中文搜索引擎。

新浪网：http://www.sina.com.cn

网易：http://www.163.com

百度：http://www.baidu.com

Google 搜索：http://www.google.com

② 英文搜索引擎。

Yahoo：http://www.yahoo.com

Excite：http://www.excite.com

Lycos：http://www.lycos.com

（4）使用关键字进行搜索。

（5）筛选搜索到的具体内容。

（6）整理内容，写出报告。

【实训步骤】

现在以百度搜索引擎 www.baidu.com 为例。

（1）在地址栏中输入 http:// www.baidu.com，登入百度网站。

（2）查找包含"电子商务人才"和"电子商务人才需求"的网页，如图 1-12 所示。

图 1-12 百度搜索引擎

（3）保存搜索到的信息，筛选搜索到的具体内容。

（4）整理内容，写出 1000～1500 字的电子商务人才需求报告。

【实训提醒】

在搜索引擎的使用中，可以采用一些技巧，如使用加减号限定查找、使用双引号进行精确查找等，这样在某些搜索中可以起到事半功倍的作用。

【实训思考】

（1）利用搜狐搜索引擎，搜索包含"电子商务人才"和"电子商务人才需求"的网页，与在百度中的搜索结果进行比较。

（2）按照工作方式的不同，百度和搜狐分别属于哪一种搜索引擎？各有什么特点？

（3）在实验中，你选择的搜索主题是什么？搜索信息的来源列表（搜索到的信息的 URL 地址）是什么？

【实训报告】

1．实训过程

目的要求：

实训内容：

实训步骤：

正确选择关键字：

搜索相关信息，进行筛选：

总结，整理报告。

2．实训结果

结果分析：

主要使用文字方式，撰写 1000～1500 字的文字报告进行分析。

3．总结

通过实训，总结自己掌握相关知识的程度，分析实训中出错原因，并提出改进措施。

习题一

一、填空题

1．电子商务是指使用各种电子工具从事商务活动。这些工具包括从初级的＿＿＿＿＿＿＿、＿＿＿＿＿＿＿、＿＿＿＿＿＿＿、＿＿＿＿＿＿＿、传真到＿＿＿＿＿＿＿、计算机网络，再到＿＿＿＿＿＿＿、GII 和＿＿＿＿＿＿＿等现代信息系统，这就是广义定义。

2．电子商务是指利用＿＿＿＿＿＿＿从事商务活动。电子商务是在＿＿＿＿＿＿＿、经济高度发达的现代社会里，掌握＿＿＿＿＿＿＿和＿＿＿＿＿＿＿的人系统化地运用＿＿＿＿＿＿＿，高效率、＿＿＿＿＿＿＿地从事以＿＿＿＿＿＿＿为中心的各种活动的总称，这就是狭义定义。

3．从网络角度来看，电子商务具有＿＿＿＿＿＿＿、＿＿＿＿＿＿＿、＿＿＿＿＿＿＿三个基本的特点；从买方市场角度来看，电子商务具有＿＿＿＿＿＿＿、＿＿＿＿＿＿＿、节约性、＿＿＿＿＿＿＿、＿＿＿＿＿＿＿等特点。

4．电子商务可提供＿＿＿＿＿＿＿和＿＿＿＿＿＿＿等全过程的服务，因此它具有广告宣传、＿＿＿＿＿＿＿、＿＿＿＿＿＿＿、＿＿＿＿＿＿＿、＿＿＿＿＿＿＿、服务传

递、_____、_____等各项功能。

5. 电子商务最早讨论于_____年代，产生于_____年代，发展于_____年代。电报出现于_____年，EDI 出现于_____年，万维网出现于_____年，电子商务全球化概念出现于_____年。

6. 电子商务产生的重要条件主要有_____应用、_____成熟、_____应用、_____制定、_____推动等。

7. 中国电子商务的发展经历了_____期、_____期、_____期、_____期、_____期及_____。

8. 根据参与交易的主体可将电子商务分为_____型、_____型、_____型、_____型。

9. 电子商务中的"四流"包括商流、_____、_____和_____，"四流"互为依存，_____，_____。

二、判断题（正确的打"√"，错误的打"×"）

1. 在网络化的社会环境里，人们的社会生活已经离不开网络，离不开电子商务了。（　　）

2. 从电子商务发展的角度来看，现代电子商务主要是网上的商务活动，它使电子商务、网络营销、电子交易三者融为一体，是一种新的商业运作模式。（　　）

3. 互联网具有传播优势、交互优势、服务优势三个显著的优势。（　　）

4. 电子商务最早讨论于 20 世纪 30 年代，产生于 60 年代，发展于 90 年代。（　　）

5. 电子商务的概念模型是对现实世界中电子商务活动的一般抽象描述。（　　）

三、思考题

1. 简述电子商务的广义定义。
2. 简述电子商务的起源。
3. 简述产生电子商务的条件。
4. 按电子商务的应用程度对电子商务进行分类。
5. 按电子商务所使用的通信技术对电子商务进行分类。
6. 简述电子商务的概念模型。
7. 简述电子商务中的"四流"的概念。

第**2**章

电子商务的运作

2.1 电子商务网络基础知识

2.1.1 Internet 概述

1. Internet 的概念

Internet 是一个通过网络互联设备——路由器，将分布在世界各地的数以万计的局域网、城域网及大规模的广域网连接起来，而形成的世界范围的最大计算机网络，也称为全球性信息资源网。这些网络通过普通电话线、高速率专用线路、卫星、微波、光纤等将不同国家的大学、公司、科研部门、政府组织等的网络连接起来，为世界各地的用户提供信息交流、通信和资源共享等服务。Internet 网络互联采用 TCP/IP 协议。

Internet 采用了标准化的方法，将许多计算机网络通过一些路由器进行互联，如图 2-1（a）所示。由于参加互联的计算机网络都使用相同的国际协议 IP，因此，可将互联以后的计算机网络看成如图 2-1（b）所示的一个虚拟网络，即通常所说的互联网或 IP 网。当互联网上的众多主机进行通信时，就像在一个网络上通信一样。

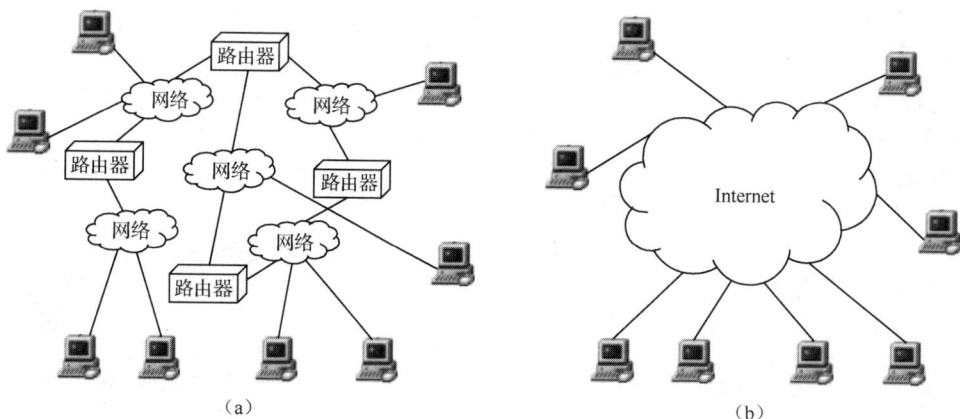

图 2-1　互联网的结构

2. IP 地址

为顺利实现 Internet 上各计算机之间的通信，每台入网的计算机必须有一个标志来定位，Internet 为每个入网用户单位分配一个识别标志，这个标志表示为 IP 地址和域名地址。

IP 地址由两部分组成，一部分是网络号，用以识别一个网络（包括网络类型信息）；另一部分是主机号，用以识别网络中的一台主机。通常，IP 地址是将一个长度为 32 位的二进制数，分成 4 个 8 位的二进制组，组与组之间用小圆点分隔，如某单位主机的 IP 地址用二进制表示为 11010010 00100000 10000101 10010111；为了便于记忆，将每 8 位二进制数转换成十进制数来表示（称为点分十进制），上述 32 位二进制数用点分十进制表示为 210.32.133.151。

Internet 的网络地址分为 5 类，目前常用的是 A、B、C 类。不同类网络中 IP 地址的网络号和主机号的长度不同，如图 2-2 所示。

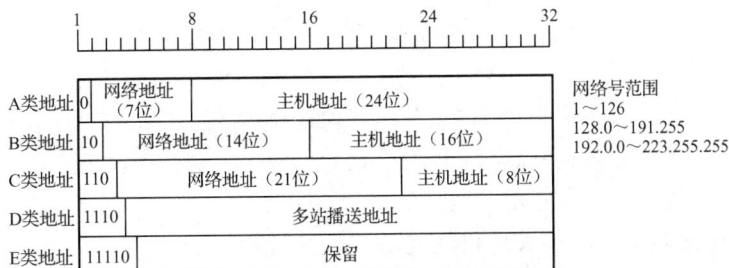

图 2-2　IP 地址结构

所有 Internet 地址中的网络号都由 Internet 的网络信息中心分配,而地址中的主机号则由申请单位自行规划。

1）A 类地址格式

A 类地址格式的第一位为"0",网络地址空间长度为 7 位,主机地址空间长度为 24 位,该地址范围为 1.0.0.0～127.255.255.255。由于网络地址空间长度为 7 位,因此,允许有 2^7-2 个,即 126 个不同的 A 类网络(网络地址的 0 和 127 保留并用于特殊目的)。同时,由于主机地址空间长度为 24 位,因此,每个 A 类网络的主机地址数多达 $2^{24}-2$ 个,即 16 777 214 个。A 类 IP 地址结构的特点是主机地址数大于网络地址数,适用于有大量主机的大型网络。

2）B 类地址格式

B 类地址格式的前两位为"10",网络地址空间长度为 14 位,主机地址空间长度为 16 位,该地址范围为 128.0.0.0～191.255.255.255。由于网络地址空间长度为 14 位,因此,允许有 2^{14} 个,即 16 384 个不同的 B 类网络。同时,由于主机地址空间长度为 16 位,因此,每个 B 类网络的主机地址数可达 2^{16} 个,即 65 536 个。B 类 IP 地址结构适用于一些大公司与政府机构等。

3）C 类地址格式

C 类地址格式的前 3 位为"110",网络地址空间长度为 21 位,主机地址空间长度为 8 位,该地址范围为 192.0.0.0～223.255.255.255。由于网络地址空间长度为 21 位,因此,允许有 2^{21} 个,即 2 097 152 个不同的 C 类网络。同时,由于主机地址空间长度为 8 位,因此,每个 C 类网络的主机地址数只有 2^8 个,即 256 个。C 类 IP 地址结构的特点是主机地址数小于网络地址数,特别适用于一些小型公司与普通的研究机构等。

3．IP 地址的特点

由于 TCP/IP 是关于网络互联的上层协议,因此,不管下层网络是什么拓扑结构,也不管是以太网、Token Ring、Passing 令牌传递网还是 FDDI 网上的地址,均要统一在 IP 上层地址上。也就是说,任何网络只要和 Internet 互联,就得使用 IP 地址。IP 地址具有以下特点。

（1）在 Internet 上,每个网络和主机的 IP 地址都是唯一的。

（2）它是全球认可的标识方法。

（3）它是 TCP/IP 的统一标识地址。

4．Internet 的域名地址

IP 地址是将 32 位地址分成 4 段,并由"."来分隔,每段为 8 位,再用十进制数码写出。

例如，某主机的 IP 地址为 202.96.96.68，就意味着它的 32 位 Internet 地址是 11001010 01100000 01100000 01000100。这样一种数据要人们记住是一件非常困难的事情，对人们来说，比较容易记住的是较有规律的、反映某种特征的名字。例如，www.ip138.com 就代表了 202.96.96.68，中文意思是中国北京市电信对公众开放的主机域名。

Internet 域名命名方式采用的是层次型的结构，即在主机命名中加入了层次型的结构，名字的层次对应于层次名字空间的管理机构的层次，其规则如下。

（1）最高一级的名字空间划分基于"国名"，即地理位置或组织。例如，cn 表示中国。要注意的是美国的域名通常不包含国名，这是因为 Internet 以美国为发源地，在 Internet 中约定，如果该域名没有地理性域名，那么就默认为在美国。

（2）第二级的名字空间划分基于"组织名"。例如，net 表示网络组织，com 表示商业组织等。

（3）第三级的名字空间划分基于主机的"本地名"。例如，ip138 表示北京市电信局。

（4）第四级的名字空间划分基于"主机名"。例如，pub 表示其中的一台计算机名。

如图 2-3 所示是三个域名的例子。

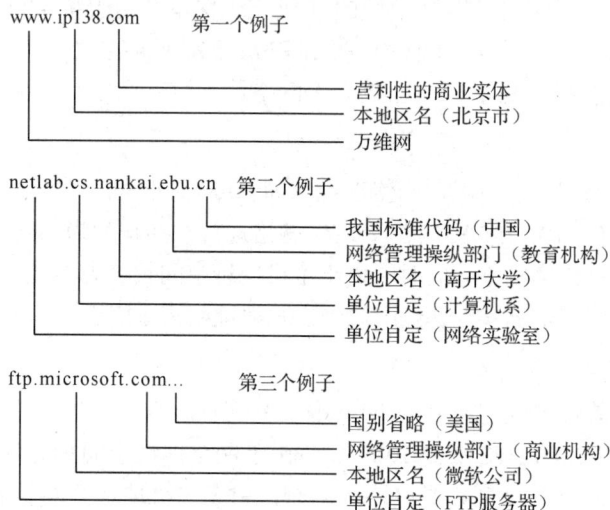

图 2-3　Internet 上主机域名的组成

其中，第二个例子中的第四部分由两部分组成，一般对于有较多主机的单位，命名时可以进一步细分。例如，该例子中将第四部分的内容分成 netlab 和 cs，其中 netlab 表示南开大学的网络实验室，而 cs 则表示南开大学的计算机系。常见的机构性域名如表 2-1 所示。

表 2-1　常见的机构性域名

域　　名	含　　义	域　　名	含　　义
int	国际性机构	com	营利性的商业实体
edu	教育机构或设施	gov	非军事性政府或组织
mil	军事机构或设施	org	非营利性组织机构
net	网络资源或组织	firm	商业公司
store	商场	web	与万维网相关的实体
arts	文化和娱乐实体	info	提供信息服务的实体
nom	个体或个人	arc	消遣性娱乐机构

地理性域名指明了该域名的国家或地区，用国家或地区的字母代码表示，常见的地理性域名如表 2-2 所示。

表 2-2 常见的地理性域名

域 名	含 义	域 名	含 义
au	澳大利亚	al	阿尔巴尼亚
ar	阿根廷	at	奥地利
be	比利时	bg	保加利亚
br	巴西	ca	加拿大
ch	瑞士	cn	中国
de	德国	dk	丹麦
es	西班牙	fr	法国
il	以色列	it	意大利
jp	日本	mx	墨西哥
nz	新西兰	pl	波兰
ru	俄罗斯	tr	土耳其
tw	中国台湾	uk	英国
us	美国	vd	梵蒂冈

2.1.2 企业内部网（Intranet）

1. Intranet 的概念

Intranet 可汉译为企业内部网，它是 Internet 技术在企业内部的应用。实际上，它是采用 Internet 技术建立的企业内部网络，其核心技术是基于 Web 的计算。

Intranet 的基本思想是在内部网络上采用 TCP/IP 作为通信协议，利用 Internet 的 Web 模型作为标准信息平台，同时建立防火墙把内部网和 Internet 分开。当然，Intranet 并非一定要和 Internet 连接在一起，它完全可以自成一体作为一个独立的网络。

Intranet 与 Internet 相比，可以说 Internet 是面向全球的网络，而 Intranet 则是 Internet 技术在企业机构内部的实现，它能够以极少的成本和时间将一个企业内部的大量信息高效合理地传递到该企业内的每台计算机。Intranet 为企业提供了一种能充分利用通信线路、建立经济而有效的企业内联网的方案；应用 Intranet，企业可以有效地进行财务管理、供应链管理、进销存管理、客户关系管理等。

2. Intranet 的重要性

随着现代企业的发展越来越集团化，企业的分布也越来越广，遍布全国各地甚至跨越国界的公司越来越多，公司规模越来越大，专业性也越来越强。这些集团化的大公司要及时地了解分布在各地的公司分部或子公司的经营管理状况、制订符合各地的不同经营策略，公司内部人员更要及时地了解公司的策略变化、公司人事变动和业务发展情况，以及一些简单但又关键的文档内容，如通信录、产品技术规格和价格、公司规章制度等信息。

公司常用的员工手册、报价单、办公指南、销售指南等印刷品，其生产既昂贵又耗时，

而且往往不能直接送到员工手中。另外，这些资料无法经常更新，很多公司在规章制度已经变动了的情况下无法及时准确地通知下属员工执行新的规章。如何保证每个员工都拥有最新、最正确的版本？如何保证公司成员及时了解公司的策略和其他最新信息？利用过去的技术，这些问题都难以解决。在市场竞争日益激烈、经济发展瞬息万变的今天，企业经营策略必须经常进行调整和改变；而一些内部印发的资料甚至还未到达员工手中就已过时了。这浪费的不只是人力和物力，而更为严重的是丧失了非常宝贵的市场机遇。

解决这些问题的方法就是联网，建立企业的信息系统。Internet 技术正是解决这些问题的有效方法。利用 Internet 技术可解决企业的不同问题，这样企业内部网 Intranet 就诞生了。

3. Intranet 电子商务模式的特点

Intranet 电子商务模式的特点是应用电子邮件加速公司内部的信息交流，实现公司内部的办公自动化（OA），这称为办公自动化或 Intranet 阶段。

Intranet 阶段电子商务模式的优点在于：在公司内部普及电子邮件，可以使各个部门之间、上下级之间的沟通和联系更便捷，缓解信息传递中的丢失和歪曲现象；与此同时，实现公司内部的工作流程和业务流程的逐步自动化、管理规范化、工作高效率。Intranet 阶段经营模式的利润来源于生产效率提高所创造的新增价值。生产效率提高是基于管理水平的提高和良好沟通机制的建立。

2.1.3 企业外联网（Extranet）

1. Extranet 的概念

Extranet 实际上是 Intranet 的一种扩展，除了允许组织内部人员访问外，还允许经过授权的外部人员访问其中的部分资源。随着信息技术的进步，合作伙伴纷纷建立了各自的 Intranet，将这些 Intranet 互联起来便形成了 Extranet。

与 Intranet 一样，Extranet 通常位于防火墙之后，但不像 Internet 一样为大众提供公共的通信服务，Intranet 只为企业内部服务而不对公众公开，只对一些经选择的合作者开放或向公众提供有选择的服务。Extranet 访问是半私有的，用户是由关系紧密的企业结成的小组，信息在信任的范围内共享。Extranet 非常适合具有时效性的信息共享和企业间完成共有利益目的的活动。

在 Extranet 阶段，经营模式的利润源于两个方面。一方面是公司之间联系的加强带来的市场份额的稳固和增加。公司通过向合作伙伴发出电子邮件，传播信息，可以更加拓宽公司与外部的联系渠道，保持客户的忠诚度，维系并开拓市场份额。另一方面是企业经营管理的改善。这种改善体现在生产管理、财务管理、人力资源管理等各个方面。

2. Extranet 的特点

Extranet 具有以下几个特点。

（1）Extranet 不限于组织的成员，它可超出组织之外，特别是包括那些组织想与之建立联系的供应商和客户。

（2）Extranet 并不是真正意义上的开放，它可以提供充分的访问控制，使得外部用户远

离内部资料。

（3）Extranet 是一种思想，而不是一种技术，它使用标准的 Web 和 Internet 技术，而且建立 Extranet 应用的策略与其他网络是不同的。

（4）Extranet 的实质就是应用，它只是集成和扩展（并非系统设计）现有的技术应用。

Extranet 可以用来进行各种商务活动，当然 Extranet 并不是进行商业活动的唯一方法，但使用 Extranet 代替专用网络进行企业与其他企业的商务活动，其好处是巨大的。Extranet 把企业内部已存在的网络扩展到企业之外，使之可以完成一些合作性的商业应用（如企业和其客户及供应商之间的电子商务、供应管理等）。

3．Extranet 的应用

1）信息的维护和传播

通过 Extranet 可以定期地将最新的销售信息以各种形式分发给世界各地的销售人员，而取代原有的文本复制和昂贵的专递分发。任何授权的用户都可以在世界各地用浏览器对 Extranet 进行访问、更新信息和通信，使得增加或修改每日变化的新消息、更新客户文件等操作变得更容易。

2）在线培训

浏览器的单击操作和直观特性使得用户很容易地就可加入在线的商务活动中。此外，灵活的在线帮助和在线用户支持机制也使得用户容易发现其所需要的答案。

3）企业间的合作

Extranet 可以通过 Web 给企业提供一个更有效的信息交换渠道，其传播机制可以给客户传递更多的信息。通过 Extranet 进行的电子商务，与传统的商业信息交换相比，其操作和管理更有效和更经济，并能极大地减少跨国企业之间的合作与商务活动的复杂性。

4）销售和市场

Extranet 使得销售人员可以从世界各地了解最新的客户和市场信息，这些信息由企业来更新维护，并由强健的 Extranet 安全体系结构保护其安全性。所有的信息都可以根据用户的权限和特权通过 Web 访问和下载。

5）客户服务

Extranet 可以通过 Web 安全有效地管理整个客户的运行过程，可为客户提供订购信息和货物的运行轨迹，为客户提供解决基本问题的方案，发布专用的技术公告，同时可以获取客户的信息，以备将来的支持服务所需。使用 Extranet 可以更加容易地实现各种形式的客户支持（如桌面帮助、电子邮件及多媒体电子邮件等）。

6）产品、项目管理和控制

管理人员可迅速地生成和发布最新的产品、项目与培训信息，身处不同地区的项目组成员可以通过网络来进行通信、共享文档与结果，可在网上建立虚拟的实验室进行跨地区合作。Extranet 中提供的任务管理和群体工作工具应能及时地显示工作流中的瓶颈，并采取相应的改善措施。

4．Intranet、Extranet 与 Internet 的关系

Intranet、Extranet 强调的是在网络计算机环境下的商业化应用，不仅仅是硬件和软件的结合，也不仅仅是通常意义下强调交易的狭义的电子商务，而是把买方、卖方、厂商及其合作伙伴在 Internet、Intranet、Extranet 上结合起来的应用，同时强调这三部分是有层次的。只有先建立良好的 Internet，建立好比较完善的标准和各种信息基础设施，才能顺利地扩展到 Intranet 和 Extranet，最后扩展到建立良好的电子商务。

（1）在操作权限上，Internet 提供的服务基本上对用户没有全线控制或很少控制，而 Intranet 提供的控制是很严的。

（2）在内容上，Internet 提供的信息页面以静态为主，而 Intranet 提供的信息内容大部分与数据库有关，即 Intranet 提供的信息内容是动态的，随着底层数据库的变化而变化。

（3）在服务对象上，Internet 服务的对象是全世界的任何用户，而 Intranet 服务的对象是企业内部员工。

（4）在联结方式上，Internet 强调各个组织网站之间的联结，无交易的企业、消费者都是它的业务范围；Extranet 强调各个企业间的联结，业务范围包括交易伙伴、合作对象、相关公司、销售商店及主要客户；Intranet 强调企业内部各部门的联结，业务范围仅限于企业内。

5．电子商务网络框架

电子商务网络框架如图2-4所示。从技术角度来看，可将其分为 Intranet、Intranet 与 Internet 的连接、电子商务应用系统三个部分。

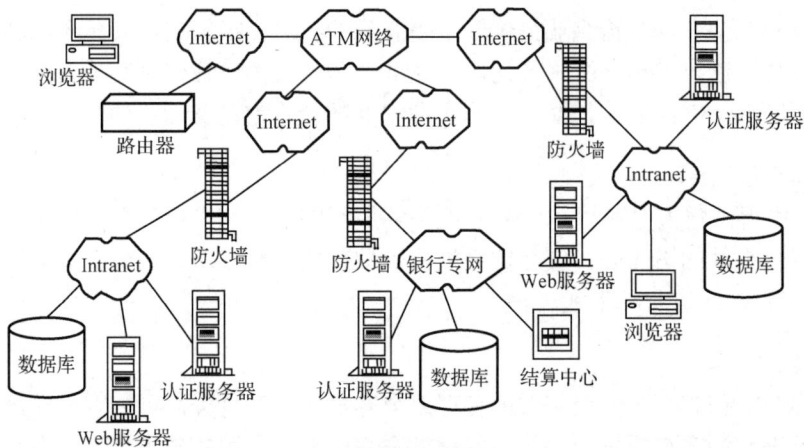

图 2-4　电子商务网络框架

思考：企业电子商务产生的原因是什么？

2.2　电子商务的模型、结构、实现方案和运作模式

2.2.1　电子商务的基本系统模型

1．电子商务的基本系统模型概述

电子商务的基本系统模型可分为基本的三层系统模型，分别是顾客、Web 应用服务器和连接外部服务器的连接器，如图 2-5 所示。其中，Web 应用服务器分为 Web 服务器和企业 Java 服务（包括目录信息和企业 Java 编译程序）。

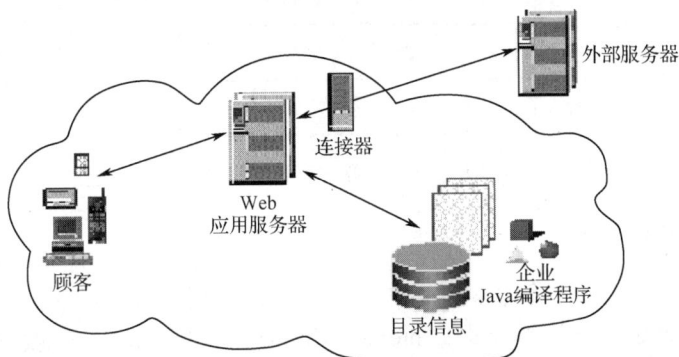

图 2-5　电子商务的基本系统模型

Web 应用服务器主要起着企业与顾客之间信息交换的作用，这些信息包括广告、市场营销、零售、客户服务等，这些业务涉及银行业、金融服务业（投资、保险、股票市场）、零售业、电子出版业、教育业、娱乐业等。不仅如此，Web 应用服务器还可应用在组织内部的商务中，如组织内部的信息共享和传输。Web 应用服务器可完成以下几项任务。

（1）通过采用广告和市场营销的方式吸引新顾客群。

（2）通过客户服务及支持为现有客户提供服务。

（3）为现有产品开辟新市场及销售渠道。

（4）加快组织内部的信息交流。

（5）协调内部的经营活动。

（6）通过在线事务处理，简化复杂的运作管理。

（7）通过在线分析处理，辅助管理决策。

2．电子商务基本系统的特点

（1）企业通过 Web 应用服务器可与广大的客户群进行连接，客户可通过各种渠道方便地浏览商家提供的各种信息，包括广告、产品介绍、报价单、售前和售后服务等信息。

（2）企业通过电子表格、订货单、标签等收集客户的信息，并使用数据库管理系统以方便地对其数据进行管理。

（3）利用计算机的特点，输入一次内容可在各处运行。

（4）各种应用软件和工具软件可重复使用。

（5）综合以往的业务可方便地对各种有用的数据予以再利用。

2.2.2 电子商务的应用层次结构

电子商务的应用层次结构可分为电子商务网络平台、电子商务安全体系、电子商务支付系统、电子商务应用系统等，如图 2-6 所示。下面介绍电子商务的应用层次结构中的前三个。

图 2-6　电子商务的应用层次结构

1. 电子商务网络平台

电子商务网络平台包括计算机网络、电信网、有线电视网等。目前，企业面临着三种不同但又相互密切关联的网络计算模式：Internet、Intranet 和 Extranet。一般情况下，首先进入的是 Internet。企业为了在 Web 时代具有竞争力，必须利用 Internet 技术和协议，建立主要用于企业内部管理和通信的应用网络——Intranet。而每个企业与它的使用伙伴之间要交换与共享数据，就要遵循同样的协议和标准，建立非常密切的信息和数据交换联系，从而大大提高社会协同工作的能力和水平，此即 Extranet。这三种计算模式在电子商务中各有各的用途，它们之间的关系如图 2-7 所示。

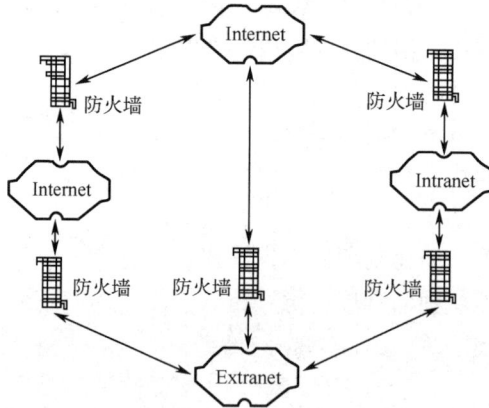

图 2-7　电子商务的网络计算环境

企业的网络计算涉及企业经营的全过程，涉及企业各个部门及企业所处环境中与本企业有关的企业和有关的部门。要求企业的网络计算环境具备以下几个特点。

1）连接性

连接性是指企业内部互联网络和企业外部互联网络的连接性，要求网络连接光滑无断点，数据传输可靠无差错。

2）协同工作

协同工作是指企业内部各部门之间及与企业外部之间的协作，要求的不仅是在物理上的"互联"，更重要的是在各职能部门之间真正意义上的"互联"。

3）网络和系统管理

由于企业的网络计算基于复杂的企业网络，所以要求其既能易于管理，又要安全可靠。

4）过渡策略和技术

随着企业的网络计算需求的改变，信息技术及其产品的发展和换代，要求其能够制订企业网络计算过渡策略，并能提供相应的技术。

5）多选择性

多选择性指的是企业网络技术平台和网络产品的多选择性。

电子商务所依赖的网络环境正是上述企业网络环境，它所涉及的不仅仅是买卖，也不仅仅是软硬件的信息，而是在 Internet、Intranet、Extranet 的网络计算环境基础上，将买家与卖家、生产厂商和合作伙伴紧密结合在一起，从而消除了时间与空间带来的障碍。

Internet 技术的发展、通信速度的提高与通信成本的降低，给电子商务向大范围扩展提供了广阔的天地。更为重要的是，利用 Internet 开展电子商务的成本比其他任何一种方法的成本都低廉得多。因此，未来的电子商务将以 Internet 的电子商务为主体。

2．电子商务安全体系

随着 Internet 的高速发展，电子商务开放性、国际性和自由性在增加应用自由度的同时，也使安全成为一个日益重要的问题。这主要表现在：开放性的网络，导致网络的技术是全开放的，因而网络所面临的破坏和攻击也是多方面的。如何保护企业和个人的信息不被非法获取、盗用、篡改和破坏，已成为所有 Internet 参与者共同关心的重要问题。随着电子商务在 Internet 上全球性的推广，安全的重要性更加突出，企业与消费者对电子交易安全的担忧已严重阻碍了电子商务的发展。

电子商务的安全体系应从以下几个方面考虑。

1）物理安全

物理安全是指保护计算机网络设备、设施及其他媒体免遭地震、水灾、火灾等环境事故，以及人为操作失误或错误及各种计算机犯罪行为导致的破坏过程。物理安全可以分成以下三类。

（1）系统安全。它是指主机和服务器的安全，主要包括反病毒、系统安全检测、入侵检测（监控）和审计分析。

（2）网络运行安全。它是指要具备必需的针对突发事件的应急措施，如数据的备份和恢复等。

（3）局域网或子网的安全。它是指访问控制和网络安全检测。特别说明，大众所熟知的黑客与防火墙主要属于网络安全的相关范畴。

2）信息安全

信息安全涉及信息传输的安全、信息存储的安全及对网络传输信息内容的审计三方面，当然也包括对用户的鉴别和授权。

（1）信息传输的安全。为保障数据传输的安全，必须采用数据传输加密技术和数据完整性鉴别技术。

（2）信息存储的安全。为保证信息存储的安全，必须采用认证技术来保障数据库安全和终端安全。

（3）对网络传输信息内容的审计。它是指对进出内部网络的信息内容进行实时审计，以防止或追查可能的泄密行为（为了满足国家保密法的要求，在某些重要或涉密网络，应该安装并使用此系统）。

3）鉴别方法

对用户的鉴别是指对网络中的主体进行验证的过程。通常用三种方法来验证主体身份：第一种是使用只有该主体才能了解的秘密，如口令、密钥等；第二种是使用主体携带的物品，如智能卡和令牌卡等；第三种是使用只有该主体才具有的独一无二的特征或能力，如指纹、声音、视网膜或签字等。

保护信息安全所采用的手段也称为安全机制。所有的安全机制都是针对某些安全攻击威胁而设计的，可以按不同的方式单独或组合使用。合理地使用安全机制可在有限的资金投入条件下最大限度地降低风险。

4）安全机制

网络中所采用的安全机制主要有以下几种。

（1）加密和隐藏机制。加密使信息改变，并使攻击者无法读懂信息的内容，从而保护信息；而隐藏则是将有用的信息隐藏在其他信息中，使攻击者无法发现，不仅实现了信息的保密，也保护了通信本身。

（2）认证机制。这是网络安全的基本机制，网络设备之间应互相认证对方身份，以保证操作权力的正确赋予和数据的存取控制。网络也必须认证用户的身份，以保证正确的用户进行正确的操作，并进行正确的审计。

（3）审计机制。这是防止内部犯罪和事故后调查取证的基础，通过对一些重要的事件进行记录，在系统发现错误或受到攻击时能定位错误和找到攻击成功的原因。审计信息应具有防止非法删除和修改的措施。

（4）完整性保护机制。它被用于防止非法篡改，利用密码理论的完整性保护能够很好地对付非法篡改。完整性的另一个用途是提供不可抵赖服务，当信息源的完整性可以被验证却无法模仿时，收到信息的一方可以认定信息的发送者。数字签名就可以提供这种手段。

（5）权利控制和存取控制机制。这是主机系统必备的安全手段，系统根据正确的认证，赋予某用户适当的操作权利，使其不能进行越权操作。该机制一般采用角色管理办法，需要

针对系统定义各种角色，如经理、会计等，然后对他们赋予不同的执行权利。

（6）业务填充机制。该机制在业务闲时发送无用的随机数据，增加攻击者通过通信流量获得信息的困难，同时也增加了密码通信的破译难度。所发送的随机数据应具有良好的模拟性能，以便能够以假乱真。

3．电子商务支付系统

电子商务的核心内容是信息的相互沟通和交流，交易双方通过 Internet 进行交流、洽谈、确认，最后才能发生交易。这时对于通过电子商务手段完成交易的双方来说，银行等金融机构的介入是必需的。银行所起的作用主要是支持和服务，属于商业行为。但从整个电子商务网络的发展来看，将来要在网络上直接进行交易，就要通过银行的信用卡等各种方式来完成交易，以及在国际贸易中通过与金融网络的连接来支付和收费。

1）电子货币

电子货币是指以金融电子化网络为基础，以商用电子化机具和各类交易卡为媒介，以计算机技术和通信技术为手段，以电子数据形式存储在银行的计算机系统中，并通过计算机网络系统以电子信息传递方式实现流通和支付。

电子货币具有以下特点。

（1）以计算机技术为支撑，进行储存、支付和流通。

（2）融储蓄、信贷和非现金结算等多种功能为一体。

（3）可广泛应用于生产、交换、分配和消费领域。

（4）使用简便、安全、迅速、可靠。

（5）电子货币必须进入银行专用网才能进行交易，便于管理。

2）信用卡支付方式

目前，使用信用卡支付的方式有无安全措施的信用卡支付、通过第三方代理人支付、简单加密信用卡支付和安全电子交易 SET 信用卡支付四种。

（1）无安全措施的信用卡支付。它是指信用卡信息在互联网上传送，无任何安全措施，卖方与银行之间使用各自现有的银行商家专用网络授权来检查信用卡的真伪。这种支付方式具有以下特点。

① 由于卖方没有得到买方的签字，一旦买方拒付或否认购买行为，卖方将承担一定的风险。

② 信用卡信息可以在线传送，但无安全措施，买方将承担信用卡信息在传输过程中被盗取及卖方获得信用卡信息等风险。

（2）通过第三方代理人支付。它是指买方在线或离线在第三方代理人处开设账号，第三方代理人持有买方信用卡号和账号。这种支付方式具有以下特点。

① 支付是通过双方都信任的第三方完成的。

② 信用卡信息不在开放的网络上多次传送，买方有可能离线在第三方开设账号，这样买方没有信用卡信息被盗取的风险。

③ 卖方信任第三方，因此，卖方也没有风险。

④ 买卖双方预先获得第三方的某种协议，即买方在第三方处开设账号，卖方成为第三方的特约商户。

（3）简单加密信用卡支付。它是指在电子商务交易过程中使用简单的密码方式，即当信用卡信息被买方输入浏览器窗口或其他电子商务设备时，信用卡信息就被简单加密，并安全地作为加密信息通过网络从买方向卖方传送。这种支付方式具有以下特点。

① 整个过程只需持续 15～20 秒。

② 加密的信用卡信息只有业务提供商或第三方机构能够识别。

③ 由于购物时只需一个信用卡号，所以给用户带来了方便。

④ 需要一系列的加密、授权、认证及相关信息传送，交易成本较高，所以不适合小额交易。

⑤ 交易过程中每进行一步，交易各方都以数字签名来确认身份，买卖双方都要使用 CyberCash 软件。

⑥ 签名是买方、卖方在注册系统时产生的，且本身不能修改。

（4）安全电子交易 SET 信用卡支付。它是指在电子商务交易过程中使用非常安全的电子交易方式。这种支付方式具有以下特点。

① 订单和个人账号信息在网上安全传输，保证网上传输的数据不被黑客盗取。

② 订单信息和个人账号信息隔离，即持卡人账号信息包括订单内容送到卖方时，商家只能看订货信息，而看不到持卡人的账户信息。

③ 持卡人和商家相互认证，以确定通信双方的身份，并要第三方机构负责为在线通信双方提供信用担保。

2.2.3 电子商务的实现方案

如图 2-8 所示为一个典型的电子商务站点。

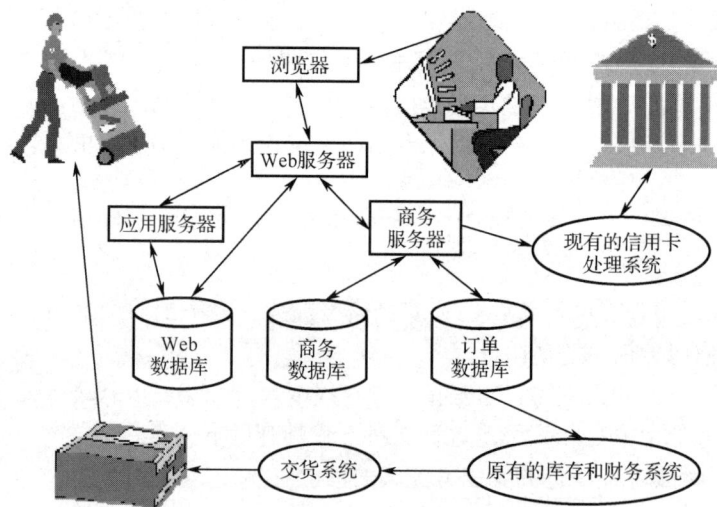

图 2-8　一个典型的电子商务站点

从图 2-8 中可知，实现电子商务的方案要经过以下几个阶段。

1．以通信网为基础，建立购物商厦

这个阶段主要是吸收各方企业，建立各自的商店，成为商厦会员商家；用户注册，成为商厦顾客，其方案如下。

（1）选择 Commerce Server（商务服务器），利用向导程序，建立商店的架构，连接数据库，规划商店的组织结构、部门和产品。

（2）利用 FrontPage 和 InterDev 软件完善商店主页。

（3）建立用户注册页面，利用 SiteServer 成员资格系统管理用户。

（4）利用 Commerce Server 的促销方法和 Buy-Now 广告丰富销售模式。

（5）在同一台或多台机器上，采用托管方式将多个商家的商店集成，建立商厦。

（6）交易模式采用订购、记账等方式，送货上门。

2．连接银行网络，电子付账

这个阶段主要完成与金融网络相连，实现安全的网上电子交易。连接信息网和金融网，商家和顾客在银行开有账户，使用信用卡或其他卡进行网上交易，其方案如下。

（1）选择安全的电子交易协议，如 SSL、SET 或其他专有的电子交易协议。

（2）建立支付网关，连接银行网络。

（3）利用电子钱包，发送交易指令。

3．电子交易

这个阶段主要完成顾客与商家进行电子交易的过程，其方案如下。

（1）选择支付合作伙伴。

（2）在电子钱包和电子商务服务器基础上进行开发。

（3）选择方便、安全的 Internet 付款方式。

> 思考：你曾在网上购买过商品吗？请举例说明购买商品的整个过程和体会。

2.2.4　电子商务的三种运作模式

1．B2B 电子商务模式

传统企业间的交易往往要耗费企业大量的资源和时间，无论是销售、分销还是采购都要占用产品成本。通过 B2B 电子商务，买卖双方能够在网上完成整个业务流程，从建立最初印象，到货比三家，再到讨价还价、签单和交货，最后到客户服务。B2B 电子商务使企业之间的交易减少了许多事务性的工作和管理费用，降低了企业经营成本。网络的便利及延伸性使企业扩大了活动范围，使企业跨地区、跨国界发展更方便，成本更低廉。

B2B 电子商务不仅仅建立了一个网上的买卖者群体，也为企业之间的战略合作奠定了基础。任何一家企业，不论它具有多强的技术实力或多好的经营战略，要想单独实现 B2B 电子商务是完全不可能的。单打独斗的时代已经过去，企业间建立合作联盟逐渐成为发展趋势。网络使得信息通行无阻，企业之间可以通过网络在市场、产品或经营等方面建立互补互惠的合作，形成水平或垂直形式的业务整合，以更大的规模、更强的实力、更经济的运作真正实现全球运筹管理的模式。

1）B2B 电子商务模式

目前，企业采用的 B2B 电子商务可以分为以下两种模式。

（1）面向制造业或面向商业的垂直 B2B 电子商务。垂直 B2B 电子商务可以分为两个方面，即上游和下游。生产商或商业零售商可以与上游的供应商之间形成供货关系，例如，Dell 计算机公司与上游的芯片和主板制造商就是通过这种方式进行合作的。生产商与下游的经销商可以形成销货关系，例如，Cisco 与其分销商之间进行的交易就是这种模式。

（2）面向中间交易市场的水平 B2B 电子商务。水平 B2B 电子商务将各个行业中相近的交易过程集中到一个场所，为企业的采购方和供应方提供了一个交易的机会，如阿里巴巴（Alibaba）、环球资源网等。B2B 电子商务只是企业实现电子商务的一个开始，它的应用将会得到不断的发展和完善，并适应所有行业企业的需要。

目前，企业要实现完善的 B2B 电子商务需要许多系统共同的支持，例如，制造企业需要有财务系统、企业资源计划 ERP 系统、供应链管理 SCM 系统、客户关系管理 CRM 系统等，并且要将这些系统有机地整合在一起，实现信息共享及业务流程的完全自动化。

2）B2B 电子商务支付流程

B2B 电子商务支付流程如图 2-9 所示。

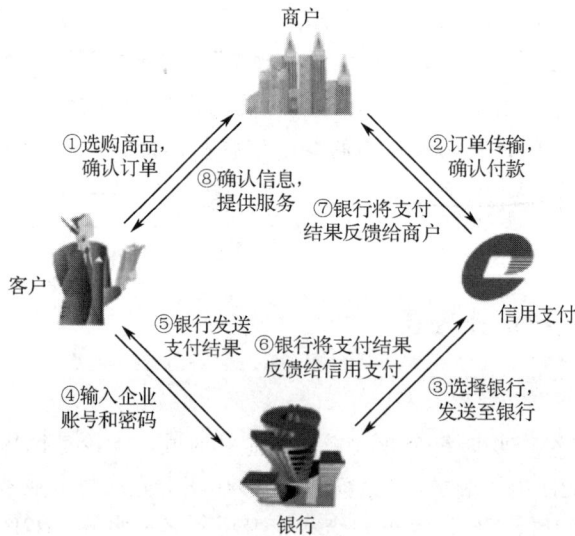

图 2-9 B2B 电子商务支付流程

从图 2-9 中可知，B2B 电子商务支付流程如下。

（1）客户在商家网上选择自己所需要的商品，放入清单并确认订单。

（2）商家接到订单后，通知客户并确认付款方式。

（3）客户选择付款银行，并将信息发送至付款银行。

（4）客户输入企业账号和密码。

（5）银行发送支付结果给客户。

（6）银行将支付结果反馈给信用支付。

（7）银行将支付结果反馈给商户。

（8）商户确认信息并开始为客户提供服务。

2．B2C 电子商务模式

B2C 电子商务是以 Internet 为主要手段，由商家或企业通过网站向消费者提供商品和服务的一种商务模式。目前，在 Internet 上遍布了各种类型的 B2C 网站，提供从鲜花、书籍到计算机、汽车等各种消费品和服务。由于各种因素的制约，目前及未来比较长的一段时间内，这种模式的电子商务还只能占比较小的比重。但是，从长远来看，企业对消费者的电子商务将取得快速发展，并将最终在电子商务领域占据重要地位。

1）目前的 B2C 电子商务模式

（1）卖方企业—买方个人模式。这是商家出售商品和服务给消费者个人的电子商务模式。在这种模式中，商家首先在网站上开设网上商店，公布商品的品种、规格、价格、性能等，或者提供服务种类、价格和方式，由消费者个人选购，下订单，在线或离线付款，商家负责送货上门。这种网上购物方式可以使消费者获得更多的商品信息，虽足不出户却可货比千家，买到价格较低的商品，节省购物的时间。当然，这种电子商务模式的发展需要高效率和低成本的物流体系配合。这种方式中比较典型的代表就是全球知名的亚马逊网上书店（http://www.amazon.com）。

（2）卖方个人—买方企业模式。这是企业在网上向个人求购商品或服务的一种电子商务模式。这种模式应用最多的就是企业在网上招聘人才。例如，许多企业在深圳人才网（http://www.szhr.com.cn）招聘各类人才。在这种模式中，企业首先在网上发布需求信息，然后由个人上网洽谈。这种方式在当今人才流动量较大的社会中极为流行，因为它建立起了企业与个人之间的联系平台，使得人力资源得以充分利用。

2）B2C 电子商务购物流程

B2C 电子商务购物流程如图 2-10 所示。

（1）关于注册。现在大多数购物网站都实行会员制，为了方便下次购物，建议注册一个账户。只要通过购物网站注册开户，即可成为该站的会员。注册开户一般有以下两种途径。

① 新用户注册开户。单击"新用户注册"，即可在出现的注册界面的相应提示框处输入您的用户名、邮箱地址、密码（密码设置不要过于简单）、验证码及昵称（可根据个人喜好填写），必填项都填好后单击"完成"按钮即可。注意：注册用户名是唯一的，一般不可以修改。

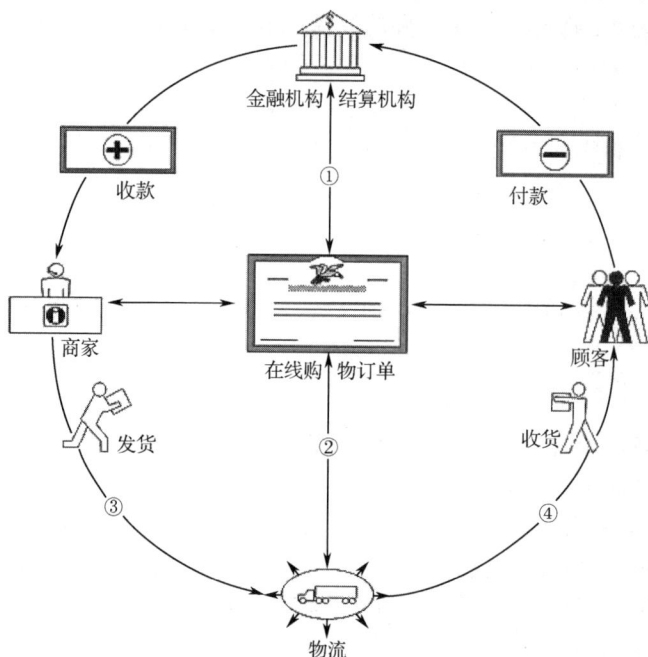

图 2-10   B2C 电子商务购物流程

② 在订购过程中注册开户。有些购物网站可以先购物后注册。进入购物网站后直接选择您所需要的商品，当进入结算时会要求用户注册；此时进行注册就可以了（注册步骤与普通注册相同）。

（2）购物流程。注册完成后，就可以开始购物了。流程大体如下。

① 挑选商品。可以使用搜索方式，直接输入想要的商品并进行选择。

② 选好后放入购物车。一般只要单击某个按钮就可自动放入购物车了。

③ 如果网站有特惠商品，可按消费总额来选择相应的特惠商品。单击某个按钮将特惠商品放入购物车。

④ 进入结算中心。对此，不同的网站有不同的叫法，但万变不离其宗，一般是"结账"。

⑤ 填写收货人信息，写明收货人的地址。

⑥ 选择收货方式。按照收货地点的具体情况来选择合适的收货方式。

⑦ 选择支付方式。按照网站支持的方式，选择自己方便的支付方式。

⑧ 订单确认（有些网站没有这一步，不会对购物流程造成影响）。

完成上述所有流程，订单提交以后页面会提示订单号。

3．C2C 电子商务模式

1）C2C 电子商务概述

C2C 电子商务是消费者对消费者的交易模式，其特点类似于农村的传统集市贸易形式，只要是自己的东西，摆个小摊就可以交易，C2C 把很原始的集市形式变为了很流行的电子商务模式，这应该归功于网络的便捷。在 C2C 模式中，电子交易平台供应商扮演着举足轻重的角色。

（1）网络的范围如此广阔，如果没有一个知名的、受买卖双方信任的供应商提供平台，将买卖双方聚集在一起，那么双方单靠在网络上漫无目的地搜索是很难发现彼此的，并且也会失去很多宝贵的交易机会。

（2）电子交易平台提供商往往还扮演着监督和管理的职责，负责对买卖双方的诚信进行监督和管理，负责对交易行为进行监控，最大限度地避免欺诈等行为的发生，保障买卖双方的权益。

（3）电子交易平台提供商还能够为买卖双方提供技术支持服务，包括帮助卖方建立个人店铺、发布产品信息、制订定价策略等；帮助买方比较和选择产品、电子支付等。正是由于有了这样的技术支持，C2C 电子商务才能够在短时间内迅速为广大普通用户所接受。

（4）随着 C2C 电子商务的不断发展成熟，电子交易平台供应商还能够为买卖双方提供保险、借贷等金融类服务，更好地为买卖双方服务。

因此，可以说在 C2C 电子商务中，电子交易平台提供商是至关重要的一个角色，它是直接决定该商务模式能否存在的前提和基础。人们在讨论 C2C 电子商务的时候，总会从商品拍卖的角度分析该模式存在的合理性和发展潜力，但是往往忽略了电子交易平台供应商的地位和作用。可以说，单纯从 C2C 电子商务本身来说，买卖双方只要能够进行交易，就有赢利的可能，该模式也就能够继续存在和发展；但是，这个前提是必须保证电子交易平台供应商实现赢利，否则这个模式就会失去存在和发展的基础。

因此，要分析 C2C 电子商务，应当更加关注电子交易平台供应商的赢利模式和能力，这才是 C2C 电子商务的重点，也是 C2C 电子商务区别于其他电子商务的重要特点。

2）C2C 电子商务购物流程

网上有不少 C2C 电子商务网站，其购物方式都大同小异。下面介绍具有典型 C2C 电子商务特点的淘宝网的购物流程。

（1）搜索商品的方法。搜索商品有以下几种方法。

① 明确搜索词。在搜索框中输入要搜索的商品、店铺、掌柜名称，然后按 "Enter" 键，或单击 "搜索" 按钮即可得到相关资料。

② 用好分类。许多搜索框的后面都有下拉菜单，有商品的分类、限定的时间等选项，用鼠标单击就可以了。例如，搜索 "火柴盒" 后，会发现有很多汽车模型，原来它们都是 "火柴盒" 牌的。若搜索时选择了 "居家日用" 分类，就会发现真正的火柴盒在这里。

③ 使用空格。想用多个词语搜索，在词语间加上空格就可以搜索到了。

④ 精确搜索。第一，使用双引号，例如，搜索 "佳能相机"，它只会返回网页中 "佳能相机" 这四个字连在一起的商品，而不会返回诸如 "佳能 IXUSI5 专用数码相机包" 之类的商品。第二，使用加减号，在两个词语间用加号，可以准确搜索包含着这两个词的内容；相反，使用减号，意味着避免搜索减号后面的那个词。

⑤ 不必担心大小写。淘宝的搜索功能不区分英文字母大小写。无论输入大写还是小写字母都可以得到相同的搜索结果。例如，输入 "nike" 或 "NIKE"，结果都是一样的。

（2）找到商品后联系卖家。当找到所需商品后，与卖家取得联系，更多地了解商品的细

节，询问是否有现货等。多沟通能增进用户和卖家的相互了解，避免很多误会。

① 发站内信件给卖家。站内信件只有用户和卖家能看到，相当于某些论坛里的短消息。用户可以询问卖家关于商品的细节、数量等问题，也可以试探地询问是否有折扣。

② 给卖家留言。每件商品的下方都有一个空白框，可在这里写上用户要问卖家的问题。请注意，只有卖家回复后这条留言和答复才能显示出来。因为这里显示的信息所有人都能看到，建议不要在这里公开自己的手机号码、邮寄地址等私人信息。

③ 利用聊天工具。不同的网站所支持的聊天工具也不尽相同，如淘宝的是"旺旺"、拍拍的则是"QQ"，要利用聊天工具，尽量直接找到卖家进行沟通。

（3）交易流程。当用户和卖家达成共识后，可以按图 2-11 所示的流程进行。

（4）评价。用户收到商品之后，可以确认收货及对卖家的服务做出评价。这是用户所享有的权利。如果对商品很不满意，可以申请退货，或者换货，细节方面请与卖家联系。

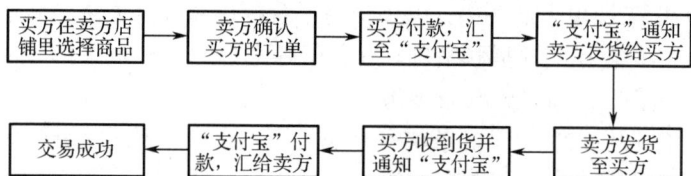

图 2-11 以"支付宝"为第三方支付平台的交易流程

（5）淘宝网网上交易流程。通过"旺旺"，买卖双方进行沟通→买方在淘宝网卖方店铺里选择商品→卖方确认买方的订单→买方付款，汇至"支付宝"→"支付宝"通知卖方发货给买方→卖方发货至买方→买方收货后是否通知"支付宝"？如果不通知，则经过一段时间后，"支付宝"自动支付货款给卖方→交易完成；如果通知"支付宝"→"支付宝"付款，汇给卖方→交易成功→买卖双方信用评级。淘宝网网上交易流程如图 2-12 所示。

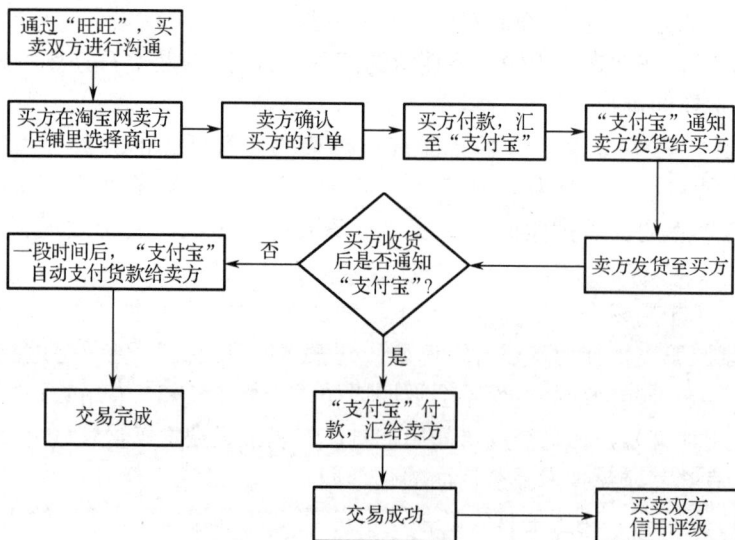

图 2-12 淘宝网网上交易流程

2.2.5 淘宝信用评价体系

1．简介

淘宝信用评价体系由心、钻石、皇冠三部分构成，并按等级提升，目的是为判断诚信交易的程度而提供参考，并在此过程中保障买家利益，督促卖家诚信交易。

2009 年淘宝信用评价系统升级：2009 年 9 月 24 日起，淘宝网所有店铺违规、产生纠纷的退款及受到的处罚，将被完全公布在评价页面。这将成为除评价以外，买家对卖家诚信度判断的最重要标准，也是淘宝网全网购物保障计划中一条重要措施。此前，淘宝网已启动 2000 万元人民币购物保障基金及购买机票六重保障。店铺评价页面升级后，消费者可参考的参数更多，并且不限于交易完成后的评价，买家将能够知悉卖家诸多维度的信息，网购将因其更公开、透明而使买家更安全、放心。

升级后的评价体系将在以往的评价列表基础上，加上店铺相关信息，包括：是否参加消费者保障服务；对消费者有何种承诺；受到处罚的情况。

对于已经加入消费者保障服务的卖家，显示信息包括：该店铺已加入淘宝网消费者保障服务及对买家的承诺等。对于因为违规被清退出消费者保障服务的卖家，在被清退后 30 天之内，将显示：该店铺已被清退出淘宝网消费者保障服务。

同时，在卖家服务质量查询栏里面，消费者可以看到该卖家近期是否有被投诉情况、产生纠纷的退款情况及违规情况。

2．信用评价

淘宝网会员在淘宝个人交易平台使用"支付宝"服务，成功完成每一笔交易订单后，双方均有权对对方交易的情况做出相关评价。

买家可以针对订单中每项买到的"宝贝"进行好、中、差的评价；卖家可以针对订单中每项卖出的"宝贝"给买家进行好、中、差的评价。这些评价统称为信用评价。

3．店铺评分

店铺评分是会员在淘宝网交易成功后，仅限使用买家身份的淘宝网会员对本次交易的使用卖家身份的淘宝网会员进行评分。每项店铺评分取连续六个月内所有买家给予评分的算术平均值。只有使用"支付宝"并且交易成功的交易才能进行店铺评分，非"支付宝"的交易不能评分。

4．"好评"率的计算

卖家"好评"率=所有计分的卖家"好评"数/所有计分的卖家评价总数；
买家"好评"率=所有计分的买家"好评"数/所有计分的买家评价总数。
该数据经系统四舍五入后显示。
计分的"中评"因会累计到计分的评价总数中，所以会影响"好评"率。

5．店铺评分的打分标准

买家在交易成功后，可对本次交易订单的卖家进行如下四项打分："宝贝"与描述相符、卖家服务态度、卖家发货速度、物流公司服务。

四项指标打分分值：1 分——非常不满；2 分——不满意；3 分——一般；4 分——满意；5 分——非常满意。

给买家的打分参考标准如下。

1）"宝贝"与描述相符

5 分——质量非常好，与卖家描述的完全一致，非常满意；

4 分——质量不错，与卖家描述的基本一致，还是挺满意的；

3 分——质量一般，没有卖家描述的那么好；

2 分——部分有破损，与卖家描述的不符，不满意；

1 分——差得太离谱，与卖家描述的严重不符，非常不满。

2）卖家服务态度

5 分——卖家的服务太棒了，考虑非常周到，完全超出期望值；

4 分——卖家的服务挺好的，沟通挺顺畅的，总体满意；

3 分——卖家回复很慢，态度一般，谈不上沟通顺畅；

2 分——卖家有点不耐烦，承诺的服务也兑现不了；

1 分——卖家态度很差，还骂人、说脏话，简直不把顾客当回事。

3）卖家发货速度

5 分——卖家发货速度非常快，包装非常仔细、严实；

4 分——卖家发货挺及时的，运费收取很合理；

3 分——卖家发货速度一般，提醒后才发货；

2 分——卖家发货有点慢，催了几次终于发货了；

1 分——再三提醒下，卖家才发货，耽误我的时间，包装也很马虎。

4）物流公司服务

5 分——物流公司服务态度很好，运送速度很快；

4 分——物流公司态度还好吧，送货速度挺快的；

3 分——物流公司服务态度一般，运送速度一般；

2 分——物流公司服务态度挺差，运送速度太慢；

1 分——物流公司态度非常差，送货慢，外包装有破损。

6. 评价的规则与计分方法

淘宝网会员在个人交易平台使用"支付宝"服务成功完成每一笔交易后，双方均有权对对方交易的情况做一个评价，这个评价也称为信用评价。

评价积分：评价分为"好评""中评""差评"三类，每种评价对应一个积分。

评价计分：评价积分的计算方法，具体为："好评"加 1 分，"中评"得零分，"差评"扣 1 分。

信用度：对会员的评价积分进行累积，并在淘宝网页上进行评价积分显示。

评价有效期：指订单交易成功后的 15 天内。

计分规则（含匿名评价）如下。

（1）每个自然月中，相同买家和卖家之间的评价计分不得超过 6 分（以"支付宝"系统显示的交易创建的时间计算）。超出计分规则范围的评价将不计分。

（2）若 14 天内（以"支付宝"系统显示的交易创建的时间计算），相同买家和卖家之间就同一商品，有多笔"支付宝"交易，则多个"好评"只计 1 分，多个"差评"只记-1 分。

7．店铺评分的条件

在使用"支付宝"交易成功后，"宝贝"评价和店铺评分可以分开评价，如先对"宝贝"进行评价提交后，评价期 15 天内随时可以再次单击评价进入并对店铺进行评分。

如果买家在交易成功的 15 天内未进行店铺评分，则无分值，也无默认分。如果交易进行中，或者交易状态是"交易关闭"，均无法进行店铺评分。非"支付宝"交易也无法评分。

8．默认评价

买家在淘宝网个人交易平台交易成功后，可以本着自愿的原则同时完成店铺评分和信用评价。

（1）如一方好评而另一方未评，在一方评价的 15 天以后，系统将自动默认给予评价方好评（因系统滞缓会有延后生效显示的情况）。

（2）如双方在评价期间内均未做出评价，则双方均不发生评价，无评价积分。以上仅限个人交易平台，买家给予淘宝商城的商家有效店铺评分后，系统会默认给予买家一个"好评"。

（3）如一方在评价期间内做出"中评"或者"差评"，另一方在评价期间内未评价的，则系统不会给评价方默认评价。

注意：如果买家在交易成功的 15 天内对"宝贝"进行评价，但未进行店铺评分，卖家店铺则无相关分值，也无默认分。

9．店铺评分的计分

店铺评分的计分说明如下。

（1）交易成功后，买家本着自愿的原则对卖家进行店铺评分，不打分则无分值，无默认分；若买家只对"宝贝"与描述相符、卖家服务态度两项进行打分，则另外两项无分值。

（2）店铺评分由买家对卖家做出，包括"宝贝"与描述相符、卖家服务态度、卖家发货速度、物流公司服务四项。每项店铺评分取连续六个月内所有买家给予评分的算术平均值。买家若完成对商城卖家店铺评分中"宝贝"与描述相符一项的评分，则其信用积分增加 1 分。

（3）每个自然月因相同买家和卖家之间交易而产生的店铺评分或信用积分仅计取前三次。

（4）店铺评分不得修改。

（5）店铺评分生效后，"宝贝"与描述相符、卖家服务态度、卖家发货速度三项指标将分别平均计入卖家的店铺评分中，物流公司服务评分不计入卖家的店铺评分中，但会计入物流平台中。

10．退款后的评价

评价入口与退款无直接关系，只要交易订单最终状态为"交易成功"，在评价期内双方均可评价；若为"交易关闭"，则无法评价。

如果订单中有多笔交易（即多件商品），其中有些商品进行了退款，但订单最终为"交易成功"的状态，仍然可以通过评价入口进行评价，但已经退款的商品是不能进行评价的。

11．评价修改期

评价修改期为评价做出后的 30 天内，逾期将无法再进行修改。

注意："好评"不能修改或删除，"中评"或者"差评"只有一次修改或者删除的机会，如您把"差评"修改为"好评"后，就不能再进行删除了。

> 思考：你认为在网上购物时使用什么电子交易手段较好？为什么？请举例说明。

实训二　体验网上购物

【实训目的】

通过网上购物的体验，进一步理解电子商务的内涵；能够分析电子商务的商流、资金流、信息流和物流；会利用电子商务标准对 B2C 电子商务网站进行全面的分析比较。

【实训要求】

（1）了解网上商店的结构特点。
（2）掌握网上购物的运作环节。
（3）体会网上购物的特点和存在的问题。

【实训内容】

（1）进入相关的电子商务网站。
（2）熟悉电子商务网站的结构和功能。
（3）查询和选择购买商品。
（4）注册成为新会员。
（5）网上支付结算货款。
（6）查询订货状态。
（7）会员信息修改。
（8）购物信息反馈。
（9）画出购物流程图。

【实训步骤】

（1）进入相关的电子商务网站，或者在地址栏中输入 http://www.taobao.com，登录

淘宝网。

（2）如果购买手机，可以直接单击导航条，选择商品，也可以直接在分类栏中进行查询，还可以在分栏中进行模糊查询或快速查询。

（3）单击"对比选中的宝贝"按钮。

（4）选择价格最低的掌柜为"孤独石子"的手机，单击"立即购买"按钮。

（5）如果没有注册过，则先注册，单击"免费注册"按钮。

（6）激活邮件，注册成功后，确认购买信息。

（7）等待买家付款。

（8）付款给支付宝→确认收货→支付宝打款给卖家→完成交易。

【实训提醒】

当选择卖家时，虽然主要考虑的是商品的价格因素，但还必须考虑卖家的信用指数、卖家所在地等因素，毕竟交易的安全性是最重要的。

【实训思考】

（1）如何用框图描述淘宝网的交易流程？

（2）完成本次实训后，你是否对电子商务有了更深入的了解呢？在此次交易中，至少涉及了哪些交易对象？

（3）在交易中，你选择的是什么支付方式和配送方式？淘宝网提供了哪些支付方式和配送方式？

（4）你认为"支付宝"安全吗？为什么？

（5）对照电子商务相关内容进行全面的比较分析。

（6）自己寻找并浏览三个典型的电子商务网站，谈谈其特色与存在的问题。

【实训报告】

1．实训过程
目的要求：
实训内容：
实训步骤：
网上购物流程：
网上交易框图：

2．实训结果
结果分析：
可以使用表格方式，或者使用图形方式，也可以使用文字方式。

3．总结
通过实训，总结自己掌握相关知识的程度，分析实训中出错原因，并提出改进措施。

习题二

一、填空题

1. 为顺利实现 Internet 上各计算机之间的_____，每台入网的计算机必须有一个标志来_____，Internet 为每个入网用户单位分配一个识别标志，这个标志表示为_____和域名地址。

2. Intranet 可汉译为_____，它是 Internet 技术在_____的应用。它的核心技术是_____。Intranet 的基本思想是在内部网络上采用_____作为通信协议，利用_____作为标准信息平台，同时建立_____把内部网和_____分开。

3. Extranet 实际上是 Intranet 的_____，除了允许_____访问外，还允许经过_____访问其中的部分资源。Extranet 具有_____、_____、_____和_____等特点。

4. 电子商务的应用层次结构可分为_____、_____、_____、_____等。

5. 实现电子商务的方案要经过以_____为基础，建立_____，连接_____，_____，_____。

6. 实体电子商务的三种运作模式中的第一种模式是_____，其中分为面向_____或者面向_____的垂直 B2B、面向_____的水平 B2B；第二种模式是_____；第三种模式是_____。

二、判断题（正确的打"√"，错误的打"×"）

1. 电子商务彻底改变了传统商业的营销理念。（   ）

2. 目前，企业采用的 B2B 可以分为面向制造业或者面向商业的垂直 B2B、面向中间交易市场的 B2B 两种模式。（   ）

3. IP 地址将 32 位地址分成 4 段，并由"."来分隔，每段为 6 位，再用十进制数码写出。（   ）

4. 企业对消费者的电子商务模式称为 B2G。（   ）

5. 电子货币以金融电子化网络为基础，以商用信用卡为媒介。（   ）

三、思考题

1. 简述企业内部网的概念。

2. 简述企业外联网的概念。

3. 简述电子商务的基本系统模型。

4. 简述电子商务安全体系。

5. 简述电子商务的实现方案。

6. 简述 B2C（企业对消费者）电子商务模式。

7. 简述 B2B（企业对企业）电子商务模式。

8. 简述 C2C（消费者对消费者）电子商务模式。

第3章

电子交易与支付

3.1 电子货币

3.1.1 电子货币概述

人类已经进入 21 世纪，电子商务必将成为人类信息社会商业活动的核心，也是 Internet 应用的发展方向。而电子货币在电子商务中占有举足轻重的地位，电子货币应用的深度和广度直接影响着电子商务的发展。

1．电子货币的定义

目前，对于电子货币的定义尚无确切地定论，而且世界各国推行的有关电子货币的试验项目也是形态各异，就目前情况而言，大多数电子货币的基本形态都是一样的。本节讨论的电子货币的基本形态如下：用一定金额的现金或存款从发币处兑换并获得代表相同金额的数据，通过使用某些电子化方法将该数据直接转移给支付对象，从而能够清偿债务。该数据本身即可称为电子货币。

2．特点

1）电子货币是一种虚拟货币

电子货币是在银行电子化技术高度发达的基础上出现的一种无形货币，它采用数字脉冲代替金属、纸张等载体进行传输和显示资金，通过芯片进行处理和存储，因而没有传统货币的物理形态、大小、质量和印记，持有者得不到持有的实际感觉。

2）电子货币是一种在线货币

电子货币通常在专用网络上传输，通过 POS、ATM 进行处理，也就是说，电子货币是在现有的银行、支票和纸币之外，通过网络在线大量流通的钱。电子货币的保管须要有存储设备、电子货币的交换须要有通信手段，保持其安全须要有加密和解密用的计算机。

3）电子货币是一种信息货币

电子货币说到底只不过是观念化的货币信息，它实际上是由一组含有用户的身份、密码、金额、使用范围等内容的数字构成的特殊信息。人们使用电子货币交易时，实际上交换的是相关信息，这些信息传输到开设这种业务的银行后，银行就可以为双方交易结算，从而使消费者和企业能够通过比现实银行系统更省钱、更方便和更快捷的方式相互收付资金。

3．属性

电子货币作为现代金融业务与现代科学技术相结合的产物，具有以下几个特征。

（1）传统货币以实物的形式存在，而且形式比较单一，而电子货币则不同，它是一种电子符号，其存在形式随处理媒体的不同而不断变化，如在磁盘上存储时是磁介质、在网络中传播时是电磁波或者光波、在 CPU 处理器中是电脉冲等。

（2）电子货币的流通以相关的设备正常运行为前提。新的技术和设备也引发了电子货币新的业务形式的出现。

（3）电子货币的安全性不是依靠普通的防伪技术，而是通过用户密码、软件和硬件加密/解密系统、路由器等网络设备的安全保护功能来实现的。

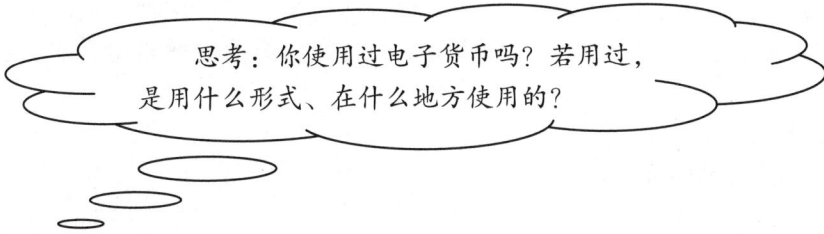

> 思考：你使用过电子货币吗？若用过，是用什么形式、在什么地方使用的？

3.1.2　电子货币的表现形式

电子货币的表现形式是多种多样的，主要形式如下。

1．电子支票

1）电子支票的传输过程

电子支票与电子资金传输是同义词。电子支票系统从 20 世纪 60 年代就开始使用了。电子支票系统通过剔除纸面支票，最大限度地开发了现有银行系统的潜力。

电子支票系统是一个十分多样的系统，其多样性如下。

（1）通过银行自动提款机（ATM）网络系统进行普通费用的支付。

（2）通过跨省、市的电子汇兑、清算，实现全国范围内的资金传输。

（3）大额资金在海外银行之间的资金传输。

（4）每月从银行账户中扣除电话费等。

电子支票系统包含三个实体——购买方、销售方及金融中介。电子支票的传输过程如图 3-1 所示。

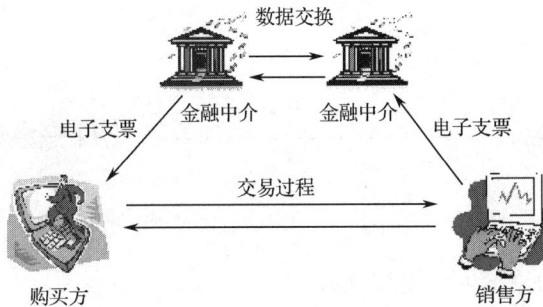

图 3-1　电子支票的传输过程

首先，购买方从金融中介那里获得一个唯一的电子凭证，即电子支票，当购买方和销售方进行交易时，销售方要求购买方付款，则购买方把电子支票交给销售方。销售方再交给金融中介，然后兑换成现金，从而完成整个交易支付。如果购买方和销售方没有使用同一家金融中介，则可使用金融中介之间的数据交换来完成，跟银行之间互通一样，这里的金融中介通常由国家中央银行（国内贸易）或国际金融机构（国际事务）来协同承担完成。

2）使用电子支票的优点

以电子支票方式付款可以脱离现金和纸张进行。购买方通过计算机或 POS 机获得一个电子支票证明，而不是寄支票或者直接到柜台前付款。使用这种方式，可以减少事务费用，而且处理速度会大大加快。总的来说，与传统的纸面支票相比，电子支票具有以下的许多优点。

（1）节省时间。

（2）减少纸张传递的费用。

（3）没有退票。

（4）灵活性强。

目前，电子支票系统一般是专用网络系统。国际金融机构通过自己的专用网络、设备、软件及一套完整的用户识别、标准报文、数据验证等规范化协议完成数据传输。该系统今后将逐步过渡到公共互联网络上。

电子支票的整个事务处理过程要经过银行系统，而银行系统又有义务出文证明第一笔经它处理的业务细节。因此，电子支票的一个最大问题就是隐私问题。

2. 信用卡

1）信用卡的运用过程

银行卡是由银行发行的，是银行提供电子支付服务的一种手段。信用卡（Credit Card）是一种常见的银行卡，具有购物消费、信用借款、转账结算、汇兑储蓄等多项功能。信用卡可在商场、饭店等许多场合使用，可采用刷卡记账、POS 结账、ATM 提取现金等多种支付方式。信用卡的运用过程如图 3-2 所示。

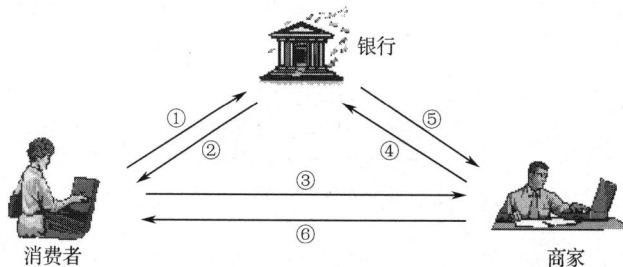

图 3-2　信用卡的运用过程

从图 3-2 中可知，信用卡的运用过程如下。

① 用户到银行开立一个信用卡账户，就可以从开户行得到一张信用卡。

② 用户要购买某种商品时，就把自己的信用卡卡号和密码提供给商家，申请购物。

③ 商家得到购物申请后，与发卡银行取得联系，请求发卡银行进行支付确认。

④ 发卡银行在确认持卡人的身份之后，给商家返回一个确认信息并批准交易。

⑤ 商家供货给持卡人，银行则把相应的货款由持卡人的账户转到商家的账户上。

这样就完成了整个交易。

2）使用信用卡的优点

从上面的交易过程可以看出，与现金相比，使用信用卡交易有以下几个优点。

（1）携带方便，不易损坏。信用卡一般用塑料制成，小巧轻薄，便于携带，而且不容易损坏。现金一般由纸制成，容易污损。此外，如果交易金额较多，现金携带也不方便。

（2）安全性好。信用卡有账户和口令，丢失后可以挂失，而且还有口令这层保护伞，而现金丢失后，就很难找回了。

（3）可以进行电子购物。使用信用卡支付可以通过电话或网络进行，现金没有这样的功能。

当然，使用信用卡也存在着一些问题。其中最主要的就是安全问题。盗用信用卡的事件也常有发生，如果在 SET 协议的规范下进行安全电子交易，在一定程度上可以避免这样的事情发生。

信用卡与其他银行卡（如借记卡、灵通卡、专用卡等）相比，一个重要的差别在于信用卡不仅是一种支付工具，同时也是一种信用工具。使用信用卡可以透支消费，给用户带来了方便，但这同时也给银行带来了恶意透支的风险。

3．数字现金

数字现金也称为电子现金，是以数字化形式存在的现金货币，并以数字签名的密码系统为基础。在网上付款方式中，数字现金可能是最主要的取代纸钞的付款方式，所具备的特性是具有金钱价值、互通性、可取得性和安全性，主要好处是它可以提高效率，方便用户使用。

数字现金有以下四个属性。

（1）货币价值。数字现金必须有一定的现金、银行授权的信用或银行证明的现金支票进行支持。当数字现金被一家银行发出并被另一家接受时不能存在任何不兼容性问题。如果失去了银行的支持，数字现金会有一定风险，可能存在支持资金不足的问题。

（2）可交换性。数字现金可以与纸币、商品（包括服务）、网上信用卡、银行账户存储金额、支票或负债等进行互换。一般倾向于数字现金在一家银行使用。事实上，不是所有的买方都会使用同一家银行的数字现金，他们甚至不使用同一个国家的银行的数字现金。因而，数字现金就面临多个银行之间的广泛使用问题。

（3）可存储性。可存储性将允许用户在家庭、办公室或途中对存储在一个计算机的外存、IC 卡，或者其更易于传输的标准或特殊用途的设备中的数字现金进行存储和检索。数字现金的存储是从银行账户中提取一定数量的数字现金，存入上述设备中。由于在计算机上产生或存储数字现金，伪造非常容易，因此最好存入一个不可修改的专用设备。这种设备应该有一个友好的用户界面以有助于通过口令或其他方式的身份验证，以及对于卡内信息的浏览显示。

（4）重复性。必须防止数字现金的复制和重复使用。因为买方可能用同一个数字现金在不同国家、地区的网上商店同时购物，会造成数字现金的重复使用。一般的数字现金系统会建立事后检测和惩罚机制。

3.2 电子交易的概念、特点、模式与支付模型

3.2.1 电子交易概述

1．电子交易的概念

交易往往被称为"买卖"，在日常生活中几乎无处不在。例如，购物、信息检索、在线音乐、在线游戏等都是一种交易，有些交易是有形的，有些交易是无形的。交易的核心是两个独立的经济人之间的权益交换，一般利用货币对权益大小进行衡量。

电子交易是指借助信息技术，特别是互联网技术，实现非面对面的、互联互通的，并自动地完成商品、服务等买卖过程，是电子商务中的重要环节。电子交易以电子技术为手段，改变了传统的企业经营模式。通过电子交易，可以降低企业的经营成本，提高企业的经营效率，增加企业的利润收入。

2．电子交易的优点

（1）电子交易超越了传统交易的障碍，即超越地域障碍、时间障碍、价格信息对比障碍和更换供货商的障碍等。

（2）交易服务不受限制，交易活动可以 365 天×24 小时全天候不间断地进行，客户可以随时随地地在网上完成订货、支付、咨询和服务等业务，并且有广泛的选择余地。

（3）卖方可以根据客户浏览网页的习惯，掌握客户的喜好和消费偏好，有助于调整产品结构、生产和进货规划，同时厂商的直销、广告、宣传和市场调查可以不受地理位置的限制。

（4）通过电子交易，可以降低企业内部人与人之间的互动成本。

（5）通过电子交易，可以减少中间流通环节，并按订单进行生产，从而减少了库存，加快了交易周期，节约了交易成本。

（6）买卖双方可通过互联网直接沟通、谈判，节省了差旅费用，加快了交易过程。

3．电子交易与传统交易的区别

电子交易和传统交易本质上都是商品、服务、信息等的买卖过程，两者业务流程相似，但由于电子交易采用了信息技术，使得电子交易与传统交易在信息传输方式、签约方式、下单与订单履行方式、交易机制、售后服务等方面都存在着不同。

1）信息传输方式不同

在传统交易中，买卖双方通过传统媒介，如纸质目录、报纸、往来信函等方式传输信息，使得双方难以充分地沟通、协调，增加了交易的时间、费用和交易风险，而在电子交易中，信息的传输都是电子化的、即时的、交互式的，极大地提高了信息传递的速度，方便了双方的沟通和协调，节约了交易时间、费用，降低了交易风险。

2）签约方式不同

在传统交易中，买卖双方要进行多轮的面对面的沟通和谈判，出差成为销售代表的代名

词，而对于电子交易，买卖双方可开展网上谈判，并签订电子合同。

3）下单与订单履行方式不同

在电子交易中，客户可通过供应商的门户网站直接下单，而企业可通过 ERP 系统将订单系统与库存系统、生产系统集成在一起。当在线接收到客户订单之后，可以通过企业内部网在线检查库存中是否有存货，也可命令生产系统组织生产，然后，确定如何交付产品。客户还可以选择电子支付。

4）交易机制不同

某些在传统交易中难以实现的交易机制却被电子交易广泛使用，如拍卖，逆拍卖，由你定价、定制等。

5）售后服务不同

在传统交易中，许多服务要供应商上门才能完成；而电子交易可通过网络指导、培训，使客户自己完成某些原本需要供应商完成的服务。购物体验的交流方式也与传统方式存在着明显差异。

4．电子交易的基本类型

电子交易有很多形式，按照不同的划分方法，可以将电子交易划分为不同的类型。

1）按交易主体划分

按市场经济的交易主体划分，电子交易主要有以下三种。

（1）B2B 电子交易。B2B 电子交易是电子交易业务中的重头戏，其交易量约占整个电子商务的 70%。相对来说，企业和企业之间的交易才是大宗的。通过 B2B 电子交易，能够在企业之间产生大规模的效益。最初，美国企业之间借助于 Internet 从事的商务活动正急剧增加，主要包括企业与供应商之间采购事务的协调、销售机构与中间商之间的协调、物流部门与实体分配机构的协调等。1998 年，美国企业之间通过电子商务方式完成的销售，是企业对消费者个体销售业务的 5 倍。到 2000 年，这一比例达到了 10 倍，其业务量占到全美企业间贸易总量的 9%。到 2014 年上半年，B2B 交易总量已达到 7 万亿元人民币之多。

（2）B2C 电子交易。虽然 B2C 的交易额不及 B2B 的交易额，但从长远来看，企业对消费者的电子交易将取得长足的进展，并将最终在电子交易领域占据重要地位，而且 B2C 永远都是电子交易中最活跃的一部分。

（3）B2G 电子交易。政府与企业之间的各项事务都可以涵盖在 B2G 电子交易中，这包括政府采购、税收、商检、管理条例发布等。也有人将之划归为 B2B 模式，政府正身体力行地推进电子交易的发展，这方面的应用会迅速增长。政府在这里有双重角色：既是电子交易的使用者，进行购买活动，属商业行为；又是电子交易的宏观管理者，对电子交易起着扶持和规范的作用。

2）按交易客体划分

按电子交易的交易客体划分，电子交易大致可分为以下三种。

（1）实物商品交易。通过电子方式交易实物商品和通过传统方式交易的实物商品是没有什么两样的，从理论上讲，凡是通过传统方式进行交易的物品都可以实行电子交易。电子交易只不过是将商品的有关信息放在网络上，让用户来选择是否购买该商品，然后通过送货公司将货物送到用户的手上。当然，货款的支付方式是不同的，有在线支付、款到送货和货到付款等方式。

（2）数字商品交易。数字商品是电子交易独有的商品，它是不可能在普通的商店出售的。所谓数字商品，就是由"比特"组成的商品。换句话说，是可以直接在网上传输的数字信息产品，如各种软件、在网络上出版的各种电子书刊等，都是可以直接在网络上流通的；电子书刊是由计算机制作出来的，通过计算机网络发行，读者也是通过计算机屏幕来阅读的。它完全可以没有实物形式，是仅存在于网络空间的东西。在 Internet 上有许多网站都出版电子书刊，用户只要在网上订阅，每月交纳一定数量的订阅费，就能够在自己的电子邮箱定时收到自己所订的书刊。当然，这些数字化商品在一定的程度上也能够转化为实物商品，如把电子书刊制作成光盘、磁盘等；但在网络发展的今天，这是多此一举的。随着计算机网络技术和数字化技术的发展，各种影视产品也将大量数字化，各种数字化电影、数字化电视、数字化新闻都会取代传统的电影、电视、新闻而成为主流，所以在未来虚拟商店出售的数字化产品将会越来越多，无论是商品的种类还是商品的交易量都将会占有越来越大的比例。

（3）在线服务。在线服务是指在计算机网络上提供的各种服务，是服务的电子交易，这类服务包括信息服务和中介服务等。例如，Internet 上的许多网站上都提供股市行情，这是典型的金融证券信息服务，用户可以在自己家中通过计算机获得即时的股市行情。中介服务也是网络提供在线服务的最普遍的一种形式，目前较常见的有代订飞机票、旅馆房间和代预约医院挂号等。

3）按交易的中介划分

按电子交易的中介划分，电子交易可分为以下两种。

（1）直接交易。直接交易是没有中间商的电子交易方式，生产企业通过网络直接将商品销售给用户。直接交易是电子交易的重要特征之一，电子交易支持企业的直接销售方式。例如，Dell 公司、东芝公司都进行了网上直销，即直接将产品卖给顾客，而不经过任何中间商。

（2）中介交易。中介交易是通过网上商品交易中心进行交易的交易方式。网上商品交易中心的作用在于将各种供求信息按类别进行划分，可以免去交易双方在网络上的搜索时间，有的商品交易中心还可以进行交易自动撮合。

5．电子交易的特征

电子交易是一种新的交易形式，与传统的交易方式相比，具有以下特点。

1）虚拟交易

虚拟交易是指通过以 Internet 为代表的计算机互联网络所进行的贸易，买卖双方可以在网上提供信息并搜寻对方，通过信息的推拉互动，签订电子合同，完成交易并进行电子支付。整个交易都在网络这个虚拟的环境中，买卖双方无须当面进行。

2）直接交易

电子交易大大简化了商品流通环节，提高了交易效率。电子交易利用计算机网络快捷、便利的通信手段，在更广阔的时空里实现了商品流通、信息的咨询和交换，甚至直接开展网上贸易。在这里，Internet 用一条前所未有的纽带把全世界的商品供需双方联系在一起，客户在不与商家见面的情况下即可完成意向洽谈、看样订货、实际购买和支付货款的交易全过程。电子交易模式的出现，取代了商品流通中大量的中间行为，商品代理制、分销商、层层叠叠的批发，以及展览会、展销会等都有可能随着电子交易这种新型销售方式的崛起而变得不再那么重要。

3）实时交易

电子商务时代的交易是当场交易，即实时交易，服务的特征为不间断的全天候型。电子商务实时交易运作的神速，可以称为"商业的魔术"。电子商务的网上商店是一个全天候永不关闭的商品展览厅，供访问者随时参观和接受反馈意见。

4）便利交易

电子商务不但可以缩短交易双方的距离，还可以缩短交易时间。在电子商务时代，电子通信将完全代替交通，这是电子商务的一大特点。很多商业活动可以在网上完成，不必到商店办理。有一个统计数据表明，日本一家制造企业按传统的方式实现销售 100 万美元的目标，要花费一个人 100 千米的交通费和 10 小时的时间；而如果利用网上完成，则可以节省这部分费用和时间。对于家庭购物更是方便，有人做过一个测试，一个普通的三口之家，要购买其生活必需品，每个月花费的购物时间是 15～20 小时，如果再加上交通时间，那就更长了。在网上购物，足不出户，就可以购买到自己所需的产品，节省了大量的购物时间。

5）透明交易

买卖双方从交易的洽谈、签约到货款的支付、交货通知等整个交易过程都在网络上进行。通畅、快捷的信息传输可以保证各种信息之间互相核对，可以防止伪造信息的流通。例如，在典型的许可证 EDI 系统中，由于加强了发证单位和验证单位的通信、核对，所以假的许可证就不易漏网。海关 EDI 也能帮助杜绝边境的假出口、兜圈子、骗退税等行径。

6）高效交易

由于互联网将贸易中的商业报文标准化，使商业报文能在世界各地瞬间完成传递并由计算机自动处理，原料采购、产品生产、需求与销售、银行汇兑、保险、货物托运及申报等过程无须人员干预就可在最短的时间内完成。在传统贸易方式中，用信件、电话和传真传递信息，必须有人的参与，每个环节都要花不少时间。有时由于人员合作和工作时间的问题，会延误交易信息的传输时间，失去最佳商机。电子交易克服了传统贸易方式费用高、易出错、处理速度慢等缺点，极大地缩短了交易时间，使整个交易非常快捷与方便。

7）优质交易

顾客可以通过网络直接与厂家见面和交谈，还可以与每个商品厂家有实时的联系，建立对话关系，这是传统报纸、杂志和电视广告没法做到的。顾客可以在网上听取厂家对商品的

介绍，厂家也可以解答顾客的疑问，这样会有良好的顾客关系和销售成果。

> 思考：在 ATM 上进行交易属
> 于电子交易吗？为什么？

3.2.2　电子交易模式

1. 面对消费者的直销模式

网络商品直销是指消费者和生产者，或者需求方和供应方直接利用网络形式所开展的买卖活动。这种交易的最大特点是供需直接见面、环节少、速度快、费用低。面对消费者的直销模式如图 3-3 所示。

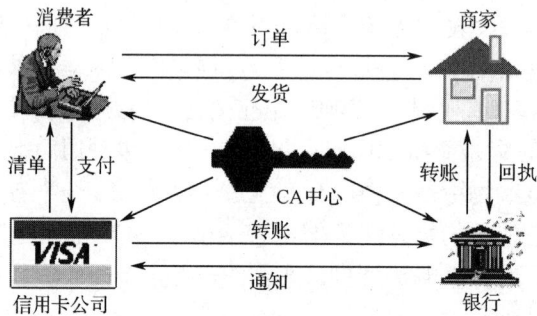

图 3-3　面对消费者的直销模式

网络商品直销过程可以分为以下几个步骤。

（1）消费者进入 Internet，查看企业和商家的主页。

（2）消费者通过购物对话框填写姓名、地址、商品品种、规格、数量、价格。

（3）消费者选择支付方式，如信用卡、借记卡、电子货币、电子支票等。

（4）企业或者商家的客户服务器检查支付方服务器，确认汇款额。

（5）企业或者商家的客户服务器确认消费者付款后，通知销售部门送货上门。

（6）消费者的开户银行将支付款项传递到消费者的信用卡公司，信用卡公司负责发给消费者收费单。

在整个过程中，需要第三方证书授权（CA），以确认在 Internet 上经商者的真实身份。所有这些过程均在 SET 协议下进行，应用在安全电子商务交易的四个环节中，即从消费者、商家、支付网关到认证中心。

网络商品直销的诱人之处，一方面在于它能够有效地减少交易环节，大幅度地降低交易成本，从而降低消费者所得到商品的最终价格。在传统的商业模式中，企业和商家不得不拿出很大一部分资金用于开拓分销渠道。分销渠道的扩展，虽然扩大了企业的分销范围，加大

了商品的销售量，但同时也意味着更多的分销商的参与。无疑，企业不得不出让很大一部分利润给分销商，用户也不得不承担高昂的最终价格。电子交易的网络直销可以很好地解决这个问题。消费者只要输入企业的域名、访问企业的主页，即可清楚地了解所需商品的品种、规格、价格等情况，而且主页上的价格最接近出厂价格，这样就有可能达到出厂价格和最终价格的统一，从而使企业的销售利润大幅度提高，竞争能力不断增强。Dell 公司在这方面做得很好，读者可以去 http://www.dell.com.cn 看看 Dell 公司的网上计算机直销方式。从另一方面讲，网络商品直销还能够有效减少售后服务的技术支持费用。许多使用中经常出现的问题，消费者都可以通过查阅企业的主页找到答案，或者通过 E-mail 与企业技术人员直接交流。这样，企业可以大大减少技术服务人员的数量，减少技术服务人员出差的频率，从而降低企业的经营成本。

网络商品直销的不足之处主要表现在两个方面：第一，购买者只能从网络广告上判断商品的型号、性能、样式和质量，对实物没有直接的感知，在很多情况下可能产生错误的判断。而某些生产者也可能利用网络广告对自己的产品进行不实的宣传，甚至可能打出虚假广告欺骗顾客。第二，购买者利用信用卡进行电子交易，不可避免地要将自己的密码输入计算机，由于新技术不断涌现，犯罪分子可能利用各种高新科技的作案手段窃取密码，进而盗取用户的钱款。这种情况不论是在国外还是在国内，均有发生。

2．面对企业的直销模式

对于企业来说，企业和企业之间的业务占其业务的很大一部分。早在互联网技术被大量采用之前，一些企业就已经采用了电子方式进行数据、表格等信息的交换，如广为流行的电子数据交换（EDI）和电子资金传送（EFT）。不过，早期的解决方式多是建立在大量功能单一的、专用的、软/硬件设施基础上的，因此价格极为昂贵，只有大型企业才会使用。例如，基于专用网（VAN）的 EDI 始终是一种为满足大企业需要而发展起来的先进技术手段，企业必须遵照统一的标准，租用费用很高的专线，中、小企业只能望而兴叹，它与普通公众更是无缘的。互联网技术的成熟、PC 互联性的增强和能力的提高，可以为 EDI 技术提供一个较为廉价的服务环境，以满足大量中、小企业对 EDI 的需求。面对企业的直销模式如图 3-4 所示。

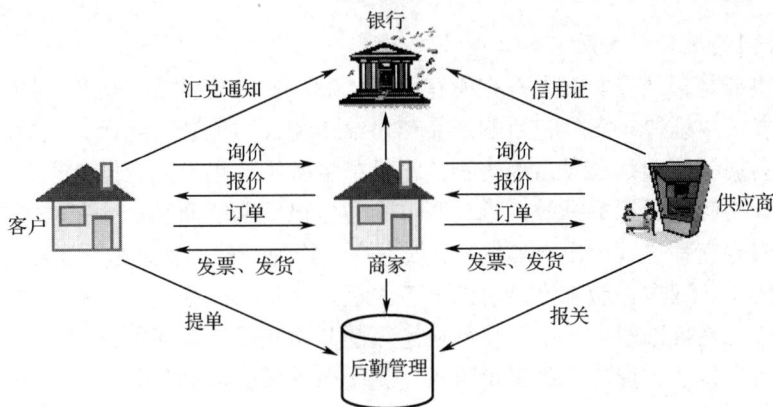

图 3-4　面对企业的直销模式

企业间电子交易通用交易过程可以分为以下几个阶段。

1）交易前的准备

这一阶段主要是指买卖双方和参加交易的各方在签约前的准备活动。

（1）买方根据自己要买的商品，准备购货款、制订购货计划、进行货源市场调查和市场分析，反复进行市场查询，了解各个卖方国家的贸易政策，反复修改购货计划和进货计划，确定和审批购货计划。再按计划确定购买商品的种类、数量、规格、价格、购货地点和交易方式等，尤其要利用 Internet 和各种电子交易网络寻找自己满意的商品和商家。

（2）卖方根据自己所销售的商品，召开商品新闻发布会，制作广告进行宣传，全面进行市场调查和市场分析，制订各种销售策略和销售方式，了解各个买方国家的贸易政策，利用 Internet 和各种电子交易网络发布商品广告，寻找贸易伙伴和交易机会，扩大贸易范围和商品所占市场的份额。参加交易的其他各方，如中介方、银行金融机构、信用卡公司、海关系统、商检系统、保险公司、税务系统、运输公司等也都为电子交易做好准备。

2）交易谈判和合同签订

这一阶段主要是指买卖双方对所有交易细节进行谈判，将双方磋商的结果以文件的形式确定下来，即以书面文件形式和电子文件形式签订贸易合同。电子交易的特点是可以签订电子交易贸易合同，交易双方可以利用现代电子通信设备和通信方法，经过认真谈判和磋商后，将双方在交易中的权利，所承担的义务，对所购买商品的种类、数量、价格、交货地点、交货期、交易方式和运输方式，违约和索赔等合同条款，全部按电子交易合同的要求做出全面详细的规定，合同双方可以利用 EDI 进行签约，并可以通过数字签名等方式签名。

3）办理交易进行前的手续

这一阶段主要是指买卖双方签订合同后到合同开始履行之前办理各种手续的过程，也是买卖双方贸易前的交易准备过程。交易中要涉及有关各方，即可能要涉及中介方、银行金融机构、信用卡公司、海关系统、商检系统、保险公司、税务系统、运输公司等。买卖双方要利用 EDI 与有关各方进行各种电子票据和电子单证的交换，直到办理完可以将所购商品从卖方按合同规定开始向买方发货的一切手续为止。

4）交易合同的履行和索赔

这一阶段主要是指从买卖双方办完所有手续之后，卖方要备货、组货，同时进行报关、保险、取证、发信用证等；卖方将所购商品交付给运输公司包装、起运、发货；买卖双方可以通过电子交易服务器跟踪已发出的货物；银行和金融机构也按照合同处理双方收付款，并进行结算，出具相应的银行单据等；直到买方收到自己所购的商品，才完成整个交易过程。索赔是在买卖双方交易过程中出现违约时，须进行违约处理的工作，受损方要向违约方索赔。

参加交易的买卖双方在做好交易前的准备之后，通常都根据电子交易标准规定开展电子交易活动。电子交易标准规定了电子交易应遵循的基本程序，简述如下。

（1）客户方向供货方提出商品报价请求，说明想购买的商品信息。

（2）供货方向客户方回答该商品的报价，说明该商品的价格信息。

（3）客户方向供货方提交商品订购单，说明初步确定购买的商品信息。

（4）供货方对客户方提交的商品订购单做出应答，说明有无此商品及规格、型号、品种、质量等信息。

（5）客户方根据应答提出是否对订购单有变更请求，说明最后确定购买商品的信息。

（6）客户方向供货方提供商品运输说明，说明运输工具、交货地点等信息。

（7）供货方向客户方发出发货通知，说明运输公司、发货地点、运输设备、包装等信息。

（8）客户方向供货方发出收货通知，报告收货信息。

（9）交易双方收发汇款通知，客户方发出汇款通知，供货方报告收款信息。

（10）客户方收到商品，供货方收到货款并出具电子发票，完成全部交易。

3．网络商品中介交易模式

1）网络商品中介交易的意义

（1）网络商品中介为买卖双方提供了一个巨大的世界市场。以中国商品交易中心为例，这个中心控制着从该中心到各省分中心、各市交易分部及各县交易所的所有计算机系统，构成了覆盖全国范围的"无形市场"。这个计算机网络能够储存中国乃至全世界的几千万个品种的商品信息资料，可联系千万家企业和商贸单位。每个参加者都能够充分地宣传自己的商品，及时地沟通交易信息，最大限度地完成商品交易。这样的网络商品中介机构还通过网络彼此连接起来，进而形成全球性的大市场。这个市场是由全球 1 亿位拥有计算机、电话和调制解调器的 Internet 用户组成的，而且其数目仍在以上一年年 70%的用户数递增。

（2）网络商品交易中心可以有效地减少交易中的纠纷。在买卖双方签订合同前，网络商品交易中心可以协助买方对商品进行检验，只有符合质量标准的商品才可入网。这就杜绝了商品"假、冒、伪、劣"问题，使买卖双方不会因质量问题产生纠纷。买卖双方签订合同后，该合同便被输入网络系统，网络商品交易中心的工作人员开始对该合同进行监控，监督该合同的履行情况。如果出现违约现象，系统将自动报警，该合同的执行就会被终止，使买方或卖方避免受到经济损失。如果该合同履行顺利，货物到达后，网络商品交易中心的交割员将协助买方共同验收。买方在验货合格后，在 24 小时内将货款转到卖方账户后方可提货，卖方也不用担心出现"货款拖欠"问题。

（3）网络商品交易中心结算方便。在结算方式上，网络商品交易中心一般采用统一集中的结算模式，即在指定的商业银行开设统一的结算账户，对结算资金实行统一管理，有效地避免了多形式、多层次的资金截留、占用和挪用，提高了资金风险防范能力。这种指定委托代理清算业务的承办银行大都以招标形式选择，有商业信誉的大商业银行常常成为中标者。

网络商品交易中心仍然存在一些需要解决的问题。目前的合同文本还在使用买卖双方签字交换的方式，如何过渡到电子合同，并在法律上得以认证，还要解决有关技术和法律问题。信息资料的充实也有待于更多的企业、商家和消费者参与。整个交易系统的技术水平如何与飞速发展的计算机网络技术保持同步的问题是要在网络商品经交易中心起步时就必须考虑的。

2）网络商品中介交易的交易过程

网络商品中介交易是通过网络商品交易中心，即虚拟网络市场进行的商品交易。在这种交易过程中，网络商品交易中心以 Internet 为基础，利用先进的通信技术和计算机软件技术，将商品供应商、采购商和银行紧密地联系起来，为客户提供市场信息、商品交易、仓储配送、货款结算等全方位的服务。网络商品中介交易模式如图 3-5 所示。

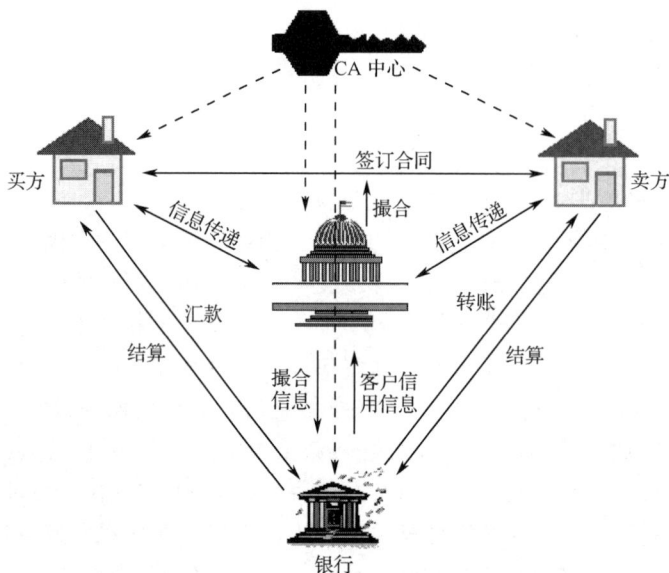

图 3-5　网络商品中介交易模式

网络商品中介交易的过程可分为以下几个步骤。

（1）买卖双方将各自的需求和供应信息通过网络告知网络商品交易中心，网络商品交易中心通过信息发布服务向参与者提供大量的、详细准确的交易数据和市场信息。

（2）买卖双方根据网络商品交易中心提供的信息，选择自己的贸易伙伴。网络商品交易中心从中撮合，促使买卖双方签订合同。

（3）买方在网络商品交易中心指定的银行办理转账付款手续。

（4）网络商品交易中心在各地的配送部门将卖方货物送交买方。

> 思考：什么是面对消费者的直销模式？请说说你在使用过程中的体会。

3.2.3　电子交易支付模型

电子商务的业务主要包括两大部分：一部分是 B2B，即企业与企业之间的商务活动，

B2B 主要是保证企业生产供应链的通畅；另一部分是 B2C，即企业与消费者之间的商务活动，B2C 是为了方便企业销售和消费者购物，主要表现为网上购物。目前，在 Internet 上提供网上购物服务的公司很多，包括金融公司、信用卡公司、批发零售公司等。在美国，网上购物服务流程完全按照实际购物的流程进行设计，用户在网上购物时非常方便，感觉与实际购物环境差别不大。

最初的网上购物不包括电子支付功能，只负责商品浏览和下订单，付款是通过其他途径（如电话、传真等）完成的。电子支付功能是网上购物的关键，既要使消费者感到方便快捷，又要保证交易各方的安全保密，这就需要一个比较完善的电子交易支付模型。目前，电子交易支付模型有以下几种。

1. 支付系统无安全措施模型

1）流程

用户从商家订货，并把信用卡信息通知商家。信用卡信息的传递方法有两种：一种是通过电话、传真等非网上手段；另一种是通过网络传送，但没有安全措施。信用卡信息的合法性检查是在商家和银行之间进行的。支付系统无安全措施模型如图 3-6 所示。

图 3-6　支付系统无安全措施模型

2）特点

（1）风险由商家承担。

（2）商家完全掌握用户的信用卡信息。

（3）信用卡信息的传递无安全保障。

3）不足

支付系统无安全措施模型至少有两大弱点。

（1）商家得到了用户的信用卡信息，这样商家就有义务妥善保护用户的这些信息，否则用户的隐私权很容易遭到侵犯。事实上，有些商家并未履行这个义务，而是为了商业利益把信息透露给第三方。

（2）信用卡信息的传递没有安全保障，这就很容易被人截获或篡改。由此可以看出，这种模型是很不安全可靠的。

2. 通过第三方经纪人支付模型

通过第三方经纪人支付模型是指用户在第三方付费系统服务器上开一个账户，使用这个账户付款。这种模型的交易成本很低，对小额交易很适用。

1）流程

用户在网上经纪人处开立一个账户，网上经纪人持有用户的账户和信用卡号。用户用这

个账户向商家订货，商家将该用户账户提供给经纪人，经纪人验证商家身份，给用户发送电子邮件，要求用户确认购买和支付后，将信用卡信息传给银行，完成支付过程。通过第三方经纪人支付模型如图 3-7 所示。

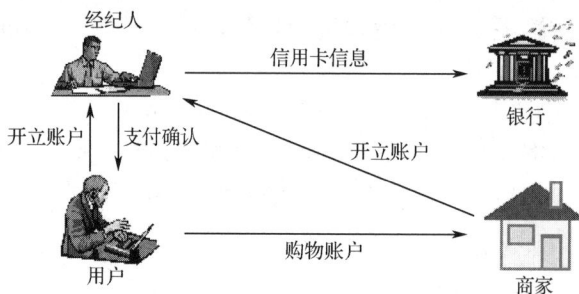

图 3-7　通过第三方经纪人支付模型

2）特点

（1）用户账户的开设不通过网络。

（2）信用卡信息不在开放的网络上传送。

（3）通过电子邮件来确认用户身份。

（4）商家自由度大，风险小。

（5）支付是通过双方都信任的第三方（经纪人）完成的。

这种模型的关键在于第三方，交易双方都对它有较高的信任度，风险主要由它承担，保密等功能也由它实现。

3．数字现金支付模型

关于数字现金在电子交易中的运作原理，在前面的相关内容中已有所提及，下面再来简要做一些介绍。

用户在现金服务器（一般是银行）账户中预先存入现金，就可以得到相应的数字现金，并可以在电子商业领域中进行流通。数字现金的主要优点是匿名性和不可追踪性；其缺点是需要一个大型数据库来采集存储用户的交易情况和数字现金的序列号，以防止重复消费。这种模型适用于小额交易。

1）流程

用户在银行开立数字现金账户，购买兑换数字现金。然后使用个人计算机数字现金终端软件从银行账户取出一定数量的数字现金存在硬盘上。用户从同意接收数字现金的商家订货，使用数字现金支付所购商品的费用。接收数字现金的商家与银行之间进行结算，由银行将用户购买商品的钱支付给商家。数字现金支付模型如图 3-8 所示。

2）特点

（1）银行和商家之间应有协议和授权关系。

（2）用户、商家和数字现金的发行银行都要使用数字现金软件。

（3）适用于小额交易。

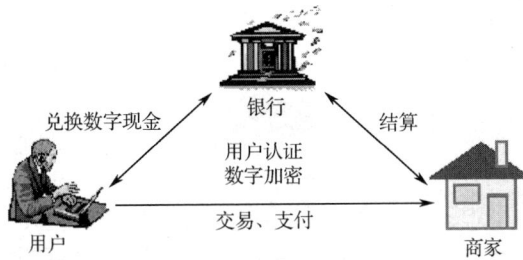

图 3-8　数字现金支付模型

（4）身份验证是由数字现金本身完成的。数字现金的发行银行在发放数字现金时使用数字签名。在每次交易中，用户将数字现金传送给银行，由银行验证数字现金的有效性。

（5）数字现金的发行银行负责用户和商家之间实际资金的转移。

（6）数字现金与普通现金一样，可以存、取和转让。

4. 简单加密支付系统模型

简单加密支付系统模型是在电子商务初期比较常用的一种支付模型。用户首先要在银行开立一个普通信用卡账户，在支付时，用户提供信用卡号码，但传输时要进行加密。采用的加密技术有 SHTTP、SSL 等。这种加密的信息只有业务提供商或第三方付费处理系统能够识别。由于进行网上购物时只要提供信用卡卡号，使得这种付费方式带给用户很多方便。但是，一系列的加密、授权、认证及相关信息传送，使交易成本提高，所以这种模型不适用于小额交易。

1）流程

用户在银行开立一个信用卡账户，并获得信用卡号码。用户向商家订货后，把信用卡信息加密后传给商家服务器。商家服务器验证接收到信息的有效性和完整性后，将用户加密的信用卡信息传给业务服务器，商家服务器无法看到用户的信用卡信息。业务服务器验证商家身份后，将用户加密的信用卡信息转移到安全的地方解密，然后将用户信用卡信息通过安全专用网传送到商家银行。商家银行通过普通电子通道与用户信用卡发生联系，确认信用卡信息的有效性。得到证实后，将结果传送给业务服务器，业务服务器通知商家服务器交易完成或拒绝，商家再通知用户。整个过程只要经历很短的时间。交易过程的每一步都要交易方以数字签名来确认身份，用户和商家都必须使用支持此种业务的软件。数字签名是用户、商家在注册系统时产生的，不能修改。用户信用卡加密后的信息一般都存储在用户的家用计算机上。简单加密支付系统模型如图 3-9 所示。

2）特点

（1）信用卡等关键信息都要加密。

（2）使用对称和非对称加密技术。

（3）可能要启用身份认证系统。

（4）以数字签名确认信息的真实性。

（5）需要业务服务器和服务软件的支持。

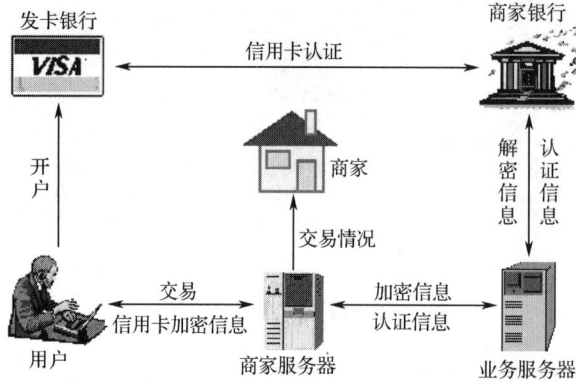

图 3-9　简单加密支付系统模型

这种模型的关键在于业务服务器，只要保证业务服务器和专用网络的安全就可以使整个系统处于比较安全的状态。由于商家不知道用户信用卡的信息，就杜绝了商家泄露用户隐私的可能性。

5．SET 模型

安全电子交易（Security Electronic Transaction，SET）是一个在开放的互联网上实现安全电子交易的国际协议和标准。SET 最初是由 VISA Card 公司和 Master Card 公司合作开发完成的，其他合作开发伙伴还包括 GTE、IBM、Microsoft、Netscape、SAIC、Verisign 等公司。

1）流程

SET 协议的工作流程与实际购物流程非常接近，但一切操作都是通过 Internet 完成的。用户在银行开立信用卡账户，获得信用卡。用户在商家的 Web 主页上查看商品目录，选择所需商品，然后填写订单并通过网络传递给商家，同时附上付款指令。订单和付款指令要有用户的数字签名并加密，使商家无法看到用户的账户信息。商家收到订单后，向发卡银行请求支付确认。发卡银行确认后，批准交易，并向商家返回确认信息。商家发送订单确认信息给用户，并发货给用户。然后，商家请求银行支付货款，银行将货款由用户的账户转移到商家的账户。SET 模型如图 3-10 所示。

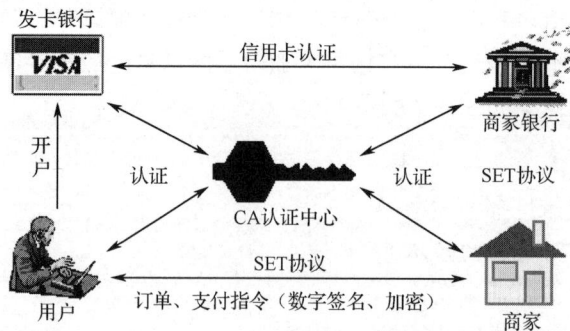

图 3-10　SET 模型

2）目标

SET 是以信用卡支付为基础的网上电子支付系统规范，为了满足用户、银行和软件厂商的多方需求，它必须实现以下目标。

（1）信息在互联网上安全传输，不能被窃听或篡改。

（2）用户资料要妥善保护，商家只能看到订货信息，看不到用户的账户信息。

（3）持卡人和商家相互认证，以确定对方身份。

（4）软件遵循相同的协议和消息格式，具有兼容性和互操作性。

3）SET 标准的内容

（1）加密算法。

（2）证书信息及格式。

（3）购买信息及格式。

（4）认可信息及格式。

（5）划账信息及格式。

（6）实体之间消息的传输协议。

4）SET 协议的安全措施

（1）加密技术：同时使用私钥与公钥加密法。

（2）数字签名技术。

（3）电子认证。在电子交易过程中，必须确认用户、商家及其他相关机构身份的合法性，这要求建立专门的电子认证机构（CA）。

（4）电子信封。为了保证信息传输的安全性，交易所使用的密钥必须经常更换，SET 使用电子信封的方式更换密钥。其方法是：由发送方自动生成专用密钥，用它加密明文，再将生成的密文同密钥本身一起用公钥密钥的手段加密传出去。收信人用公钥方法解密后，得到专用密钥，然后再次解密。

SET 提供对交易参与者的认证，确保交易数据的安全性、完整性和交易的不可抵赖性，特别是保证不会将持卡人的账户信息泄露给商家，这些都保证了 SET 的安全性。再加上多家大公司的支持，相信 SET 在未来几年的应用前景会比较乐观。

3.3　网上银行

3.3.1　网上银行概述

1．网上银行的概念

网上银行（Internet Banking）是指通过互联网络，将用户的计算机连接至银行网站，将银行服务直接送到用户办公室或家中的服务系统，使用户足不出户就可以享受到综合、统一、安全和实时的银行服务。网上银行能够提供对私、对公的全方位银行业务服务，提供跨国支付与清算等其他的贸易、非贸易的银行业务服务。

网上银行也称为网络银行、在线银行，是银行业务在网络上的延伸，它利用数字通信技术、以互联网作为基础的交易平台和服务渠道，在线为客户办理结算、查询、对账、行内转账、跨行转账、信贷、投资理财等传统服务项目，使用户足不出户就能够安全、便捷地管理活期和定期存款、支票、信用卡及个人投资等。网上银行还可称为"3A银行"，即在任何时间（Anytime）、任何地点（Anywhere）、以任何方式（Anyhow）都能享受银行提供的金融服务。

网上银行包含两个层次的含义：一个是机构概念，是指银行通过信息网络开办业务；另一个是业务概念，是指银行通过信息网络提供金融服务，这包括传统银行业务和因信息技术应用带来的新兴业务。在日常生活和工作中，我们提及网上银行，更多的是第二个层次的概念。

2. 网上银行的技术构成

网上银行有以下几种技术构成。

（1）硬件技术：以大、中型机为主机系统的网上银行，在技术结构上以两台主机互为备份，共享外设，故系统安全性较高。以微机为主机系统的网上银行，主要选择64位微机。网上银行终端系统由通用终端和专用终端系统组成。

（2）软件技术：由系统软件和应用软件组成。

（3）用户应用技术：即指客户端的应用技术，主要是指各种银行卡包含的硬件制造技术和应用软件技术。

3. 网上银行的结构

网上银行的结构如图3-11所示。

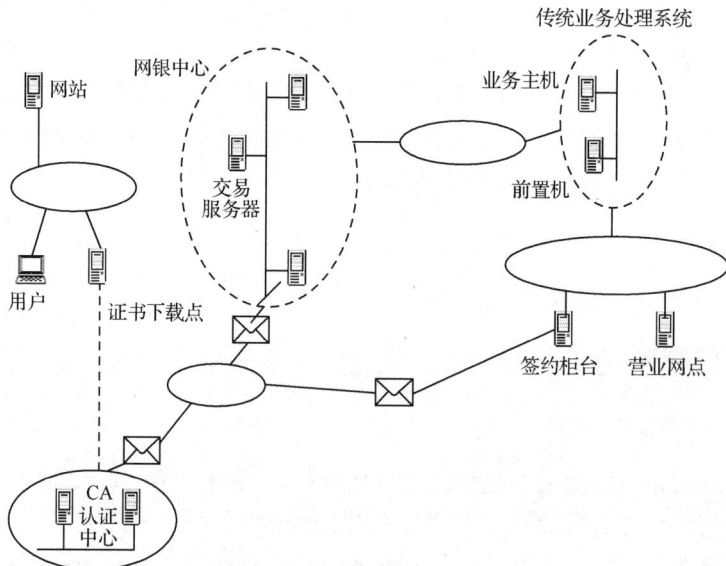

图3-11　网上银行的结构

从图 3-11 中可知，网上银行的结构如下。

（1）两级结构模式：网银中心与传统业务处理系统。网银中心主要完成 Internet 与传统业务处理系统间的信息的格式交换；传统业务处理系统主要完成具体的账务处理。

（2）网站：主要负责提供银行的主页服务。

（3）网银中心：主要完成 Internet 与传统业务处理系统间安全转发网上银行的服务请求，负责用户申请受理、报表处理、用户信息管理等；不设账务系统，只是 Internet 与传统业务处理系统间的安全通道。

（4）CA 认证中心：主要负责审核、生成、发放和管理网银所需的证书。

（5）传统业务处理系统：主要是各银行的综合业务主机系统，通过前置机接入网银。

（6）签约柜台：位于营业柜台，负责用户身份及签约账户真实性的审核。

4．网上交易的 B2C 流程

网上交易的 B2C 流程如图 3-12 所示。

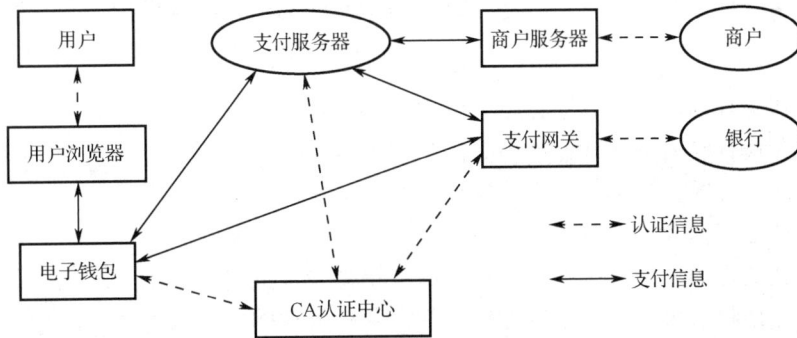

图 3-12　网上交易的 B2C 流程

（1）准备工作，用户在计算机中安装电子钱包，并到 CA 认证中心申请证书。

（2）用户通过浏览器连到网络商店，在网上购物，选择电子借记卡进行网上支付。

（3）用户的订货信息通过 Internet 传递给商户，支付信息（如卡号、密码等）被加密后通过 Internet 上传，经银行确认后，给用户和商户答复（批准或拒绝）。

（4）银行从用户账上扣款，把钱划到商户的账户。

（5）商户得到银行答复后，供货。

3.3.2　网上银行的功能、特点与主要业务

1．网上银行的功能

1）业务处理功能
（1）基础业务处理功能。
（2）辅助业务处理功能。

2）管理信息功能

（1）信息自动化处理功能。

（2）信息化银行管理功能。

（3）银行运行支持管理功能。

（4）办公自动化功能。

（5）决策支持功能。

（6）数据管理功能，以原始数据、业务数据和主题数据仓库三层结构构成全行数据体系。

2. 网上银行的特点

1）从货币角度来看

传统的货币形式以现金和支票为主，而网上银行的流通货币将以电子货币为主。

2）从运行模式来看

网上银行从物理网络转向虚拟数字网络，是虚拟化的金融服务机构。

3）从银行角度来看

（1）使商业银行的经营理念从以物（资金）为中心走向以人为中心。

（2）使商业银行获得经济效益的方式发生根本变化。

（3）使商业银行的销售渠道发生了变化。

（4）使商业银行的业务范围发生了变化。

（5）使商业银行的人力资源管理战略和技能培训发生改变。

（6）给商业银行带来了一项重要的银行资产——经过网络技术整合的银行信息资产。

（7）使评估银行信用的标准发生改变。

（8）给商业银行带来了新形式的风险。

4）从客户角度来看

（1）网上银行没有时间和地域的限制。

（2）网上银行对用户需求的满足大大超过了传统商业银行。网上银行可满足五类金融服务产品的服务，即交易、信贷、投资、保险和财务计划。

（3）用户对网上银行服务安全性、隐私保护等存有忧患，这将成为制约网上银行业务健康发展的关键。

3. 网上银行的主要业务

1）公共信息服务

公共信息服务是指对与公共利益、公共政策制定、公共管理制度安排与执行、公共事务管理活动等相关信息实施开放与开发服务的过程。中国农业银行网上银行主页如图 3-13 所示，该主页包含个人服务、企业服务、三农服务等公共信息服务。

图 3-13　中国农业银行网上银行主页

公共信息服务有以下几种。

（1）公用信息发布、银行简介。

（2）银行业务、服务项目简介。

（3）银行网点分布情况。

（4）ATM 分布情况、银行特约商品介绍。

（5）存、贷款利率查询。

（6）外汇牌价查询、利率查询、国债行情查询。

（7）各类申请资料（货款、信用卡申请）。

（8）投资、理财咨询使用说明。

（9）最新经济快递。

（10）客户信箱服务。

2）公司银行业务

中国工商银行网上银行主页如图 3-14 所示，在该主页里有专门为企业开设的企业网上银行。

图 3-14　中国工商银行网上银行主页

公司银行业务有以下几种。

（1）账务查询、内部转账。

（2）对外支付。

（3）活期与定期存款互转。

（4）工资发放。

（5）信用管理。

（6）公司账务查询和信用查询。

（7）集团公司/总公司对子公司收付两条线的管理。

（8）网上信用证。

（9）金融信息查询。

（10）银行信息通知。

3）个人银行业务

个人银行业务有以下几种。

（1）业务查询：金融卡私人理财业务查询；查询账户基本信息；查询某存款子账户信息；查询所有存款子账户信息；查询贷款；查询子账户信息；下载对账单。

（2）转账业务：活期转定期；活期转整整；活期转零整；活期转存本；活期转零整续存；定期转活期；整整转活期；零整转活期；存本转活期；活期还贷款；申请贷款转活期。

（3）代收、代缴业务：申办代缴各种费用；代缴各种费用。

（4）储蓄业务：查询私人储蓄业务；查询存款账户信息；查询未登折信息；查询存款账户历史明细信息；查询贷款账户信息。

（5）基金贷款业务。

3.3.3 银行卡授权与清算

1. 银行卡信息交换中心

银行卡信息交换中心是由中国人民银行和中国工商银行、中国农业银行、中国银行、中国建设银行、交通银行等十家发卡银行（含邮政储汇局）共同发起成立的会员制事业法人机构，于 1997 年 10 月 30 日正式成立，接受中国人民银行的领导和监督。

2. 银行卡授权

银行卡授权是指由特约商户或代办银行向发卡银行征求是否可以支付的过程，如图 3-15 所示。

3. 清算和结算

1）清算

清算是指根据清分结果对交易数据进行净额轧差和提交，并完成资金划拨的全过程。一般意义的清算是指在某些银行业务中，银行代垫头寸后，收付款人来和银行结算该笔业务的款项。

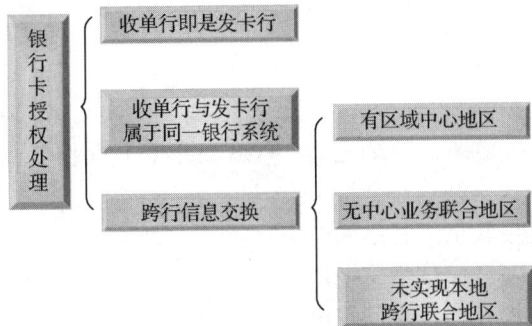

图 3-15　银行卡授权

2）结算

结算是指企事业单位及集体和个人之间，由于商品交易、劳务供应和资金调拨等经济活动而发生的货币收付行为。

3）清算和结算的区别

结算就是本行系统内的一种账务结算，它只限于本系统。清算则是指相对于本系统或者为本系统服务的相关机构，通常介于两个独立结算系统之外的第三方有偿清算服务。

4．清算原则

清算原则：全国银行卡跨行业务资金清算要以信息交换中心的清算数据为依据。

（1）总中心清算：通过总中心转接的银行卡异地跨行交易的资金清算，以总中心清算数据为准，采用两级清算模式。

（2）区域中心清算：只通过区域中心转接的跨行交易清算，以区域中心的清算数据为准，提交当地人民银行营业部门实施清算。

（3）记账：资金清算采用日终轧差、净额清算的办法，由人民银行营业部门根据信息交换中心提交的清算数据和凭证，借记或贷记联网成员指定的备付金存款账户。

5．银行卡清算过程

银行卡清算过程如图 3-16 所示。

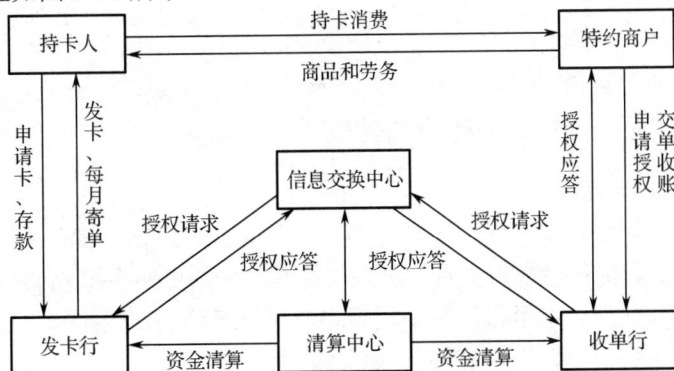

图 3-16　银行卡清算过程

（1）持卡人到发卡行申领银行卡。

（2）收单行与特约商户签订协议。

（3）持卡人到特约商户购物。

（4）特约商户通过不同的方式（如电话、POS 终端等）向收单行发出授权请求。

（5）收单行把授权请求送往信息交换中心。

（6）信息交换中心把授权请求转送到发卡行。

（7）发卡行把授权答复送回信息交换中心。

（8）信息交换中心把授权答复送回收单行。

（9）收单行把授权答复送回特约商户。

（10）特约商户把已授权的交易提交收单行。

（11）收单行把交易金额记入特约商户账户。

（12）收单银行把交易数据档案送往信息交换中心。

（13）信息交换中心对所有交易数据进行清分和结算。

（14）信息交换中心把所有交易数据送往交易所属的发卡行。

（15）发卡行向持卡人发出账单，并从持卡人账户扣回交易金额。

（16）信息交换中心把清算净额数据送往清算中心。

（17）清算中心为发卡行及收单行进行资金调拨。

3.3.4 手机银行

1．什么是手机银行

手机银行是利用移动通信网络及终端办理相关银行业务的简称。手机银行意味着所有的网络银行业务都可以在手机上操作完成，不用到柜台，并按照提示就可以完成，而收费就跟网上银行一样，另外要加上打电话的费用。

作为一种结合了货币电子化与移动通信的崭新服务，手机银行业务不仅可以使人们在任何时间、任何地点处理多种金融业务，而且极大地丰富了银行服务的内涵，使银行能以便利、高效而又较为安全的方式为客户提供传统和创新的服务。

2．手机银行的特点与优势

1）服务面广、申请简便

只要手机能收发短信，即可轻松享受手机银行的各项服务。可以通过网络银行自助注册手机银行，也可到网下银行营业网点办理注册，手续简便。

2）功能丰富、方便灵活

通过手机发送短信，即可使用账户查询、转账汇款、捐款、缴费及消费支付等八大类服务。而且，手机银行提供更多、更新的服务功能时，无须更换手机或 SIM 卡，即可自动享受到各种新增服务和功能。手机银行交易代码均取交易名称的汉语拼音首位字母组成，方便记忆，还可随时发送短信"？"以查询各项功能的使用方法。

3）安全可靠、多重保障

银行采用多种方式层层保障资金安全。

（1）手机银行（短信）的信息传输、处理采用国际认可的加密传输方式，实现移动通信公司与银行之间的数据安全传输和处理，防止数据被窃取、破坏。

（2）客户通过手机银行（短信）进行对外转账的金额有严格限制。

（3）将客户指定手机号码与银行账户绑定，并设置专用支付密码。

4）7×24 小时服务、资金实时到账

无论何时、何处，只要可以收发短信，立即享受手机银行（短信）7×24 小时全天候的服务，转账、汇款资金瞬间到账，缴费、消费支付实时完成，一切尽在“掌”握。

3.3.5　手机银行安全与技术

1. 手机银行应用安全解决方案

1）需求分析

随着智能手机的普及和使用，手机银行业务规模正在飞速发展。手机银行作为一种崭新的银行服务渠道，在网上银行全网互联和高速数据交换等优势基础上，更加突出了移动通信“随时、随地、贴身、快捷、方便、时尚”的独特性，真正实现了“Whenever、Wherever”银行业务的办理，成为银行业一种更加便利、更具竞争性的服务方式。

手机银行通常将手机号码作为用户登录的安全防护手段之一，作为用户使用手机银行的一个基本安全保障，可以满足小额交易及缴费、查询等操作的安全需求。同时，手机银行还需要更强的安全防护措施，以满足大额交易的安全需求。同网上银行相比，手机银行对终端有着以下更高的安全需求。

（1）手机银行用户身份认证的安全性。

（2）手机银行交易信息的完整性。

（3）手机银行交易信息的不可否认性。

（4）手机银行业务数据的机密性。

2）方案提出

随着信息技术的发展，手机终端平台种类繁多，现有的手机银行在多终端平台的新形势下，不能有效解决数字证书跨平台使用的问题。手机银行应用安全解决方案如图 3-17 所示，它支持蓝牙 Key，可以为跨平台数字证书的使用提供技术保障，同时还有光感令牌为现有的动态密码方案提供更为方便、快捷的用户体验。

3）方案描述

手机银行的身份认证安全依靠数字证书系统和动态密码系统来实现。手机银行采用数字证书作为用户身份凭证，并采用数字签名作为交易数据完整性保护。由于使用的便利性和适用性更强，动态密码方案得到了广泛应用。

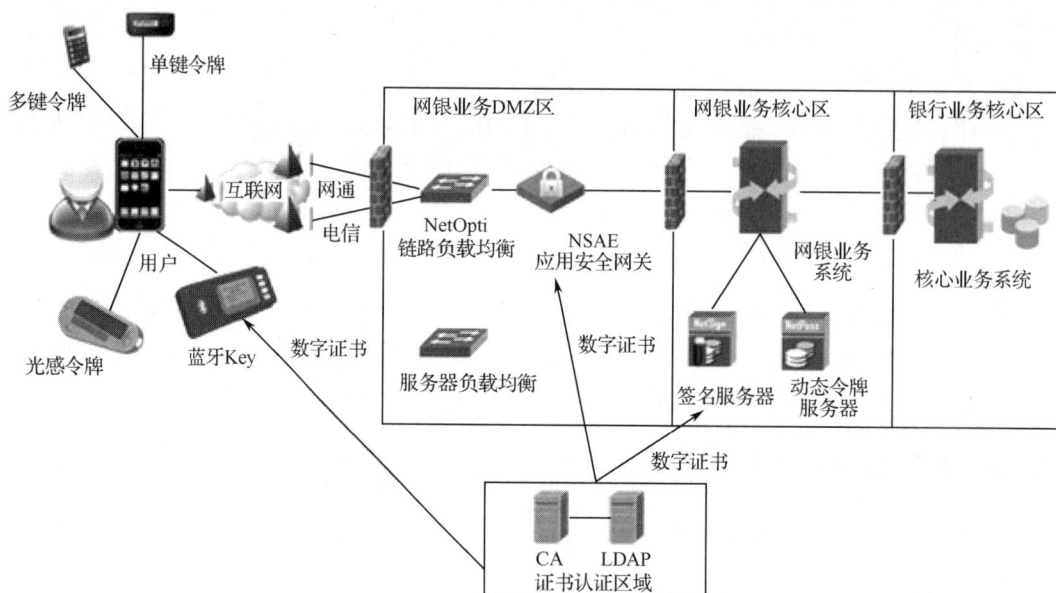

图 3-17　手机银行应用安全解决方案

4）数字证书系统

（1）系统平台。采用 NetCert CA 产品为手机银行建立认证中心系统 CA，向手机银行用户签发数字证书。用户的数字证书以 Key 的方式存储，确保数字证书私钥的安全，杜绝证书私钥被复制、盗取。

（2）数字证书终端——蓝牙 Key。当手机银行客户端采用数字证书时，由于目前手机 USB 接口标准不支持 USB Host，无法使用 USB Key。现有的手机银行系统采用音频接口 Key，使用专用的能支持数字证书存储和运算的 SIM 卡，或者使用 MiniSD 卡接口的 SD Key 等。由于内置的硬件 Key 存在被恶意操作签名的可能，如 SD Key、安全 SIM 卡等，其安全性远不如外置的音频接口 Key、蓝牙 Key。但由于音频接口 Key 使用的音频接口本身不是专门用于数据通信的接口，存在硬件兼容性、传输速率等一系列问题，因此目前并没有得到成功推广。

5）动态密码系统

（1）系统平台。采用 NETPAS 系统为手机银行建立动态密码后台服务系统。该系统可以为手机银行用户提供动态密码的管理及认证服务，支持包括一代和二代电子令牌、短信令牌、手机软令牌、卡等多种终端密码模式。

（2）动态密码——光感令牌。当手机终端采用动态密码方式时，可以采用一代电子令牌（时间型令牌）、二代电子令牌（挑战应答复合型令牌）、手机内置的软件令牌、短信令牌等方式，这几种方式均可以解决登录密码的一次一密，实现登录时高强度的身份认证，避免静态密码被窃取的风险。除此之外，采用二代电子令牌，还可以利用电子令牌输入交易元素，获得与交易数据相关联的一次性口令，使该密码具有针对交易的唯一性，利用该密码来确认交易，实现交易确认的安全性。

6）业务数据签名

用户端调用 NetSign 手机签名软件，通过蓝牙 Key 对手机银行关键交易数据进行签名，采用信安世纪 NetSign 数字签名系统作为手机银行交易确认和事后审计的保证，确保用户交易数据的真实性，实现防伪造、防篡改、防抵赖，并可确认提交该数据的用户身份。

7）传输数据加密

手机银行系统实现加密传输，采用 NSAE 作为手机银行系统的安全门户，将客户端浏览器与 NSAE 进行 SSL 加密通信。

2．手机银行技术

1）SMS 方式

SMS（Short Message Service）方式，即短信服务方式，该方式主要由手机银行系统、短信中心及手机终端组成。客户使用 SIM 卡上的菜单，并用加密短信方式向银行系统发出短信指令，然后通过 GSM 网络发出短信；GSM 短信中心系统收到短信之后，转发给银行系统，银行系统接着对短信内容进行处理。银行主机处理客户请求后，系统将处理结果转换成短信格式，再把需要的结果短信发给客户。

该方式的优点就是客户很容易接入手机银行系统，其缺点则是较复杂的银行业务交互性差，完成一次业务也可能要发送多条短信。

2）STK 方式

STK（Sim Tool Kit）方式，即"用户识别应用发展工具"，可以理解为一组开发增值业务的命令，一种小型编程语言，它允许基于智能卡的用户身份识别模块 SIM 运行自己的应用软件。STK 卡不是一般的通常使用的 SIM 卡，而是基于 Java 语言平台的 Simera 32K 卡。

STK 是一种小型编程语言的软件，可以固化在 SIM 卡中。它能够接收和发送 GSM 的短消息数据，起到 SIM 卡与短消息之间的接口作用，同时它还允许 SIM 卡运行自己的应用软件。这些功能经常被用于可通过软件激活的电话显示屏上，用友好的文本菜单代替机械的"拨号—收听—应答"方式，从而允许用户通过按键轻松进行复杂的信息检索操作或者交易。

3）WAP 方式

WAP（Wireless Application Protocol）方式，即通过 WAP 方式使用手机浏览器访问银行网站办理银行业务。WAP 方式是一种无线应用协议，是全球性的开放协议。手机银行客户端无须安装任何软件，绝大部分手机都内置 WAP 浏览器。使用 WAP 浏览器来处理银行业务的在线服务很早就已成为国内外手机银行的主流技术。

3.3.6　手机银行应用案例分析

1．案例描述

近期，某银行总行业务中心监测到一笔手机银行高风险交易，初次联系客户，客户表示是向生意伙伴转账，但不知道收款方信息。后联系所在网点并反复提示风险后，客户详细地

说出了事情经过：客户接到诈骗电话及"逮捕令"，按对方要求签约了手机银行（手机号码为客户本人使用），同时将相关信息告知对方。不法分子随后利用获取的个人信息及短信验证码成功绑定了客户的手机银行并进行了转账。

2．事件手法分析

（1）不法分子利用非法途径获取的客户信息，伪装成"公检法"人员，通过改号软件拨打客户电话，谎称客户牵涉洗钱案或毒品交易案，本案中甚至伪造了"逮捕令"来骗取客户信任。

（2）不法分子会要求客户签约手机银行，但与以往不同的是，签约号码为客户本人使用，在逃避银行柜面核实的同时进一步减轻客户的怀疑。

（3）利用客户对手机银行客户端功能的不了解，骗取客户的登录密码、取款密码、授权码等信息，绑定客户的手机银行客户端，迅速进行转账交易，窃取资金。

3．事件特点分析

（1）不法分子作案手法发生变化，从诱骗客户签约不法分子的手机号码逐步向诱骗客户端授权转变。

（2）手机银行客户端使用越来越普遍，部分客户不了解客户端功能，对相关风险及防范措施缺乏认知。

（3）客户被"洗脑"严重，隐瞒事实真相，给银行的核实工作带来困难。

（4）不法分子一旦成功绑定他人手机银行客户端后，会以转账方式在短时间内盗取资金，客户损失金额往往较大。

4．防范措施及建议

（1）做好手机银行使用功能的宣传普及工作。特别是对主动到柜台要求签约手机银行的客户，应了解客户对手机银行及客户端的熟悉程度并做出相应的风险提示。

（2）针对部分被不法分子严重"洗脑"的客户，我行会建议客户前往网点进行交易的查询。网点柜面工作人员应向客户介绍并协助完成交易核实工作。

（3）必要时或在紧急情况下，网点可寻求公安机关的支援。

思考：你曾经用过手机购物吗？请问手机购物有哪些特点？你所知道的移动银行是一个什么样的概念？

实训三　电子钱包申领

【实训目的】

（1）了解电子钱包的作用。
（2）掌握电子钱包的申请及安装设置。
（3）掌握基于 SET 协议和 SSL 协议的网上电子支付解决方案。

【实训要求】

（1）申请电子钱包。
（2）安装电子钱包。
（3）申请数字证书（为电子钱包里的银行卡申请证书）。
（4）完成基于 SET 协议的电子钱包网上支付。

【实训内容】

（1）进入中国银行支付帮助网页。
（2）阅读"如何申请一张中国银行长城电子借记卡"。
（3）阅读"如何获得中银电子钱包"。
（4）阅读"如何安装中银电子钱包"。
（5）阅读"如何申请电子证书"。
（6）阅读"中银电子钱包使用功能"。
（7）进行实际操作并记录好数据。

【实训步骤】

（1）进入中国银行支付帮助网页，地址是 http://www.chinajob.com/purchase/zgyhdzjjk.html。
（2）阅读相关资料。
（3）申请电子钱包。下载电子钱包软件，并运行该软件，按照系统提示进行操作。
（4）申请电子证书。访问认证中心：单击"获取证书"按钮后，刚安装好的"电子钱包"会自动打开，输入用户名和口令后，进入电子钱包。首先电子钱包会提示您在卡中添加账户信息，接下来的操作按提示的默认值进行即可。
（5）获取证书。单击"获取证书"按钮，可以看到电子钱包的左下角出现"等待初始化响应""正在处理证书初始化响应"，最后屏幕上出现"中国银行认证中心电子证书管理规定"，阅读相关资料，单击"接受"按钮即可。
（6）进入电子商务网站，选购商品并进行交易支付。

【实训提醒】

要仔细阅读"中国银行认证中心电子证书管理规定"，了解您所拥有的权益和法律责任。

1 张借记卡最多只能申请 10 张证书，如果超过 10 次还想进行网上购物，只有重新办理一张新的借记卡。但是这并不是说明您以前的卡失效了，它同样可以进行存款、取款、转账、在商场消费，只是不能在网络上消费了。

证书的有效期为一年，到期后证书自动失效，您必须重新获取证书。如果您在网上消费时，不慎泄露了自己借记卡的密码，为了您的账户安全，请您像平时使用借记卡一样到中国银行办理挂失。您在网上消费时，如果与商家发生对货品的纠纷，请直接与商家联系。

【实训思考】

（1）如何使用电子钱包？
（2）为什么一定要下载电子证书呢？
（3）如何在网上进行电子支付？
（4）网上交易与支付有哪些优点和缺点？

【实训报告】

1. 实训过程
目的要求：
实训内容：
实训步骤：
网上交易流程：
网上支付流程：

2. 实训结果
结果分析：
可以使用表格方式，或者使用图形方式，也可以使用文字方式。

3. 总结
通过实训，总结自己掌握相关知识的程度，分析实训中出错原因，并提出改进措施。

习题三

一、填空题

1. 电子货币是现代＿＿＿＿＿＿＿业务与＿＿＿＿＿＿＿＿＿＿＿＿相结合的产物，是一种＿＿＿＿＿＿＿＿＿，其存在形式随＿＿＿＿＿＿＿＿＿＿＿的不同而不断变化，如在磁盘上存储时是＿＿＿＿＿＿＿，在网络中传播时是＿＿＿＿＿＿＿或者＿＿＿＿＿＿＿，在 CPU 处理器中是＿＿＿＿＿＿。

2. 电子货币的表现形式是多种多样的，其中有＿＿＿＿＿＿＿、＿＿＿＿＿＿＿、数字现金等。数字现金也称为＿＿＿＿＿＿＿，是以＿＿＿＿＿＿＿形式存在的现金货币，在网上付款方式中，

数字现金可能是最主要的取代＿＿＿＿＿＿＿＿的付款方式，所具备的特性是具有＿＿＿＿＿＿＿、
＿＿＿＿＿＿＿、＿＿＿＿＿＿和＿＿＿＿＿＿。

3．数字现金具有＿＿＿＿＿＿＿＿、＿＿＿＿＿＿＿＿、＿＿＿＿＿＿和
＿＿＿＿＿＿四个属性。

4．电子交易是指借助＿＿＿＿技术，特别是＿＿＿＿＿＿技术，实现＿＿＿＿＿＿＿的、
＿＿＿＿＿＿的，并自动地完成＿＿＿＿、＿＿＿＿等买卖过程。

5．电子交易减少了＿＿＿＿＿＿＿＿，按订单生产，减少了＿＿＿＿，加快了＿＿＿＿，节约
了＿＿＿＿＿＿。

6．电子交易类型按交易主体划分有＿＿＿＿＿＿、＿＿＿＿＿＿、＿＿＿＿＿＿；按交易客体划分
有＿＿＿＿＿＿、＿＿＿＿＿＿、＿＿＿＿＿＿；按交易的中介划分有＿＿＿＿＿＿、＿＿＿＿＿＿等。

7．电子交易是一种新的交易形式，与传统的交易方式相比，具有＿＿＿＿＿＿、＿＿＿＿＿＿、
＿＿＿＿＿＿、＿＿＿＿＿＿、＿＿＿＿＿＿、＿＿＿＿＿＿等特点。

8．电子交易具有＿＿＿＿＿＿＿＿＿＿＿＿＿＿模式、＿＿＿＿＿＿模式、
＿＿＿＿＿＿＿＿＿模式。

9．目前，电子交易支付模型有＿＿＿＿＿＿＿＿＿＿模型、＿＿＿＿＿＿＿＿
模型、＿＿＿＿＿＿＿＿＿模型、＿＿＿＿＿＿＿＿模型、＿＿＿＿＿＿模型五种。

10．所谓移动银行，简单地说就是以＿＿＿＿＿、＿＿＿＿＿等移动终端作为银行业务平台中的
＿＿＿＿＿＿来完成某些银行业务。

二、判断题（正确的打"√"，错误的打"×"）

1．电子货币的流通以相关的设备正常运行为前提。（　　）
2．电子商务是数字化社会的标志，它将在21世纪的国际商贸和社会生活中占据绝对地位。（　　）
3．交易往往被称为"买卖"，在日常生活中几乎无处不在。（　　）
4．SET（Security Electronic Transaction），汉译为"安全电子交易"。　（　　）
5．移动银行是典型的移动商务应用。（　　）

三、思考题

1．简述电子货币的定义。
2．简述电子资金的传输过程。
3．简述电子交易的概念。
4．简述电子交易与传统交易的区别。
5．简述按交易主体划分的电子交易的基本类型。
6．简述面对消费者的直销模式。
7．简述网络商品中介交易模式。
8．简述SET模型。
9．简述网上银行的概念。
10．简述移动银行的概念。

第4章

网络营销与策划

4.1　网络营销的基本概念

4.1.1　网络营销产生的原因

网络营销是借助计算机网络、计算机通信和数字交互式媒体来实现营销目标的，其产生是科技发展、消费者价值变革和商业竞争等因素综合促成的。

1. 网络营销产生的技术基础

现代电子技术和通信技术的应用与发展是网络营销产生的技术基础。现在人类社会正走进计算机发展的第四个阶段——网络时代（Network Age）。

1946 年 2 月 14 日，世界上第一台电子计算机"ENIAC（埃尼亚克）"在美国宾夕法尼亚大学诞生。仅仅 23 年之后，计算机网络便降临在人间。

1969 年 11 月 21 日中午，6 名科学家聚会加利福尼亚大学洛杉矶分校的计算机实验室，观看这里的一台计算机与远在千里之外的斯坦福研究所的另一台计算机联通。这是一个历史性的时刻，可惜当时没有一个新闻记者拍下珍贵的照片，正像 20 年以后《时代》周刊激动而又遗憾地评论道：这些研制者根本没有想到，他们不只是连接了两台计算机，而且宣告了网络世界的到来。也正如《连线》杂志所描述的那样，数字化一下子就变得时髦起来了。

Internet 是一种融通信技术、信息技术、计算机技术为一体的网络系统。简单地说，Internet 就是众多计算机及其网络，通过电话线、光缆、通信卫星等连接而成的一个计算机网。它将入网的不同类型的网络和不同机型的计算机互联起来，构成一个整体，从而实现网上资源的共享和网络信息的共享。Internet 是目前计算机之间进行信息交换和资源共享的最佳方式。

早期的 Internet 主要用于军事。20 世纪 60 年代美国国防部开始研究计算机网络通信的最佳方案，当时连接了不同地区的 4 台计算机。后来美国高级研究规划署（ARPA）开发研究了 TCP/IP 网络传输协议，并于 1982 年被确定为标准网络传输协议。这一协议的诞生，大大方便了各种平台、网络、大型机、中型机、小型机、微型机的加入，实现了网上用户信息资源的共享，对网络的发展起了重大作用。

2. 网络营销产生的观念基础

消费者价值观的变革是网络营销产生的观念基础。满足消费者需求，无论在何时何地，都是一个企业的经营核心。随着 Internet 的用途由学术研究向商业应用的逐步转变，世界各地企业纷纷上网为消费者提供各种类型的信息服务，并把抢占这一科技制高点视为获取未来竞争优势的重要途径。

当今世界企业正面临前所未有的激烈竞争，市场正由卖方市场向买方市场演变，消费者将面对更为纷繁复杂的商品和品牌选择，这一变化使当代消费者心理与以往相比呈现出一种新的特点和趋势。网络营销的产生则适应了消费者新的价值观，这主要表现在以下几个方面。

（1）个性消费的回归。消费者以个人心理愿望为基础挑选和购买商品或服务，心理上的认同感是做出购买决策的先决条件，以商品供应的千姿百态为基础的单独享有成为社会时尚。

（2）消费主动性的增强。由于商品生产的日益细化和专业化，消费者购买的风险随选择的增多而上升。消费者会主动通过各种途径获取与商品有关的信息，并进行分析比较，以减少购买失误的可能。

（3）对购物方便性的追求。由于现代人的工作负担较重，消费者希望购物方便，时间和精力支出尽量节省，特别是对某些品牌的消费品已经形成固定偏好的消费者，这一需要尤为重要。

（4）对购物乐趣的追求。现代人的生活丰富多彩，购物活动不仅是消费需要，也是心理需要；很多消费者以购物为生活内容，从中获得享受。

（5）价格仍然是影响购买的重要因素。虽然现代市场营销倾向于以各种策略来削减消费者对价格的敏感度，避免恶性价格竞争，但价格始终对消费者产生重要的影响。只要价格削减的幅度超过消费者的心理预期，就难免会影响消费者既定的购物原则。

以上这些消费者观念的改变，是使人们普遍接受网络营销的重要基础。

3．网络营销产生的现实基础

网络营销产生的现实基础是市场激烈的竞争。随着市场竞争的日益激烈化，为了在竞争中占有优势，各个企业不断地推出各种营销手段来吸引消费者，但市场竞争已不再仅仅依靠浅层次的营销手段就能取胜，而是要经营者寻找变革，以尽可能降低成本和缩短运作周期来增加企业赢利。

开展网络营销可以节约大量昂贵的店面租金，减少库存商品资金占用，方便采集客户信息，使经营规模不受场地限制，这些都可以使企业经营成本和费用大为降低，运作周期缩短，从而从根本上增强企业的竞争优势，增加赢利。

4．网络营销能简化消费者的购物过程

现代化的生活节奏已使消费者户外购物的时间越来越有限。而网络营销给人们描绘了一个诱人的场景，使购物的过程不再是一种沉重的负担，甚至有时还是一种休闲、一种娱乐。下面请看一看网络营销是怎样简化消费者的购买过程的。

（1）售前：向消费者提供丰富生动的商品信息及相关资料，如质量认证、专家品评等。网络的界面清晰、友善，便于操作执行。消费者通过比较后，就可做出购买决定。

（2）售中：消费者只要坐在家中即可逛虚拟商店、用电子货币结算等，省去了许多麻烦。在网上，一切都变得那么简单。

（3）售后：在商品使用的过程中，如果消费者发现问题，可以随时与厂家联系，获得及时的技术支持和服务。

总之，网络营销能简化消费者的购物环节，节省消费者的时间和精力，满足消费者对购物方便性的需求。

5．网络营销能满足低价型消费者的需求

网络营销能为企业节省巨额的促销和流通费用，从而使商品的成本和价格降低成为可能。而消费者则可在全球范围内寻找最优惠的价格，甚至可绕过中间商直接订货，从而获得低价商品。

消费者迫切需要新的快速方便的购物方式和服务。这种价值观的变革，呼唤着网络营销的产生。网络营销也可以在一定程度上满足消费者的这种需求。通过网络购物，消费者便可"闭门家中坐，货从网上来"。

6．网络营销能够提高营销效率

想想看，只要轻轻一点鼠标，任何一个商人都可以与一个拥有无数潜在用户的惊人市场联系在一起，这是多么诱人的景象！网络营销所绘制的正是这样一幅蓝图。网络营销具有任何一种传统营销方式都不可比拟的优势，商家面对的是全球的市场、全球的用户，使传统营销在地域和空间上得到了极大的顺延和拓展，真正是"坐地日行八万里"。这大大地提高了营销的效率。

另外，互联网是集声音、图像、文字于一身的互动的多媒体介质，网络营销基于互联网，可以整合传统的各种单一的营销模式，对公司及其产品进行全方位、立体式的宣传，起到事半功倍的效果。

综上所述，网络营销的产生与发展是由科技进步、人们消费观念的变化和商业竞争的日益激烈等因素综合所促成的。

（1）现代电子通信技术和计算机网络技术的应用与发展是网络营销产生的技术基础。

（2）网络时代，消费者需求观念的改变为网络营销的产生奠定了市场基础。

（3）日益激烈的商业竞争是网络营销产生的现实基础。

总之，网络营销的产生有其深厚的环境与现实基础，是多种因素综合作用的结果。

> 思考：为什么说网络营销能提高消费者的购物效率？请举例说明。

4.1.2　网络营销的核心思想与概念

1．网络营销的核心思想

网络营销的核心思想就是"营造良好的网上经营环境"。所谓网上经营环境，是指企业内部和外部与开展网上经营活动相关的环境，包括企业网站本身、顾客、网络服务商、合作伙伴、供应商、销售商、相关行业的网络环境等。网络营销的开展就是与这些环境建立关系的过程，这些关系处理好了，网络营销也就卓有成效了。

网络营销是企业整体营销战略的一个组成部分，是为实现企业总体经营目标所进行的、以互联网为基本手段营造网上经营环境的各种活动。可见，网络营销不是孤立的，在很多情况下，网络营销是传统营销理论在互联网环境中的应用和发展，是互联网时代市场营销中必不可少的内容。网络营销的手段也不仅限于网上，而是注重网上、网下相结合，网上营销与网下营销是一个相辅相成、互相促进的营销体系。

从网络营销发展的实际情况来看，对于现阶段网络营销的核心思想，可以进一步简单解释一下：通过合理利用互联网资源（如网络营销工具和方法等），实现网络营销信息的有效传播，为营造有利于企业发展的经营环境奠定基础。

直到现在，对于网络营销的认识，一些学者或者网络营销从业人员的研究和理解也不尽相同，不同的人往往侧重某些不同的方面：有些人偏重网站本身的技术实现手段；有些人注重网站的推广技巧；也有些人将网络营销等同于电子商务；甚至还有为数不少的企业管理人员将建设一个网站作为网络营销的目标。

其实这也不足为奇，网络营销毕竟是一个崭新的领域，还需要一定时期的摸索和实践。而且，在互联网发展的不同阶段，网络营销的内容和手段也有所不同：在 1998 年之前，一些网络营销从业人员和研究人员将网络营销仅仅理解为网站推广，其核心内容是企业网站设计的优化，以及搜索引擎注册和排名；当时具有一定代表性的观点认为，只要将网址登录到雅虎网站（www.yahoo.com）并保持排名比较靠前（根据雅虎网站所列目录的排名或者关键字搜索的结果），网络营销的任务就算基本完成，如果排名在第一页甚至前五名，那么就意味着网络营销已经取得了成功。在当时网上信息还不很丰富的时候，雅虎网站作为第一门户网站，是大多数上网者查找信息的必用工具，能够在雅虎网站上占据一席之地，被用户发现的机会的确很大。但是，随着网页数量爆炸式的增长（据研究，即使功能最强的搜索引擎也只能检索到大约全部网页的 14%），尽管搜索引擎仍是最基本的网络营销手段，但是仅仅依赖搜索引擎来推广网址显然已经无法取得令人满意的效果，于是网站推广的方法得以拓展。另外，由于网站推广的目的主要是吸引新的用户，随着用户数量的增加和获得新用户难度的加大，针对维持和加强现有用户关系的网络营销手段应运而生；因此，许可 E-mail 营销、邮件列表等方法在现代的网络营销中占据了重要位置。可将主要依赖搜索引擎来进行网站推广的时代称为传统网络营销阶段。

需要说明的是，网络营销的内涵和手段都在不断地发展演变中，上述关于网络营销的核心思想也只能适用于一定的时期，随着时间的推移，这种理解可能显得不够全面，或者不能够反映新时期的实际状况，网络营销的思想也将进一步发生演变。

2．网络营销的概念

网络营销（On-line Marketing 或 Cybermarketing），全称是网络直复营销，属于直复营销的一种形式，是企业营销实践与现代信息通信技术、计算机网络技术相结合的产物，是指企业以电子信息技术为基础，以计算机网络为媒介和手段而进行的各种营销活动（包括网络调研、网络新产品开发、网络促销、网络分销、网络服务等）的总称。其中，Cyber 是一个前缀，用来构成表示与计算机通信网络有关的一系列新术语，例如，Cybermarketing 可译为互联网营销，简称网络营销。

网络营销根据其实现的方式有广义和狭义之分。广义的网络营销是指企业利用一切计算机网络，包括 Intranet、EDI 及 Internet 进行的营销活动。也就是说，用 Internet 营销替代了传统的报刊、邮件、电话、电视等中介媒体，利用 Internet 对产品的售前、售中、售后各环节进行跟踪服务，自始至终贯穿于企业经营的全过程，寻找新客户、服务老客户，最大限度地满足客户需求，以达到开拓市场、增加赢利为目标的经营过程。它是直接市场营销的最新

形式，贯穿于企业开展网上经营的整个过程，包括从信息发布、信息收集到开展网上交易为主的电子商务阶段，网络营销一直都是一项重要内容。

而狭义的网络营销专指 Internet 营销。Internet 是全球最大的计算机网络系统。

4.1.3　网络营销的特点

1．虚拟性

网络营销以 Internet 为背景，由于它本身依附于虚拟空间，业务的全过程是在一种"虚拟"的网络环境中进行的。因此，网络营销是在没有实物和现场环境的气氛下进行的一种商业活动。

2．全天候性

网络营销的虚拟性突破了传统工业化社会的时空界限及企业经营活动范围的束缚，以全天候的形式为消费者提供服务。

3．丰富性

网络营销要向接受者输出更加丰富的信息，使产品更加真实可信、更具有亲和力，必须向消费者提供质量高、数量多，即丰富多彩的商务信息。

4．国际性

网络营销是全球化的营销。网络延伸到哪里，商务信息就会被传递到哪里。网络营销突破了地域的界限，不受人种、肤色、种族和习俗的限制。

5．互动性

网络营销与消费者之间的沟通表现为信息交流的互动性、产品交易的互动性及客户服务的互动性。

6．高技术性

网络营销的信息传递及服务都是通过强大的技术性支持来完成的，这些技术包括网络技术、计算机技术、通信技术、多媒体技术等。网络营销的成熟与否在很大程度上取决于其技术使用的范围和先进程度。

7．针对性

网络营销的信息传递是针对用户的主动查询来进行的"一对一"式的信息传递，对其他上网者没有信息干扰。同时，网络营销还可针对服务对象的个性化要求来提供帮助。

8．参与性

网络的互动性可以使消费者参与产品的设计、生产与宣传推广，参与产品交易的服务、咨询及其问题的讨论等。

9. 低成本性

网络营销无店面租金成本，且能实现产品直销，能帮助企业减轻库存压力，实现零库存目标等，从而降低产品营销成本。

4.1.4 网络营销的职能

网络营销的职能包括八个方面的内容，即网络品牌、网站推广、信息发布、销售促进、销售渠道、顾客服务、顾客关系和网上调研。网络营销策略的制订和各种网络营销手段的实施都是以发挥这些职能为目的的。

1. 网络品牌

网络品牌的树立是网络营销的重要任务之一，即如何在互联网上建立并推广自己企业的品牌。知名企业的网下品牌可以在网上得以延伸，一般企业则可以通过互联网加快树立企业的品牌形象，并提升企业的知名度。网络品牌建设是指以企业电子商务网站建设为基础，通过一系列的推广措施，达到顾客和公众对企业的认知与认可。在一定程度上说，网络品牌的价值甚至高于通过网络获得的直接收益。

技术的进步和互联网的发展不仅给品牌带来了新的生机和活力，而且推动和促进了品牌的拓展和扩散。实践证明，互联网不仅拥有品牌、承认品牌，而且对于重塑品牌形象、提升品牌的核心竞争力、打造品牌资产，具有其他媒体不可替代的效果和作用。

2. 网站推广

网站推广是网络营销最基本的职能之一。所谓网站推广，指的是企业在网上利用网络的各种服务和功能，向新老顾客推广本企业的网址，以便让更多的人来访问企业的网站，了解企业的各种信息，达到网络营销之目的。在几年之前，人们甚至认为网络营销就是网站推广。相对于其他功能来说，网站推广显得更为迫切和重要，网站所有功能的发挥都要以一定的访问量为基础，所以，网站推广是网络营销的核心工作。

3. 信息发布

信息发布是网络营销的主要方法之一。网站是一种信息载体，通过网站可以发布各种资源信息，同时，信息发布也是网络营销的基本职能，所以也可以这样理解，无论哪种网络营销方式，结果都是将一定的信息传递给目标人群，包括新老顾客、媒体、合作伙伴、竞争者等。

网络营销可以将信息发布到全球任何一个地方，既可以实现信息的广覆盖，又可以形成地毯式的信息发布链；既可以创造信息的轰动效应，又可以发布隐含信息。信息的扩散范围、停留时间、表现形式、延伸效果、公关能力、穿透能力等都是最佳的。特别要提出的是，在网络营销中，网上信息发布以后，不仅可以能动地进行跟踪，获得回复，而且在回复后可以进行再交流和再沟通。因此，网上信息发布的效果很明显。

4．销售促进

销售促进是网络营销的基本目的之一。大部分网络营销方法都与直接或间接销售促进有关，但销售促进并不限于促进网上销售，事实上，网络营销在很多情况下对于促进网下销售十分有价值。

销售促进是以非价格竞争的促销手段推出的，能刺激客户的实际需要，并能激发客户使用某种产品和服务的兴趣，这在商业银行实行利率竞争和费用竞争有限度的条件下，具有特殊的作用和意义。一方面，可促进商业银行的交易机会；另一方面，可使客户接受全面、高质量的商业银行的服务，从而与商业银行建立长期的信用关系。

5．销售渠道

销售渠道是网络营销的一个重要场所之一。一个具备网上交易功能的企业网站本身就是一个网上交易场所，网上销售是企业销售渠道在网上的延伸，网上销售渠道建设也不限于网站本身，还包括建立在综合电子商务平台上的网上商店，以及与其他电子商务网站不同形式的合作等。

网络具有极强的进击力和穿透力，传统经济时代的经济壁垒、地区封锁、人为屏障、交通阻隔、资金限制、语言障碍、信息封闭等，都不能阻挡网络营销信息的传播和扩散。新技术的诱惑力、新产品的展示力、图文并茂和声像俱现的昭示力、网上路演的亲和力、地毯式发布和爆炸式增长的覆盖力，将整合为一种综合的信息进击力，快速地打通封闭的"坚冰"，疏通种种渠道，打开进击的路线，实现和完成市场的开拓使命，这是任何其他手段都无法比拟的。

6．顾客服务

顾客服务是提高网络营销绩效的重要手段之一。网络营销不仅提供一般的服务功能，而且提供独具特色的服务功能，服务的内涵和外延都得到了扩展和延伸。互联网提供了更加方便的在线顾客服务手段，顾客不仅可以获得形式最简单的 FAQ（常见问题解答）、邮件列表、网络论坛（也称为 BBS、电子公告牌）、聊天室等各种即时信息服务，还可以获取在线收听、收视、交款等选择性服务，无假日的紧急需要服务和信息跟踪、信息定制，直到智能化的信息转移、手机接听服务，以及网上选购、送货到家的上门服务等。这种服务及服务之后的跟踪延伸，不仅极大地提高了顾客的满意度，使以顾客为中心的原则得以实现，而且顾客成了商家一种重要的战略资源。

7．顾客关系

顾客关系是网络营销能否取得成效的必要条件之一。通过网站的交互性、顾客信息反馈表、用户调查表、对顾客的承诺、顾客的参与等方式为顾客服务的同时，也增进了企业与顾客的情感联系。

在传统的经济模式下，由于认识不足或自身条件的局限，企业在管理客户资源方面存在着较为严重的缺陷。针对这种情况，在网络营销中，通过客户关系管理，将客户资源管理、销售管理、市场管理、服务管理、决策管理等融为一体，将原本疏于管理、各自为战的计划、销售、市场、售前和售后服务与业务统筹协调起来，既可跟踪订单，帮助企业有序地监控订

单的执行过程，规范销售行为，了解新老客户的需求，提高客户资源的整体价值，又可避免销售隔阂，帮助企业调整营销策略，收集、整理、分析客户反馈信息，全面提升企业的核心竞争能力。客户关系管理还具有强大的统计分析功能，可以为企业提供"决策建议书"，以避免决策失误造成的损失，为企业带来可观的经济效益。

8．网上调研

网上调研是网络营销的主要职能之一。通过在线调查表或者电子邮件等方式，可以完成网上市场调研，相对传统市场调研，网上调研具有效率高、成本低的特点。

利用互联网进行市场调研是一种非常有效的方式，许多网站都设置在线调查表，用以收集用户反馈信息。在线调查常用于产品调查、消费者行为调查、顾客意见调查、品牌形象调查等方面，是获得第一手调研资料的有效工具。但是，在线调查也存在种种局限，尤其在企业网站访问量比较小、客户资料还不够丰富的情况下，获得的有效问卷数量较少，调查结果有时会出现较大的偏差。尽可能提高在线调查结果的质量，是开展网上市场调研过程中每个环节都要考虑的问题。

综上所述，开展网络营销的意义就在于充分发挥各种职能，让网上经营的整体效益最大化。因此，仅仅由于某些方面效果欠佳就否认网络营销的作用是不合适的。网络营销的职能是通过各种网络营销方法来实现的，网络营销的各个职能之间并非相互独立，同一个职能可能需要多种网络营销方法的共同作用，而同一种网络营销方法也可能适用于多个网络营销职能。

> 思考：你能说出网络营销职能中品牌职能的真正含义吗？

4.2 网络营销的理论基础

4.2.1 营销模式

1．第一代营销模式：以满足市场需求为目标的 4P 理论

营销模式的提出是在 1950 年，时代背景是世界经济已经从"二战"的创伤中恢复过来，资本主义国家经济进入了高速发展的战后"黄金阶段"，经济全球化处于起步阶段。

当时消费者的需求单一且比较旺盛。市场是以数量满足为核心目标，并具有数量、质量与结构的三重性短缺的特点，基本上是一种典型的卖方市场。

20 世纪 60 年代，美国营销学学者麦卡锡教授提出了著名的 4P 营销组合策略，即

（1）产品（Product）。

（2）价格（Price）。

（3）渠道（Place）。

（4）促销（Promotion）。

他认为，一次成功和完整的市场营销活动，意味着以适当的产品、价格、渠道和促销手段，将适当的产品和服务投放到特定市场的行为。

当时的市场正处于卖方市场向买方市场转变的过程中，市场竞争远没有现在激烈。这时候产生的 4P 理论主要是从供方出发来研究市场的需求及变化，以及如何在竞争中取胜。4P 理论重视产品导向而非消费者导向，以满足市场需求为目标。

4P 理论是营销学的基本理论，它最早将复杂的市场营销活动加以简单化、抽象化和体系化，构建了营销学的基本框架，促进了市场营销理论的发展与普及。4P 理论在营销实践中得到了广泛的应用，至今仍然是人们思考营销问题的基本模式。然而随着环境的变化，这一理论逐渐显示出其弊端：一是营销活动着重企业内部，对营销过程中的外部不可控变量考虑较少，难以适应市场变化；二是随着产品、价格和促销等手段在企业间相互模仿，4P 理论在实际运用中很难起到出奇制胜的作用。

随着时间的推移，这一理论暴露出以下的局限性。

（1）这一理论以大工业经济时代为背景，成为工业企业开展营销的强大工具，这就在应用范围上受到局限。

（2）这一理论从企业的角度出发进行营销组合，忽视了顾客，对市场变化反应迟钝，容易导致"营销近视症"，在今天看来这是致命的"软肋"。

（3）这一理论较多地关注企业自身，忽视了竞争对手因素，因而容易受到追随模仿，最终造成无差异化营销的局面。

于是，更加强调追求顾客满意的 4C 理论应运而生。

2．第二代营销模式：以追求顾客满意为目标的 4C 理论

1973 年由于石油危机的爆发，主要的发达国家进入了"滞胀阶段"，经济发展停滞不前。与此相反的是在拉丁美洲和亚洲出现了一些新兴工业国家和地区，并且形成了一支新兴的经济力量，这些国家的企业开始积极参与国际竞争。同时，发达国家的消费者对价格变得敏感，需求呈现出多样性，更为注重产品或服务的质量。由于国内市场容量有限，国内企业之间的竞争也变得异常激烈。

在这种背景下，美国著名学者劳特朋教授在 20 世纪 70 年代率先提出了 4C 营销组合策略，即

（1）消费者（Consumer）。

（2）成本（Cost）。

（3）方便（Convenience）。

（4）沟通（Communication）。

4C 理论强调企业首先应该把追求顾客满意放在第一位，其次是努力降低顾客的购买成本，然后要充分注意到顾客购买过程中的便利性，而不是从企业的角度来决定销售渠道策略，最后还应以顾客为中心实施有效的营销沟通。与产品导向的 4P 理论相比，4C 理论有了很大的进步和发展，它重视顾客导向，以追求顾客满意为目标，这实际上是当今顾客在营销中越来越居主动地位的市场对企业的必然要求。

由此可见，4C 理论坚持以顾客为导向，始终围绕"顾客需要什么""如何才能更好地满足顾客"两大主题，进行持续的改进活动，以追求顾客满意为最终目标。

4C 理论是一种由外而内的拉动型营销模式，它宣传的是"请顾客注意"，而非"顾客请注意"。与传统的营销模式相比，以顾客为导向的组织认为顾客是企业存在的唯一理由，顾客是企业利润的最终来源，而前线人员与顾客发生互动，在互动的瞬间决定了企业的命运。

但从企业的实际应用和市场发展趋势看，4C 理论依然存在不足。首先，4C 理论以顾客为导向，着重寻找顾客需求，满足顾客需求，而市场经济还存在竞争导向，企业不仅要看到需求，而且要更多地注意到竞争对手，冷静分析自身在竞争中的优、劣势并采取相应的策略，才能在激烈的市场竞争中立于不败之地。其次，在 4C 理论的引导下，企业往往被动适应顾客的需求，令他们失去了自己的方向，为被动地满足顾客需求付出更大的成本。如何将顾客需求与企业长期获得利润结合起来是 4C 理论有待解决的问题。

因此，市场的发展及其对 4P 理论和 4C 理论的回应，要求企业要从更高的层次建立与顾客之间的更有效的长期关系，于是出现了 4R 营销理论。4R 理论不仅仅停留在满足市场需求和追求顾客满意方面，而是以建立顾客忠诚为最高目标，是对 4P 理论和 4C 理论的进一步发展与补充。

3. 第三代营销模式：以建立顾客忠诚为目标的 4R 理论

20 世纪 80 年代全球范围内服务业兴起。服务业在国民经济中扮演了重要角色，出现了工业服务化和服务工业化的趋势。通过对服务业的顾客满意度进行调查研究，发现了以下几个事实。

（1）吸引一个新顾客的成本是保持一个满意的老顾客的 5 倍；对赢利率来说，吸引一个新顾客与丧失一个老顾客相差 15 倍。

（2）企业 80% 的业务来自 20% 的顾客。

（3）一个公司如果将其顾客流失率降低 5%，其利润就能增加 25%～85%。

（4）一个满意的顾客会将他的感受告诉 3～5 个朋友，但是一个不满意的顾客会将他的糟糕的感觉告诉 10～20 个人。

学界和业界正是注意到上述事实，提出了企业营销活动的目标应该是建立并维护长期顾客关系，而这种关系是建立在顾客忠诚的基础之上的。忠诚的顾客不仅会重复购买产品或服务，也会降低对价格的敏感性，而且能够为企业带来良好的口碑。

21 世纪伊始，《4R 营销》的作者艾略特·艾登伯格提出了 4R 理论。4R 理论以关系营销为核心，重在建立顾客忠诚。4R 理论阐述了 4 个全新的营销组合要素，即

（1）关联（Relativity）。

（2）反应（Reaction）。

（3）关系（Relation）。

（4）回报（Retribution）。

4R 理论强调企业与顾客在市场变化的动态中应建立长久互动的关系，以防止顾客流失，赢得长期而稳定的市场；其次，面对迅速变化的顾客需求，企业应学会倾听顾客的意见，及时寻找、发现和挖掘顾客的渴望、不满及其可能发生的演变，同时建立快速反应机制以应对市场的快速变化；企业与顾客之间应建立长期而稳定的朋友关系，从实现销售转变为实现对

顾客的承诺，以维持顾客再次购买的行为和顾客忠诚；企业应追求市场回报，并将市场回报作为企业进一步发展和保持与市场建立关系的动力与源泉。

4R 理论的最大特点是以竞争为导向，在新的层次上概括了营销的新框架。该理论根据市场不断成熟和竞争日趋激烈的形势，着眼于企业与顾客互动与双赢，不仅积极地适应顾客的需求，而且主动地创造需求，通过关联、关系、反应等形式与顾客形成独特的关系，把企业与顾客联系在一起，形成竞争优势。

企业是一个相对独立的开放系统，它与周围环境发生着互动关系，4R 理论最突出的特点是强调用系统观点来开展营销活动。

（1）通过交叉销售为顾客提供一揽子的、集成化的整套解决方案，以解决顾客多样化的需求，改变过去那种交易营销模式，着眼于建立起关系营销模式。

（2）从利益相关者的角度考察，一改过去仅仅从企业或顾客的角度考察的模式。顾客、供应商、分销商都在企业价值链中扮演了重要的角色，只有整合企业价值链才能建立竞争优势。政府机构是企业的管制机构，是市场法规的颁布者。

（3）社会组织往往充当了意见领袖的角色，会对顾客的购买决策产生了不可估量的影响。

（4）4R 理论强调了四个满意，即顾客满意、社会满意、员工满意、企业满意，体现出了较强的社会营销观念。

4R 理论最大的不足就是实际操作性较差：一方面主要是引入了更多的不可控变量；另一方面是缺乏实施工具，企业在实际应用时可能会感到无从下手。

4．第四代营销模式：新经济时代的 4V 营销组合

20 世纪 90 年代，高科技产业迅速崛起，高科技企业、高技术产品与服务不断涌现，互联网、移动通信工具、发达交通工具和先进的信息技术，使整个世界面貌焕然一新，俨然成为人类的"地球村"。原来那种企业和顾客之间的信息不对称状态得到改善，沟通的渠道多元化，越来越多的跨国公司开始在全球范围进行资源整合。

在这种背景下，营销观念、方式也不断丰富与发展，并形成独具风格的 4V 理论，即

（1）差异化（Variation）。

（2）多功能化（Versatility）。

（3）附加价值（Value）。

（4）共鸣（Vibration）。

4V 理论首先强调企业要实施差异化营销。

（1）使自己与竞争对手区别开来，树立自己的独特形象。

（2）努力将自身打造成万能企业，以满足各种顾客的个性化需求。

（3）产品或服务有更大的柔性，能够针对顾客的具体需求进行组合。

（4）更加重视产品或服务中的无形要素，通过品牌、文化等满足顾客的情感需求，使之产生共鸣。

4.2.2　网络营销的理论框架

网络营销的理论框架结构如图 4-1 所示。

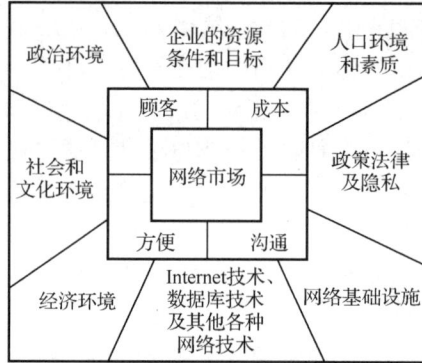

图 4-1　网络营销的理论框架结构

从图 4-1 中可以看出，最里面的一层是网络市场，企业的各种工作都将围绕着它进行，并以它为中心。网络市场的外层是顾客、成本、方便、沟通等，它们是企业网络营销的战略。最外层是影响企业网络营销的因素，它们是企业的资源条件和目标、人口环境和素质、政治环境、社会和文化环境、政策法律及隐私、经济环境、Internet 技术、数据库技术及其他各种网络技术、网络基础设施等。

网络的特征在营销中所起的作用可概括为使顾客这个角色在整个营销过程中的地位得到提高。网络互动的特性不仅使顾客真正参与到整个营销过程中成为可能，而且使顾客参与和选择的主动性得到加强，因为网络上丰富的信息使顾客的选择余地变得很大；在满足个性化消费需求的驱动之下，企业必须严格地遵循以顾客需求为出发点的原则和以满足顾客需求为归宿点的现代化市场营销理念，否则顾客就会选择其他企业的产品。这样，网络营销首先要把顾客整合到整个营销过程中来，从顾客需求出发，开始整个营销过程。不仅如此，在整个营销过程中要不断地与顾客交流，每个营销决策都要从顾客出发而不是像传统营销理论那样主要从企业自身的角度出发。在此情况下，传统的以 4P 理论为典型代表的营销管理方法就要做进一步的扩展。因为大家都知道，4P 理论的经济学基础是厂商理论，即利润最大化。所以 4P 理论的基本出发点是企业的利润，而没有把顾客需求放到与企业的利润同等重要的位置上，它指导的营销决策是一条单向的链。

4.2.3　网络营销的战略

1．企业网络营销战略的特征

在互联网盛行的时代背景下，从市场运作的机制看，网络营销战略的基本特征如下。

（1）无店铺的经营方式。在网上开展营销活动的"展览大厅"是虚拟商店。它不需要店面和装潢、摆放的货品及服务人员等，它使用的媒体是互联网。

（2）无存货的经营模式。网上商店接到顾客订单后，再向厂家订货，而无须将商品陈列出来，只要在网页上打出货物菜单和图像以供选择。

（3）无国界、无区域界限的经营范围。互联网创造了一个即时全球社区，它消除了同其他国家客户做生意的时间和地域障碍。

（4）无时间限制的全天候经营形式。虚拟商店无须雇佣经营服务人员，经营的时间可以

做到一天 24 小时，一年 365 天。

（5）双向互动的信息传播方式。互联网能够实现双向沟通，即信息的传播不再会保持单向的传播模式，而是逐步演变为双向的信息需求和传播模式。在这种交互的双向传播模式下，信息源积极向信息需求者展现自己的产品信息的同时，信息需求者也在积极主动地向信息源索要自己所需的信息。

（6）成本低廉的竞争策略。网上商店的成本主要涉及自建网站成本、软/硬件费用、网络使用费，以及以后的维护费用。它通常比普通商店经常性的成本要低得多，这是因为普通商店需要昂贵的店面租金、装潢费用、水电费、营业税、人事和管理费用等。

2．企业网络营销战略的条件和环境

无论什么样的营销活动，都离不开两个基本因素，即营销环境和营销资源。因此，企业开展网络营销须要具备外部环境和内部条件。

外部环境包括法律环境、政治环境、一定数量的上网企业和上网人口、互联网信息服务资源等，这些环境因素不是一个企业可以决定的，但却影响着企业网络营销的应用状况，企业的网络营销活动要与外部环境相适应，并且从外部环境获得外部网络营销资源。

内部条件即指企业创造的必要网络营销资源，包括基本的上网条件、合适的专业人员、必要的营销预算等；在此基础上，可以根据企业的经营策略制订网络营销计划，这些计划包括企业网站建设与推广、建立和保持顾客关系、提供在线顾客服务等内容，以进一步积累网络营销资源，从而最终实现提升企业品牌形象、提高竞争力、增加顾客忠诚度、增加收益的目的。

网络营销战略的实施是系统工程。首先，应加强对规划执行情况的评估，判定是否充分发挥此战略的竞争优势和有无改进余地；其次，对执行规划时遇到的问题应及时识别和加以改进；最后，对技术进行评估和采用。网络营销的整体实施不是简单的某个技术方面的问题或某个网站建设的问题，它还要从整个营销战略方面、营销部门管理和规划方面，以及营销策略制订和实施方面进行调整。

3．企业网络营销战略分析

企业战略是指企业为了适应未来环境的变化寻找长期生存和稳定发展的途径，并为实现这一途径优化配置企业资源，制订总体性和长远性的谋划与方略。企业网络营销战略是以网络市场为中心的，围绕着网络市场的是网络营销组合，即网络营销战术。在网络营销观念指导下，企业网络营销管理工作都必须以网络市场为中心。

随着互联网的发展，市场从有形市场转向网络市场，这使企业的目标市场、顾客关系、企业组织、竞争形态及营销手段等都发生了巨大的变化。企业既面临着新的挑战，也面临着无限的市场机会。企业必须制订相应的网络营销战略，提供比竞争者更有价值、更有效率的产品和服务，扩大市场营销规模，实现企业网络营销战略目标。

4．企业网络营销战略计划

企业制订网络营销战略计划（也称为网络市场营销战略决策）时必须全面考虑企业的资

源条件和企业目标、外部环境（企业的"不可控制的变数"），要善于使企业"可控制的变数"与外部"不可控制的变数"迅速相适应，这就是企业经营管理能否成功、企业能否生存和发展的关键。

5．企业网络营销战略目标

企业网络营销战略目标就是指确定开展网络营销后达到的预期目的，据此制订相应的步骤，组织有关部门和人员参与。企业网络营销战略目标一般有以下几个类型。

（1）销售型网络营销目标。它是指企业为拓宽网络销售，借助网上的交互性、直接性、实时性和全球性，以向顾客提供方便快捷的网上销售点为目标。

（2）服务型网络营销目标。它主要为顾客提供网上联机服务，顾客通过网上服务人员可以远距离地进行咨询和售后服务。

（3）品牌型网络营销目标。它主要是在网上建立自己的品牌形象，加强与顾客的直接联系和沟通，建立顾客的品牌忠诚度，为企业的后续发展打下基础并配合企业实现现行营销目标。

（4）提升型网络营销目标。它主要是通过网络营销替代传统营销手段，全面降低营销费用，改进营销效率，改善营销管理和提高企业竞争力。

随着科学技术的迅速进步和发展，必然会涌现出越来越多的科研新成果、新技术和新产品。企业今后不能只是被动地适应顾客需求，而必须积极主动地创造或改变目标顾客的需求，只有这样，才能实现潜在交换，扩大销售。

4.2.4　网络营销的环境

1．政治环境

政治环境是指企业业务所涉及的国家或地区的政治体制、政治形势和方针政策等方面对企业战略的影响。在国内，安定团结的政治局面，不仅有利于经济发展和人民收入的增加，而且可影响群众的心理状况，导致市场需求的变化。党和政府的方针、政策，规定了国民经济的发展方向和速度，直接关系到社会购买力的提高和市场消费需求的增长变化。要对国际政治环境进行分析，应了解"政治权力"与"政治冲突"对企业营销活动的影响。政治权力影响市场营销，往往表现为由政府机构通过采取某种措施约束外来企业，如进口限制、外汇控制、劳工限制、绿色壁垒等。政治冲突是指国际上的重大事件与突发性事件。这类事件在和平与发展为主流的时代从未绝迹，对企业市场营销工作的影响有利有弊，有时带来机会，有时则带来威胁。

2．法律环境

法律是体现统治阶级意志，由国家制定或认可，并由国家强制力保证实施的行为规范的总和。对企业来说，法律是评判企业营销活动的准则，只有依法进行的营销活动，才能受到国家法律的有效保护。因此，企业开展市场营销活动，必须了解并遵守国家或政府颁布的有关经营、贸易、投资等方面的法律、法规。

法律环境对市场消费需求的形成和实现具有一定的调节作用。企业研究并熟悉法律环境，既可保证自身严格依法管理和经营，也可运用法律手段保障自身的权益。

各个国家的社会制度、经济发展阶段及国情不同，体现统治阶级意志的法律也不同。从事国际市场营销的企业，必须遵从有关国家法律制度和有关国际法规、国际惯例和准则，因为这些因素对国际企业的营销活动有深刻影响。

3．经济环境

经济环境是指企业在网络营销过程中所面临的各种经济条件、经济特征、经济联系等客观因素。它是内部分类最多、具体因素最多，并对市场具有广泛和直接影响的环境内容。经济环境不仅包括经济体制、经济增长、经济周期与发展阶段，以及经济政策体系等大的方面的内容，而且包括收入水平、市场价格、利率、汇率、税收等经济数据和政府调节取向等内容。

1）收入状况

市场消费需求是指人们有支付能力的需求。仅有消费愿望或者仅有购买力，还不能创造市场；既有消费愿望又有购买力，才具有现实意义。因为唯有消费愿望和购买力同时具备才能产生购买行为。在研究收入对消费需求的影响时，常应用以下概念。

（1）人均国内生产总值：一般是指价值形态的人均 GDP。它是一个国家或地区，所有常住单位在一定时期（如一年）内，按人口平均所生产的全部货物和服务的价值，超过同期投入的全部非固定资产货物和服务价值的差额。国家的 GDP 总额反映了全国市场的总容量、总规模。人均 GDP 则从总体上影响和决定了消费结构与消费水平。

（2）个人收入：城乡居民从各种来源所得到的收入。可以通过各地区居民收入总额来衡量当地消费市场的容量；人均收入多少，反映了购买力水平的高低。我国统计部门每年采用抽样调查的方法，取得城镇居民平均每人全部年收入、农村居民平均每人全部年收入和纯收入等数据。

（3）个人可支配收入：从个人收入中减除缴纳税收和其他经常性转移支出后，所余下的实际收入，即能够用以个人消费或储蓄的数额。

（4）可任意支配收入：在个人可支配收入中，有相当一部分要用来维持个人或家庭的生活，以及支付必不可少的费用；只有在可支配收入中减去这部分维持生活的必需支出后，才是个人可任意支配收入，这是影响消费需求变化的最活跃因素。

2）支出状况

支出状况主要是指消费者支出模式和消费结构。消费者收入水平在很大程度上影响着他的支出模式和消费结构。随着消费者收入的变化，支出模式与消费结构也会发生相应的变化。

3）储蓄与信贷

衡量一个国家、地区或家庭的储蓄状况，通常用三个指标，即储蓄额、储蓄率和储蓄增长率。储蓄额是指消费者储蓄的绝对数量，反映一定时期的储蓄水平；储蓄率是指储蓄额占消费收入的比例；储蓄增长率则是指某一时期的储蓄增长速度。

消费者信贷是指消费者凭借信用先取得商品使用权，然后按期归还贷款，即消费者预先取出未来的收入，提前消费。

4）直接影响营销活动的经济环境因素

（1）消费者收入水平的变化。消费者收入包括工资、退休金、红利、租金、赠予等收入。消费者的购买力来自他的收入。但要注意的是，消费者并不是把他的全部收入用来购买商品或服务，购买力只是收入的一部分。通常，个人可支配收入能够构成实际的购买力。

（2）消费者支出模式和消费结构的变化。随着消费者收入的变化，消费者支出模式也会发生相应的变化，从而使一个国家或地区的消费结构也发生变化。从绝对数量上看，消费者的消费支出一般随着他的收入的增加而增加。但是，消费支出的增量在消费者收入达到一定水平后就会小于其收入的增量，即消费的增加低于收入的增加，也就是边际消费倾向（MPC）呈现递减的趋势。因此，有效提升人们的消费信心、完善社会保障制度、增加城镇低收入者和农民的收入、实现各阶层收入的合理分配，进而提高边际消费倾向，就成为扩大内需的重中之重。

（3）消费储蓄和信贷情况的变化。消费者个人收入不可能全部花掉，总有一部分以各种形式储蓄起来，这是一种推迟了的潜在的购买力。我国居民有勤俭持家的传统，长期以来养成了储蓄习惯，并且人口众多。居民储蓄存款高增长暴露了目前我国经济结构的严重失衡，必须采取措施缓解储蓄增长的势头，并积极引导储蓄向投资转化。

5）间接影响营销活动的经济环境因素

（1）经济发展水平。企业的市场营销活动要受到一个国家或地区的整个经济发展水平的制约。经济发展阶段不同，居民的收入就不同，消费者对产品的需求也不同，从而会在一定程度上影响企业的营销。例如，以消费者市场来说，在市场营销方面，经济发展水平比较高的地区，强调产品款式、性能、品牌、特色等，品质竞争多于价格竞争；而在经济发展水平比较低的地区，则较侧重于产品的功能、实用性，价格因素比产品品质更为重要。

（2）经济体制。经济体制是指一定的经济（包括生产、分配、流通）的组织形式、权限划分、管理方式、机构设置的整个体系。而社会的经济关系，即参与经济活动的各个方面、各个单位、个人的地位和他们之间的利益关系，就是通过经济体制表现出来的。所以，一定的经济体制不但是具体经济活动的组织管理形式，同时也是一定的生产关系的表现形式。事实上，任何一种经济体制都体现着一种特定的生产关系，从来没有不体现生产关系的经济体制。经济体制问题实质上是一个生产关系的问题。

不同的经济体制对企业营销活动的制约和影响是不同的。例如，在计划经济体制下，企业是行政机关的附属物，没有生产经营权，企业的产、供、销都由国家计划统一安排，企业生产什么、生产多少、如何销售，都不是企业自己的事情，在这种经济体制下，企业不能独立地开展生产经营活动，因而，也就谈不上开展市场营销活动。而在市场经济体制下，企业的一切活动都以市场为中心、以顾客为中心、以服务为中心，市场是其价值实现的场所，因而，企业必须特别重视营销活动，通过营销实现自己的利益目标。

（3）地区与行业发展状况。我国地区经济发展很不平衡，逐步形成了东部、中部、西部

三大地带和东高西低的发展格局。同时在各个地区的不同省市，还呈现出多极化发展趋势。这种地区经济发展的不平衡，对企业的投资方向、目标市场及营销战略的制订等都会产生巨大影响。

> 思考：在市场营销规划中，为什么要对市场进行细分？

4.3　网络营销的内容

4.3.1　企业网上经营的三个发展阶段

网络营销的目的是实现一定的营销目标。因此，为实现营销目标所采取的营销活动就是网络营销的内容。但是由于在不同条件下或者在企业网上经营活动的不同阶段，网络营销所采取的具体形式和手段会有所不同，所起到的作用也有差别。另外，不同的行业之间，尤其是传统行业和新兴的互联网企业之间，由于企业基本条件有很大差别，网络营销的手段可能大不相同。

按照企业网上经营发展过程，可将企业网上经营活动划分为三个阶段，即了解 Internet 阶段、网络营销阶段和电子商务阶段。

1．了解 Internet 阶段

网络营销可分为两类：第一类是基于网站的网络营销，这类网络营销可以通过企业的电子商务网站进行；第二类是无站点网络营销。显然，了解 Internet 阶段属于无站点网络营销，这是绝大多数企业要经过的初级阶段。每个企业的情况不同，了解 Internet 阶段的持续时间可能会有很大差别。

企业开展网络营销，首先从了解 Internet 开始。一个对 Internet 一无所知的企业经营管理人员，不可能在一夜之间做出开展电子商务的决定。

1）Internet 简介

Internet 是将世界上许多单独的计算机通过某种标准协议连接在一起，实现资源共享的计算机网络。Internet 之所以作为一个专有名词是因为它是目前地球上连接计算机数目最多的网络。

Internet 上包含各种各样的服务，其中有电子邮件服务、Web 服务器服务、电子公告牌服务、新闻组服务等。用户可以利用 Internet 的各种服务进行信息的传递与交流，企业也可以在 Internet 上进行营销活动。

2）企业上网初期的特点

企业上网初期的特点主要表现在：虽有上网的意识，但缺乏对网上经营的了解，没有专业人才，没有或者只有较少的财务预算，对上网时机的把握没有明确的信号，对如何上网、上网的基本条件和投资等信息缺乏足够的了解，企业上网与否的偶然因素往往起决定作用。

大多数企业上网初期的特点非常相似：尚未建立内部信息系统，一般通过当地互联网服务供应商（Internet Service Provider，ISP）申请上网账号，通过拨号的方式上网，公司经理人员会迫不及待地把 E-mail 地址印在名片上，向客户传达公司已经上网的信息，公司内只能有极少数人利用网上信息和资源，上网可能仅仅是一种时髦或炫耀。

如何找到网上资源？如何利用网上信息资源？诸如此类的问题可能都还没有被完全解决；其他问题，如上网后能为企业带来什么效益？如何利用互联网进行网上经营活动？等都不可能有明确的答案。

一段时间之后，企业最大的发现可能是，网上有大量的免费资源！这在上网之前是不可思议的事情，于是乎，企业大量利用免费资源：免费域名、免费网页空间、免费电子邮件、免费信息发布、免费软件下载、免费……总之，免费"午餐"在 Internet 上是再平常不过的事情了。

3）企业上网初期网络营销的主要内容和方法

从严格意义上来说，在企业上网初期，真正的网络营销还没有开始。由于没有建立自己的网站，也没有专业网络营销人员，对于大部分企业来说，很难取得良好的效果，通过互联网取得的顾客反馈信息很少能转化为最终订单，收集到的大量信息的有效利用率也不高。

即使没有自己的网站和专门的网络营销组织结构，但只要能具备上网的基本条件（计算机、调制解调器、拨号上网账号、电话线），也可以开展一些基本的网络营销活动，这些活动主要有下列几种方式。

（1）免费发布供求信息。在 Internet 上，有许多网站为企业发布供求信息提供平台。一般在这种平台上可以免费发布信息，并可以根据企业产品或服务的特性发布在相关板块上，有时这种简单的方式也会取得意想不到的效果。

（2）直接向潜在客户发送信息。Internet 是一个信息的海洋，人们只能根据自己的需要查询所需要的内容。作为营销的工具之一，可以利用 Internet 上的信息寻找潜在客户，然后有针对性地向潜在客户发送信息，达到宣传的目的。

（3）网上拍卖。网上拍卖是电子商务领域比较成功的一种商业模式，在国内已经有多家网站经营网上拍卖业务。网上拍卖这种商业模式比较简单，只要在网站进行注册，然后按照提示，很容易就可以发布产品买卖信息；不过网上拍卖的成交率和价格水平等评价指标现在还没有统计数字，而且网上拍卖经历的过程较长，最后的成交结果又具有较大的不可预测性。无论如何，作为一种全新的商业模式，值得做一些尝试，即使成交量不高，至少也可以达到一定的宣传效果。

（4）加入专业经贸信息网。这种方式在某些方面类似于"免费发布供求信息"，它们的不同之处在于前者一些专业网站可以提供更多的服务。例如，可以提供固定的网址（一般不提供独立域名）并制作简单的网页。经过专业分类的信息网为客户查询供应商的信息提

供了方便，加入这类信息网有助于网站访问者发现你的信息，不过这种服务有时要支付一定费用。

（5）加入行业信息网。行业信息网是一个行业的门户网站，由于汇集了整个行业的资源，因此为供应商和客户了解行业信息提供了巨大方便，形成了一个网上虚拟的专业市场。如果你所在的行业已经建立了这样的专业信息网，那么，加入行业信息网就是网络营销的必要手段，即使已经建立了自己的网站，仍有必要加入行业信息网。

2．网络营销阶段

经过对网络营销的初步认识，随着对网络营销知识的不断积累，利用免费资源的弊端和不足会逐渐表现出来，企业已不能满足于仅仅发布一些信息的"游击战"。于是，建立自己的企业网站，开展"阵地战"的要求日益迫切。这样，就进入了真正意义上的网络营销阶段。

企业在确定开展网络营销后，要组织网络营销战略的规划。网络营销不仅是一种简单的新营销方法，而且是通过采用新技术来改造和改进目前营销渠道的"灵丹妙药"，这就要涉及企业的组织文化和管理等各方面。如果不进行有效的规划和执行，该战略可能只是一种附加的营销方法，不能真正体现出战略的竞争优势，相反只会增加企业的营销成本和管理的复杂性。网络营销战略规划可分为下面几个阶段。

1）目标规划

在确定使用某一战略的同时，识别与之相联系的营销渠道和组织，提出改进的目标和方法。

2）技术规划

网络营销很重要的一点是要有强大的技术投入和支持。因此，资金投入、系统的购买和安装、人员培训都应该统筹安排；即使是外包于第三方服务机构，也需要企业本身的大力支持和配合。

3）组织规划

开展网络营销的同时，企业的组织要进行调整以配合该战略的实施，如增加技术支持、数据采集和管理评测、客户服务等。

4）管理规划

组织变化后必然要求管理的变化，公司的管理必须适应网络营销的需要，如销售人员在销售产品的同时，还应记录顾客的购买情况；客服人员在接听电话时，应注意询问客户是通过什么途径了解到本公司和本产品信息的。

网络营销阶段的具体内容包括域名申请、网站规划、网页制作、网站发布、网站推广，以及网站的管理和维护等。

在网络营销阶段，智慧营销尤其重要。在网络时代，营销的成败往往取决于头脑的运用。如果只是单纯营销，客户便会对你的网页丧失兴趣，再访问的可能性便大大降低。所以，有些精通营销的网站就开辟了一些网上消息、新闻等专栏，而且一般每天都有新内容，采用令浏览者轻松愉悦的网页内容和形式，让用户有一种亲近感。

在 Internet 上，企业必须转变观念，开动脑筋，采取智力行销，才能获得成功。聪明的

网络用户还发现，网页设计原来只是诸多的"掘金机"中的一种，其他的发财途径还有很多。例如，替网络杂志撰写"网评"，设计各式网页附加使用的程序（帮人整理网页目录、帮人过滤网页等），并转售给大型软件商以推向市场，自设电子公告板（Bulletin Board System，BBS）联络站等。

3．电子商务阶段

经过网络营销阶段后即可进入电子商务阶段。该阶段的主要方案是要通过新的市场和电子渠道来增加企业的经济收入。

这一阶段可以分两步走：第一步，建设 Intranet，借助 Intranet 建设企业内部互联网，即供内部使用的企业信息门户，也像 Internet 一样进行访问；第二步，整合 Internet/Intranet，通过代理和反向代理进行内、外部的相互访问，从而形成完整的企业电子商务环境，以便开展网上订购和网上销售。另外，企业还可以采用以下战略开展电子商务。

1）电子化市场战略

电子化市场战略是指通过电子方式实现在线销售、在线购物、在线服务，从而达到扩大市场、增加销售和降低成本的目的。

2）有效的客户关系管理战略

有效的客户关系管理战略是指把有关市场和客户的信息进行统一管理、共享，并能进行有效分析，从而为企业内部的销售、营销、客户服务等提供全面的支持。

3）电子贸易战略

传统企业间的交易往往要耗费企业的大量资源和时间，无论是其销售、分销还是采购都要占用产品成本。电子贸易战略是指通过电子交易的方式，买卖双方能够在网上完成整个业务流程，使企业之间的交易减少许多事务性的工作流程和管理费用，从而降低企业经营成本。

4）供应链管理战略

供应链管理战略是指企业对供应、需求、原材料采购、市场、生产、库存、订单、分销、发货等各环节的综合管理。供应链是企业赖以生存的商业循环系统，是企业电子商务管理最重要的部分。统计数据表明，企业供应链可以耗费企业高达 25%的运营成本。

> 思考：你是如何了解 Internet 的？请举例说明。

4.3.2　网络企业与传统企业

众所周知，网络营销并非孤立的，而是企业整体营销策略中的组成部分；只有网上营销与网下营销相结合，才能形成一个相辅相成、互相促进的营销体系。但在人们谈论网络营销时，往往会产生一种与一般营销不同的感觉。有时将网络营销出现之前已经成

熟的营销理论和方法称为传统营销，就像网络企业和传统企业一样，尽管没有什么科学道理，但人们通常习惯于将基于互联网的公司称为网络企业，将网络企业之外的企业统称为传统企业。

网络企业与传统企业、网络营销与传统营销之间也在逐步相互融合，传统营销和网络营销之间并没有严格的界限；网络营销理论也不可能脱离传统营销理论基础，营销理论本身也无所谓新旧之分；理论用以指导实践，只要有效就行。传统营销的理论基础是 4P，网络营销环境下被发展演变为 4C 模式。随着网络营销的发展，"C"的数量可能还会不断增加，但是如果忽略对"P"的重视，多数"C"也就无从谈起了。

尽管同样是网络营销，网络公司与传统企业的理解也会有所不同，网络营销的内容也不相同。

与传统企业不同，网站代表着网络公司的基本形象，人们甚至不去考虑一个网络公司有多大的办公场所，有多少工作人员，而宁愿从网站的规模和表现来想象，也就是说，在许多人的心目中，网站是一个虚拟的企业，网站就是一个网络公司的全部内容。

其实，无论是传统企业还是网络企业，并没有实质上的差别，无论网络营销还是传统营销，基本的营销原理也是相同的，差异仅仅表现在一些方法和手段上。

1．网络企业与传统企业的相同点

无论传统企业还是网络企业都需要网络营销。随着网络公司由盲目发展转入理性发展，是否具有赢利能力已经成为判断一个网络公司价值的基本要素。一方面，网络公司纷纷增加"水泥"的含量，一些网上零售商甚至发展实体商店来拓展销售渠道，网络公司并购传统企业的事件时有发生；另一方面，传统企业上网的热潮也日益高涨，除了提高企业互联网应用程度之外，注资或并购网络公司的案例也在不断增加，网络营销已经成为许多企业的重要营销策略。一些小企业对这种成本低廉的网上营销方式甚至比大、中型企业表现出更大的热情。

2．网络企业与传统企业的不同点

尽管网络企业和传统企业同样需要网络营销，但由于在经营环境上的差异，网络营销的方法也有一定差别。相对来说，传统企业的网络营销方式简单一些，一些电子商务公司特有的营销手段在传统企业中可能并不适用。对于传统企业来说，彻底的网络化还需要一个过程。网络营销是一种辅助性的营销策略，也是一个全新的领域。网络营销的内容包括建立网站、推广网站、利用网站宣传自己的产品和服务等。网站向人们提供了一个展示企业的窗口。在初级阶段，网站的形象与企业形象之间可能并不完全一致，因为在企业网站建立之前，企业的供应商、合作伙伴、顾客等已经对公司有了一定的认识，企业的品牌形象在建立企业网站之前就已经确立了。

前已述及，网站代表着网络公司的基本形象。人们认识一个网络公司通常是从网站开始的，因而网站的形象在一定程度上代表着企业形象。在许多人的心目中，网站就是一个网络公司的核心内容。因此，对于网络企业来说，网站的品牌形象对于企业经营远比传统企业的

网站重要，网络营销也就显得更加重要。

4.3.3　网络营销对传统营销的冲击

网络营销可视为一种新兴的营销渠道，它并非一定要取代传统的营销渠道，而是采用信息科技的方法和手段来创新与重组营销渠道。但不可否认，网络营销必然会对传统营销造成冲击。以广告业为例，在新媒体时代，销售是从开始到完成的一贯作业，即由吸引注意、引发兴趣、激起购买欲、进行采购，一气呵成的，而广告公司将参与营销的全过程。商业企业有必要改变传统的组织形态，提升新媒体部门的功能，引进兼具营销素养与计算机网络科技的复合型人才，这样才能在未来具备市场的竞争优势。

网络营销具有互动性、虚拟性、私人性、全球性和永恒性五个特性，这是传统营销无法比拟的。那么，网络营销的出现会给传统营销带来什么样的冲击呢？

1．对营销渠道的冲击

网络营销渠道的建立过程十分方便、快捷，建立后很容易对其进行改变，企业很容易对其进行控制；传统营销渠道的建立过程很缓慢，建立后也不易对其进行改变，而且企业对其难以控制。这样网络营销就给传统营销渠道带来了一个很大的冲击。网络营销还改变了传统营销的中间商的作用。在网络营销中，生产商可与最终用户直接联系，传统营销的中间商的重要性因而有所降低，这会造成以下两种后果。

（1）由跨国公司建立的传统国际分销网络对于竞争者造成的进入障碍将明显降低。

（2）对于目前直接通过 Internet 进行产品销售的生产商来说，其售后服务工作是由各分销商承担的，但随着代理销售利润的消失，分销商将很可能不再承担这些工作。所以在不破坏现存渠道的情况下，如何提供售后服务将是网上公司不得不面对的又一个问题。

2．对标准化产品的冲击

产品是传统营销组合中最重要的因素，任何企业的市场营销活动总是首先从确定向目标市场提供什么产品开始的，然后才会涉及定价、促销、分销等方面的内容。作为新型媒体，Internet 可以在全球范围内进行市场调研，通过 Internet，企业可以迅速获得关于产品概念和广告效果测试的反馈信息，也可以测试客户的不同认同水平，从而更加容易地对消费者行为方式和偏好进行跟踪。在网络营销里，企业对不同的消费者可以提供不同的产品。因此，Internet 的运用必然会给标准化产品带来冲击。

3．对营销策略的冲击

网络营销对传统营销的营销策略的冲击主要是对定价、品牌和广告的冲击。

1）定价策略

企业如何对其产品定价？在市场经济条件下，这从来都是企业经营者最重要的决策之一。因为，价格是市场营销组合中唯一为企业提供收益的因素；同时，价格又是市场竞争的一种重要手段，定价是否恰当将直接关系产品的销售量和企业的利润额。因此，如果某种产

品的价格标准不统一或经常改变，客户很快就会通过 Internet 了解这种价格的差异，并可能因此导致客户的不满。

所以，相对于目前的各种媒体来说，Internet 先进的网络浏览和服务器技术会使变化不定且存在差异的价格水平趋于一致。这将对分销商分布在海外并在各地采取不同价格的公司产生巨大冲击，价格折扣的不同会使世界各地的 Internet 用户和那些通过分销商或本来并不需要折扣的业务受到影响。通过 Internet 搜索特定产品的代理商也将认识到价格差别，从而加剧价格歧视的不利影响。这对于执行差别化定价策略的公司来说是一个严重的问题。

2）品牌的全球化管理

与现实企业的单品牌与多品牌的决策相同，对上网公司的一个主要挑战是如何对全球品牌和共同的名称或标志进行管理。就实行情况来看，公司由于下列情况的存在而拥有多个节点。

（1）只有一个品牌的公司允许地方性机构根据自身需要发展自己的节点。

（2）各品牌分别有明显不同的市场和形象的，公司为每个品牌单独设置节点。

这样，多个节点分别以不同的格式、形象、信息和内容进行沟通时，在给消费者带来便利的同时，也会引起消费者的困惑。

如果为所有品牌设置统一的节点，虽然可以利用知名品牌的信用带动相关产品的销售，但也有可能由于某种品牌的不足导致全局受损。

实行单一节点策略还是实行多节点策略，以及如何加强节点管理是网络营销公司面临的现实问题。

3）网络广告

网络广告可以树立组织形象，以及产品或服务品牌，并让消费者深入了解某一种产品或服务的性能和用途，从而引导了消费者和挖掘了潜在的消费者。通过网络营销，可以消除很多广告的障碍。

（1）由于 Internet 是交互式对话式系统，且克服了时间、空间、地域的限制，因此，在网络上做广告可以尽可能地将必要的信息一一罗列，并且可以 24 小时全天候地服务。

（2）迅速提高了广告的效率，为企业创造了便利的条件，而且网络广告成本低、效果好、方便、易操作。

总之，网络营销将会降低跨国公司所拥有的规模经济的竞争优势，从而使小企业更易于在全球范围内参与竞争。

4．对传统营销方式的冲击

网络营销对传统营销方式的冲击，可以从以下两个方面看出。

1）客户关系

网络营销企业之间的竞争是一种以客户为焦点的竞争形态，一切都围绕客户、争取客户、留住客户、扩大客户群、建立亲密的客户关系、分析客户需求、创造客户需求等，都是至关重要的营销方式。如何与散布在全球各地的客户群保持密切的关系并掌握客户的特性，再经

客户的教育与企业形象的塑造，建立起客户对虚拟企业与网络营销的信任感，是网络营销成功的关键。基于网络时代的目标市场、客户形态、产品种类与以前会有很大的差异，如何跨越地域、文化和时空差距再造客户关系是网络营销创新的必然策略。

2）竞争形态的转变

由于网络的交互式、对话式及自由开放式，网络时代市场竞争是透明的，人人都能掌握竞争对手的产品信息与营销行为。因此，胜负的关键在于如何适时获取、分析、运用这些来自网络的信息，并制订极具优势的竞争策略。

> 思考：网络营销对传统营销有哪些冲击？请举例说明。

实训四 网络营销策划书

【实训目的】

通过本次实训使学生了解网络营销战略分析与策划的整个过程，掌握网络营销策划书的撰写方法和技巧。

【实训要求】

（1）了解网络营销的战略分析与策划。
（2）掌握网络营销策划书的撰写方法。

【实训内容】

（1）在网上寻找相关的资料。
（2）确定目标和营销内容。
（3）动手撰写一份网络营销策划书。

【实训步骤】

1. 准备工作

综合比较收集到的相关信息和资料，予以整理和统计。

2. 构思

通过资料的整理和分析，确立基本观点，列出主要论点、论据。确定主题后，对收集到的大量资料，经过分析研究，逐渐消化、吸收，形成概念，再通过判断、推理，把感性认识提高到理性认识。

3．网络营销策划书的撰写步骤［本次实训重点是步骤1）～3）］

1）营销对象

（1）写出公司名称（包括母公司、子公司）。

（2）简要说明为什么要撰写网络营销策划书。

（3）列出公司的目标、方针、宗旨、章程。

（4）列出和公司及其市场营销方案相关的重要事件和时间。

（5）指出公司的主要业务是什么。

（6）说明未来商业发展是否会影响公司的市场营销规划。

（7）对公司进行简单的描述。

（8）对公司的产品和服务进行简单的描述。

（9）列出公司、产品、服务、市场和产业的关键字。

（10）列出公司产品和服务的重要特征。

（11）列出公司产品和服务的主要优、缺点。

（12）概述公司目前的销售状况。

（13）列出本行业中极具竞争力的公司概况。

（14）列出公司建立网络市场的好处、坏处、机会和风险。

（15）请思考公司的产品和服务是否适合网上营销？与客户的互动是否重要？在客户中占有很大比例的是网民吗？

（16）公司仅仅依赖传统市场营销活动而不上网有何风险？

2）营销目标

（1）列出竞争对手及其欲借助市场营销方案完成的目标。

（2）列出在下一年公司希望在市场中达成的十个目标。

（3）列出五个在你的市场中还没有人发现的发展机会，网络营销有可能帮助你获取这些机会吗？

3）网站的营销设计

（1）请简要说明竞争对手在网上采取的策略及完成的工作。

（2）认真分析竞争对手网上策略与执行方法的优、缺点。

（3）请思考应该如何修改这些目标以创建独具特色的网上形象。

（4）请简要说明公司计划如何设计网站以增加与顾客之间的互动。

（5）请简要说明运用网络营销的"一对一"方式如何实现营销策略目标。

（6）请简要说明如何运用网络口碑营销的优势达成营销策略目标。

4）网络广告设计

（1）分析为什么需要网络广告（请列出五个通过网络广告可得到的总体市场营销利益）。

（2）根据上述的五个利益，请列出公司要进行网络营销的理由。

（3）请列出在网络上进行广告活动可能要面对的五种市场营销风险。

（4）思考上述风险是否无法克服。如果无法克服，则立刻停止下面的工作；如果可以克

服，请继续往下写。

（5）根据上述回答，你认为在网络上进行广告活动的可能性有多大？如果可能性不大，请立刻停止下面的工作；如果可能性较大，请继续往下写。

（6）你的网络广告的对象是谁？

（7）你是否已经了解你的在线市场？如果不了解，立刻停止下面的工作；如果了解，请继续往下写。

（8）你准备采取何种网络广告的形式？

（9）发布网络广告的网络是否能进行统计？

（10）你在网络广告中想强调什么？

（11）价格问题对你的客户而言是否十分重要？如果十分重要，那么你的产品或服务所需的费用是多少？

5）与传统媒体配合

（1）请列出十项网站上吸引人的项目，使客户看到你的传统媒体广告时也想上你的网站看看。

（2）请你列出最近从事了下列哪一种营销活动，并说明将在这些活动中如何把网站营销搭配进去？（营销活动：商展、平面广告、影音广告或折扣活动、说明会或散发说明小册子、营销人员的营销）

6）成立网络营销小组

7）编制网络营销预算（包括人事与设备）

传统营销过程基本上是线性的，每个过程都要一步一步来做，各阶段按逻辑顺序实现、循环。相反，网络营销在本质上是并行的，而不是线性的。在这种并行的环境中，所有的营销步骤同时发生：市场调研、产品开发及客户反馈都同时发生。基于从客户那里收集来的信息，可以迅速地改变产品、服务、价格及分销系统。

【实训提醒】

设计网络营销规划时，要针对某个公司和某些产品。可以去网上查找资料，也可以自己设计一个公司和产品，但公司的产品不能少于十种。

【实训思考】

（1）如何把握网络营销策划的正确性？

（2）用什么方法获取更多的第一手资料？

（3）怎样撰写网络营销策划书？

【实训报告】

1. 实训过程

目的要求：

实训内容：

实训步骤:

撰写网络营销策划书:

2. 实训结果

结果分析:

可以使用表格方式，或者使用图形方式，也可以使用文字方式。

3. 总结

通过实训，总结自己掌握相关知识的程度，分析实训中出错原因，并提出改进措施。

习题四

一、填空题

1. 网络营销的产生是_____、_____、_____等因素综合促成的。网络营销的核心思想就是_____。

2. 网络营销具有_____性、_____性、_____性、国际性、_____性、_____性、_____性、_____性、_____性等特点。

3. 网络营销的职能包括_____、_____、_____、销售促进、_____、_____、_____和_____。

4. 第一代营销模式理论：以满足_____为目标的 4P 理论，_____年代美国营销学学者_____提出了著名的 4P 营销组合策略，即_____、价格（Price）、_____、_____等。

5. 第二代营销模式理论：以追求_____为目标的 4C 理论，_____年代美国著名学者_____提出了著名的 4C 营销组合策略，即_____、_____、方便（Convenience）、_____等。

6. 第三代营销模式理论：以建立_____为目标的 4R 理论，_____世纪《4R 营销》的作者_____提出了著名的 4R 营销组合策略，即_____、_____、关系（Relation）、_____等。

7. 第四代营销模式理论：_____的 4V 营销组合的 4V 理论，_____年代形成了著名的 4V 营销组合策略，即_____、_____、附加价值（Value）、_____等。

8. 企业网络营销战略的特征是_____方式、_____模式、_____范围、_____形式、_____方式、_____策略。

二、判断题（正确的打"√"，错误的打"×"）

1. 多媒体技术和网络技术的应用与发展是网络营销产生的技术基础。(　　)

2. 网络营销的核心思想就是"营造良好的网上环境"。(　　)

3. 无论是传统企业，还是网络企业，并没有实质上的差别。(　　)

4．企业网络营销是受多种要素影响的，但成功与否更多地取决于"网络推广策划"这个要素。（　　）

三、思考题

1．简述网络营销产生的原因。

2．为什么网络营销能提高消费者的购物效率？

3．简述网络营销的核心思想。

4．简述网络营销的特点。

5．简述网络营销的职能。

6．简述网络营销的理论框架。

7．简述企业网络营销战略的条件和环境。

8．简述网络营销战略分析的内容。

9．简述网络营销的内容。

第5章

电子商务安全技术

5.1 电子商务安全概述

5.1.1 电子商务面临的安全问题

1. 计算机安全问题

计算机是电子商务活动中所使用的重要工具。因此，计算机的安全对于电子商务的安全具有很重要的影响，如何保证计算机的安全也就成了电子商务安全中所需重点关注的问题。

下面介绍几个不同国家的组织对计算机安全的定义。

（1）国际标准化委员会的定义是"为数据处理系统而采取的技术的和管理的安全保护，保护计算机硬件、软件、数据不因偶然的或恶意的原因而遭到破坏、更改、显露。"

（2）美国国防部国家计算机安全中心的定义是"要讨论计算机安全，首先必须讨论对安全需求的陈述……一般来说，安全的系统会利用一些专门的安全特性来控制对信息的访问，只有经过适当授权的人，或者以这些人的名义进行的进程才可以读、写、创建和删除这些信息"。

（3）我国公安部计算机管理监察司的定义是"计算机安全是指计算机资产安全，即计算机信息系统资源和信息资源不受自然和人为有害因素的威胁和危害"。

计算机安全可分成三个领域，即保密性、完整性和即需性。保密性是指防止未授权的数据暴露并确保数据源的可靠性；完整性是指防止未经授权的数据被修改；即需性是指防止延迟或者拒绝服务。计算机安全中最重要的就是保密性，如物理链路的安全保密、系统的安全保密、信息的安全保密、设备环境的安全保密等。相对来说，完整性受到威胁的较少，因此大众对这个领域比较陌生。如果一封电子邮件的内容被篡改成完全相反的意思，就是对完整性的破坏。对即需性破坏的案例很多，而且频繁发生，延迟一个消息或消除它可能会带来灾难性的后果。

2. 网络安全问题

网络安全问题是一个关系国家安全和主权、社会稳定、民族文化的继承和发扬的重要问题。其重要性正随着全球信息化步伐的加快而变得越来越突出。

网络安全所遭受的攻击可以分为以下几类。

1）中断

中断是指系统的部分组件遭受破坏或者使其不能发挥作用。例如，切断系统主机对外的网络连接，使其无法使用，这是对系统可用性的攻击。

2）篡改

篡改是指系统资源被未经授权的人所取得并被篡改内容。例如，在网络上传送的订单遭到恶意改变，这是对数据正确性的攻击。

3）介入

介入是指未经授权者授权并取得系统资源，其中的授权者可以是一台计算机、一个人或一组程序。例如，窃取网络上传送的机密数据，这是对数据机密性的攻击。

4）假造

假造是指未经授权将假造数据放入系统中。例如，在网络上假造身份证明文件以假冒他人，这是对数据真实性的攻击。

3．计算机网络信息系统面临的威胁

计算机网络信息系统所受到的威胁主要来自以下几个方面。

1）自然灾害

计算机网络信息系统仅仅是一个智能的机器，易受自然灾害及环境（如温度、湿度、震动、冲击、污染等）的影响。目前，在不少计算机房中，并没有采取防震、防火、防水、避雷、防电磁泄漏或干扰等措施；对于计算机接地系统，也疏于周到的考虑，致使计算机网络信息系统抵御自然灾害和意外事故的能力较差。在日常工作中，因断电导致设备损坏、数据丢失的现象时有发生。噪声和电磁辐射会导致计算机网络信噪比下降、误码率增加，计算机网络信息的安全性、完整性和可用性受到威胁。

2）黑客的威胁和攻击

所谓黑客，是指利用计算机技术，非法侵入或者擅自操作他人（包括国家机关、社会组织及个人）的计算机网络信息系统，对电子信息交流安全具有不同程度威胁性和危害性的人，这是广义的定义；狭义的定义，是指利用计算机技术，非法侵入并擅自操作他人计算机网络信息系统，对系统功能、数据或者程序进行干扰、破坏，或者非法侵入计算机网络信息系统并擅自利用系统资源，实施金融诈骗、盗窃、贪污、挪用公款、窃取国家秘密或者其他犯罪的人。狭义的黑客包括在广义的黑客之中，狭义的黑客基本上是计算机犯罪的主体，广义的黑客的行为不一定都构成犯罪。

计算机信息网络上的黑客攻击事件愈演愈烈，已经成为具有一定经济条件和技术专长的形形色色攻击者活动的舞台。这些黑客具有计算机系统和信息网络脆弱性的知识，能使用各种计算机工具。境内外黑客攻击破坏网络的问题十分严重，他们通常非法侵入重要信息系统，窃听、获取或攻击有关的敏感性重要信息，修改和破坏信息网络的正常使用状态，造成数据丢失或系统瘫痪，给国家造成重大政治影响或经济损失。黑客问题的出现，并非由于黑客能够制造入侵的机会，而是由于他们善于发现漏洞，即信息网络本身的不完善和缺陷，并将这些漏洞作为攻击的目标或者利用这些漏洞找到攻击的途径。信息网络脆弱性引发了信息社会脆弱性和安全问题，并构成了自然或人为破坏的威胁。

3）计算机病毒

近年来，由于计算机病毒的泛滥，全世界平均不到 20 分钟就会产生一种新病毒。这些病毒通过 Internet 传向世界各个角落，这意味着连入 Internet 的计算机平均 20 分钟就有可能被感染一次。按每天开机联网 2 小时计算，一台计算机一年内可能被全世界所有新病毒感染 2190 次。

据统计，在我国企业、公司级的网络系统中，有 90%的计算机都曾受到过病毒的感染。60%以上的计算机都曾因病毒而丢失过文件、数据等。计算机病毒的侵犯已成为计算机安全的最大问题，它带来的人力资源浪费和经济损失是巨大的。

目前，计算机病毒在设计上越来越复杂，在数量上呈指数级增长，并在功能和形态等方面都发生了很大的变化，计算机病毒的概念已逐渐为人们所熟悉。

世界上的计算机病毒从其产生至今，已经发展到 5 万多种，计算机病毒的种类和编制技术的发展也经历了几代。在我国曾经广泛流行的计算机病毒有近千种，并且有些计算机病毒给我国的计算机网络信息系统造成了很大破坏，影响了我国信息化的发展和应用。公安部作为我国计算机安全的主管机关，从 20 世纪 80 年代初就建立了专门的机构从事计算机病毒的监测。

4）垃圾邮件和间谍软件

一些人利用电子邮件地址的"公开性"和系统的"可广播性"进行商业、宗教、政治等活动，把自己的电子邮件强行"推入"别人的电子邮箱，强迫他人接受垃圾邮件。与计算机病毒不同，间谍软件的主要目的不在于对系统造成破坏，而是窃取系统信息或用户信息。事实上，间谍软件目前还是一个具有争议的概念。一种被普遍接受的观点认为，间谍软件是指那些在用户不知情的情况下进行非法安装，发作后很难找到其踪影，并悄悄把截获的一些机密信息提供给第三者的软件。间谍软件的功能繁多，它可以监视用户行为、发布广告、修改系统设置、威胁用户隐私和计算机安全，并可能不同程度地影响系统性能。

5）信息战的严重威胁

信息战是指为了国家的军事战略而采取行动，取得信息优势，干扰敌方的信息和信息系统，同时保卫自己的信息和信息系统。这种对抗形式的目标不是集中打击敌方的人员或者战斗技术装备，而是集中打击敌方的计算机网络信息系统，使其"神经中枢"的指挥系统瘫痪。信息技术从根本上改变了进行战争的方法，其攻击的首要目标主要是连接国家政治、军事、经济和整个社会的计算机网络信息系统。信息武器已经成为继原子武器、生物武器、化学武器之后的第四类战略武器。可以说，未来国与国之间的对抗首先将是信息技术的较量。网络信息安全应该成为国家安全的前提。

6）计算机犯罪

计算机犯罪通常是利用窃取口令等手段非法侵入计算机信息系统，传播有害信息，恶意破坏计算机系统，实施贪污、盗窃、诈骗和金融犯罪等活动。

在一个开放的网络环境中，大量信息在网上流动，为不法分子提供了攻击目标。这些不法分子利用不同的攻击手段，获得访问或修改在网中流动的敏感信息，闯入用户或者政府部门的计算机系统，进行窥视、窃取或者篡改数据。不受时间、地点、条件限制的网络诈骗的"低成本和高收益"在一定程度上刺激了计算机犯罪的增长，使得针对计算机网络信息系统的犯罪活动日益增多。

思考：你知道计算机犯罪的行为有哪些吗？请举例说明。

5.1.2　电子商务的安全性要求

1. 电子商务的安全控制要求

电子商务发展的核心和关键问题是交易的安全性。Internet 本身的开放性使网上交易面临种种危险，相应的安全控制要求因此被提出。

1）信息保密性

交易中的商务信息均有保密的要求。例如，信用卡的账号和用户名被人知悉，就可能被盗用；订货和付款的信息被竞争对手获悉，就可能丧失商机。因此，在电子商务的信息传播中一般均有加密的要求。

2）交易者身份的确定性

网上交易的双方很可能素昧平生，相隔千里。要想使交易成功，首先要确认对方的身份，商家要考虑客户是不是骗子；而客户也会担心网上的商店是不是一个玩弄欺诈的黑店。因此，能方便而可靠地确认对方身份是交易的前提。

3）不可否认性

由于商情的千变万化，交易一旦达成是不能被否认的，否则必然会损害一方的利益。例如，订购黄金，订货时金价较低，但收到订单后，金价上涨了，如果收单方否认收到订单的实际时间，甚至否认收到订单的事实，则订货方就会蒙受损失。因此，电子交易通信过程的各个环节都必须是不可否认的。

4）不可修改性

交易的文件是不可被修改的。如上所举的订购黄金的例子，供货单位在收到订单后，发现金价大幅上涨了，如其能改动文件内容，将订购数 1 吨改为 1 克，则可大幅受益，那么订货单位可能就会蒙受损失。因此，电子交易文件不能被修改，以保障交易的严肃和公正。

2. 计算机网络的安全防范策略

目前，广泛运用和比较成熟的网络安全技术主要有以下几种。

1）防火墙技术

防火墙是网络安全的屏障，配置防火墙是实现网络安全最基本、最经济、最有效的安全措施之一。防火墙是指一个由软件和硬件设备组合而成，处于企业或网络群体计算机与外界通道之间，限制外界用户对内部网络访问及管理内部用户访问外界网络权限的一道网络屏障。

当一个网络接入 Internet 之后，在系统安全方面除了要考虑计算机病毒、系统的健壮性之外，更主要的是防止非法用户的入侵，而目前的防范主要是靠防火墙。防火墙能极大地提高一个内部网络的安全性，并通过过滤不安全的服务而降低风险；防火墙可以强化网络安全策略。通过以防火墙为中心的安全方案配置，能将所有安全软件（如口令、加密、身份认证）配置在防火墙上，对网络存取和访问进行监控、审计。

如果所有的访问都经过防火墙，那么，防火墙就能记录下这些访问并做出日志记录，同时也能提供网络使用情况的统计数据。当发生可疑动作时，防火墙能进行适当的报警，并提供网络是否受到监测和攻击的详细信息。此外，它还能防止内部信息的外泄。利用防火墙对内部网络进行划分，可实现内部网重点网段的隔离，从而降低局部重点或敏感网络安全问题对全局网络造成的影响。

2）用户授权访问控制与数据加密技术

与防火墙相比，用户授权访问控制与数据加密技术比较灵活，更加适用于开放的网络。用户授权访问控制技术主要用于对静态信息的保护，需要系统级别的支持，一般在操作系统中实现。

数据加密技术主要用于对动态信息的保护。对动态数据的攻击分为主动攻击和被动攻击。对于主动攻击，虽无法避免，但却可以被有效地检测；而对于被动攻击，虽无法检测，但可以避免，实现这一切的基础就是数据加密。

数据加密技术实质上是对以符号为基础的数据进行移位和置换的变换算法，这种变换是受密钥控制的。在传统的加密算法中，加密密钥与解密密钥是相同的，或者可以由其中一个推知另一个，称为对称密钥算法。这样的密钥必须秘密保管，只能为授权用户所知，授权用户既可以用该密钥加密信息，也可以用该密钥解密信息。DES 是对称加密算法中最具代表性的算法。

如果在加密/解密过程中各有不相干的密钥，并构成加密/解密的密钥对，则将这种加密算法称为非对称加密算法或称为公钥加密算法，相应的加密/解密密钥分别称为公钥和私钥。在公钥加密算法中，公钥是公开的，任何人都可以用公钥加密信息，再将密文发送给私钥拥有者。私钥是保密的，用于解密其接收的由公钥加密过的信息。典型的公钥加密算法 RSA 是目前使用比较广泛的加密算法。

3）入侵检测技术

入侵检测技术是一种主动保护自己免受攻击的网络安全技术。作为防火墙的合理补充，入侵检测技术能够帮助系统对付网络攻击，扩展系统管理员的安全管理能力（包括安全审计、监视、攻击识别和响应），提高信息安全基础结构的完整性。它从计算机网络系统中的若干关键点收集信息，并分析这些信息。入侵检测被认为是防火墙之后的第二道安全闸门，在不影响网络性能的情况下能对网络进行监测。它可以防止或减轻上述的网络威胁。

入侵检测技术的功能主要体现在以下方面：监视和分析用户及系统活动，查找非法用户和合法用户的越权操作。检测系统配置的正确性和安全漏洞，并提示管理员修补漏洞；识别和反映已知进攻的活动模式并向相关人士报警；对异常的行为模式进行统计分析；能够实时地对检测到的入侵行为进行反应；评估重要系统和数据文件的完整性；可以发现新的攻击模式。

4）防计算机病毒技术

计算机病毒是令人头痛的问题，Internet 的快速发展使得计算机病毒造成毁灭性的灾难成为可能。因此，防止计算机病毒是保障电子商务交易安全最重要的研究课题之一。为了避免计算机病毒的感染和传播，应从预防和清除两个方面着手。首先，应当树立预防为主的思想，

要充分利用操作系统中的安全功能和安全机制，加强存取控制，防止非法用户进入。同时，要加强对目前广泛应用的互联网的管理，防止计算机病毒通过网络传播。为防止计算机病毒侵入而对信息进行破坏，应当经常进行自行检测，并养成定期对文件做备份的良好习惯。

5）认证技术

认证技术是保证电子商务安全的又一项重要技术，是防止信息被篡改、删除、重放和伪造的一种有效方法。它使发送的消息具有被验证的能力，使接收者能够识别和确认消息的真伪。与认证有关的技术包括数字签名技术、身份识别技术和信息的完整性校验技术等。

（1）数字签名技术。在电子商务的安全保密系统中，数字签名技术有着特别重要的地位，安全服务中的源鉴别、完整性服务、不可否认服务都要用到它。完善的数字签名应具备签字方不能抵赖、他人不能伪造、在公证人面前能够验证真伪的特点。

（2）身份识别技术。通过计算机网络开展电子商务，身份识别是一个不得不解决的问题。只有采取一定的措施使商家可以确认对方的身份，商家才能放心地开展电子商务。同时，由于进行身份识别，有关当事人就无法抵赖自己的行为。在电子商务中，身份识别技术的实现往往要采用密码技术来设计出安全性高的识别协议。

（3）信息的完整性校验技术。信息的完整性要靠信息认证来实现。信息认证技术是信息的合法接收者对信息的真伪进行判定的技术。信息认证的内容包括信息的来源、信息的完整性、信息的序号和时间；对信息序号和时间的认证主要是为了阻止信息的重复攻击。

6）安全管理队伍的建设

在计算机网络系统中，绝对的安全是不存在的，制定健全的安全管理体制是计算机网络安全的重要保证。要通过网络管理人员与使用人员的共同努力，运用一切可以使用的工具和技术，尽一切可能去控制、减少一切非法的行为，尽可能地把不安全的因素降到最低程度。同时，要不断地加强计算机信息网络安全的规范化管理力度，大力加强安全技术建设，强化使用人员和管理人员的安全防范意识。网络内使用的 IP 地址作为一种资源以前一直为某些管理人员所忽略，为了更好地进行安全管理工作，应该对本网内的 IP 地址资源统一管理、统一分配；对于盗用 IP 资源的用户必须依据管理制度严肃处理。只有大家共同努力，才能使计算机网络的安全得到可靠保障，从而使广大网络用户的利益得到保障。

5.1.3　交易环境的安全性

1．交易中存在的主要安全问题

Internet 上的电子商务在其交易进行过程中，最核心和最关键的问题就是交易的安全性，并主要存在以下几种风险。

1）信息在网络的传输过程中被截获

攻击者可能在互联网、公共电话网上通过搭线或者在电磁波辐射范围内安装接收装置等方式，截获传输的机密信息，或者通过对信息流量、流向、通信频率和长度等参数的分析，推断出有用信息，如用户的银行账号、密码等。

2）传输的文件可能被篡改

攻击者可能从以下三方面破坏信息的完整性。

（1）篡改：改变信息流的次序，更改信息的内容，如购买商品的出货地址。

（2）删除：删除某个消息或消息的某些部分。

（3）插入：在消息中插入一些信息，让接收方读不懂或者接收错误的信息。

3）假冒他人身份

（1）冒充他人身份，如冒充领导发布命令、调阅文件。

（2）冒充他人消费。

（3）冒充主机，欺骗合法主机及合法用户。

（4）冒充网络控制程序，套取或者修改使用权限、密钥等信息。

（5）接管合法用户，欺骗系统，占用合法用户的资源。

4）伪造电子邮件

（1）虚开网站和商店，给用户发电子邮件，收购货单。

（2）伪造大量用户，发电子邮件，穷尽商家资源，使合法用户不能正常访问网络资源，使有严格时间要求的服务不能及时得到响应。

（3）给商家发大量的电子邮件，窃取商家的商品信息和用户信息等。

5）抵赖行为

（1）发方事后否认曾经发送过某条内容。

（2）收方事后否认曾经收到过某条消息或内容。

（3）购买者发出订货单后不承认。

（4）商家卖出的商品因有价格差而不承认原有的交易。

2．用户信任度分析

用户信任度对于一般的公司而言，毋庸置疑，是十分重要的；同样，对于目前大多数商业化程度较高的网站而言，网民的信任也是不可忽视的。但是需要注意的是，网络的"虚幻"也在一定程度上增加了虚假的可能性，从而在某种程度上会使用户产生不信任感。在中国，人们对于传统媒体的信任程度要高于对网络媒体的信任程度。

无论是在线上还是在线下进行商业运作，信任度总是一个不可缺少的重要组成部分。用户只有对商家产生信任感才会进行消费。网络业务的拓展速度几乎和用户对网络公司失去信任的速度相当。有关调查报告显示，只有10%的用户认为网络购物是不存在风险的；23%的用户认为他们受到过黑客的攻击，16%的用户认为他们的私人信息未经授权就会被用于商业用途。

随着网络购物在国内的发展，其信任度也在逐步提高。初次进行网络购物的用户的第一单交易额一般都相对较低，随着购物次数的增加，用户对网络购物的信任度逐步提高，交易额也会增加。

网上支付方式的种类繁多，有网上银行支付、ADSL支付、声讯电话支付、手机短信支

付等数十种方式，而且其中又有许多支付方式的手段和方法大相径庭，无法清楚地界定它们的优劣。

这种混乱的局面使电子商务的可信度仍然普遍偏低，即使有很多人会尝试一些类似网上购物的电子商务活动，也大多会采用货到付款的支付方式，这样的电子商务行为应该是在用户信任度不高的环境下的畸形产物，是不正常的现象。

用户对网上购物的信任度，尤其是对个人隐私的保护特别重要。对于电子商务公司提供的商品，用户无法在购买之前看到实物，因此不仅要求网上商家的商品要有高度可靠的质量保证，而且一定要有相应的退、换货保证。只有在这些方面做好了，才能建立起用户对电子商务的信心。一旦用户有一次不愉快的经历，就会造成很长一段时间都有网上消费心理阴影。

3. 建立电子商务安全保障体系和提升用户信任度的途径

电子商务安全保障应遵循综合防范的原则，从技术、管理和法律三方面入手，建立、健全以信息安全、网络安全为目标，加密技术、认证技术为核心，安全电子交易制度为基础的，具有自主知识产权的电子商务安全保障体系。基于以上用户信任度的分析，针对电子商务领域存在的安全问题，根据电子商务的安全性要求，现阶段建立电子商务安全保障体系、提升用户信任度，可从以下几个途径展开。

1）技术途径

（1）明确电子商务安全技术体系结构。电子商务安全技术体系结构是保证电子商务中数据安全的一个完整的逻辑结构。电子商务安全技术体系由网络服务层、加密技术层、安全认证层、安全协议层、应用系统层组成。其中，下层是上层的基础，为上层提供技术支持；上层是下层的扩展与递进。各层之间相互依赖、相互关联，并构成统一整体，通过不同的安全控制技术，实现各层的安全策略，保证电子商务系统的安全。

（2）充分发挥电子商务安全协议的作用。电子商务的运行需要一套完整的安全协议。目前比较成熟的安全协议有安全电子交易协议（SET）、安全套接层协议（SSL）等。

（3）增强人们对电子商务的信任度，必须加强计算机的安全技术。有关部门应组织一支精干的安全技术研究队伍，集中力量尽快解决电子商务的安全技术问题，包括密码技术、防火墙技术、认证技术、留痕技术等，并能够随着计算机和电子商务技术的发展不断改进这些技术。同时，为保证网络交易的安全，应着手建立相应的国家级的安全控制中心系统。这一系统应包括国际出入口（信息海关）监控、电子交易证书授权、密钥管理、安全产品评测认证、病毒检测和防治、系统攻击与反攻击等分中心，通过各种安全控制分中心的协调作用，最大限度地降低电子商务交易风险。

2）管理途径

（1）建立网络品牌的信任度。无论在线上还是在线下进行商业运作，信任总是实现商务交易的前提。用户对一个网络品牌产生信任是他们经常访问该网站的精神基础。在条件相近的情况下，用户总是更加偏向在知名度高的网站购物，这就是品牌效应；不仅在实体商店中是这样，网上商场的品牌知名度对用户购买决策同样具有重要影响，而且由于网上购物不受地理位置的局限，用户的这种偏向可能会更强烈一些。

人们无法用金钱购买到友善和信任，这些无形资产的积累需要时间。那些传统品牌建立起用户的信任度需要好几年，而对于那些新生的网络品牌来说，他们所缺乏的正是时间的考验。为了维持用户的信任度，网络品牌应该学习一些传统品牌的管理经验。用户至上就是其中一条重要的真理。要使自己的品牌在用户中建立起良好的口碑，就必须尊重用户的隐私，确保用户的邮箱不会被无关的垃圾邮件骚扰。对用户私人信息和网络浏览记录的保护是开展电子商务的一个重要环节，任何一个精明的用户都会只选择那些他所信任的商家。

（2）完善电子商务安全管理制度。从中央和地方两个层次上逐步建立电子商务交易安全管理制度，包括交易安全制度、交易安全的实时监控制度，同时实行对现有的电子商务系统安全漏洞的检查制度，广泛开展电子商务的安全教育。引进电子商务安全风险管理机制，通过监督现有的安全政策和措施，可以确定哪些是成功的，哪些是失败的，并对其进行修改或者废弃。

（3）鼓励研究开发先进的电子商务安全技术产品。要采取积极的鼓励措施，开发先进的安全技术产品，如防火墙产品、防病毒产品、信息加密产品、认证产品等；重点支持具有自主知识产权的电子商务安全关键技术的开发；注重参与国际标准的制定。

3）构造良好的法制环境

电子商务代表着未来贸易方式的发展方向，其应用推广将给各成员带来更多的贸易机会。在发展电子商务方面，不仅要重视民营、工商部门的推动作用；同时，也应加强政府部门对发展电子商务的宏观规划和指导，并加快制定相关的法律、法规，为电子商务的发展提供良好的法律、法规环境。

（1）全球电子商务的持续发展将取决于合同法律框架的制定。它们将使电子市场中的跨边境交易具有统一性及法律上的确定性，无论这些交易是在同一国家之内还是跨国的。只有出台地方、国家和国际法律当局所认可的、明确的、共同的法律原则，也只有当用户、政府和公司认为电子商务与其目前进行的面对面的或纸上的交易具有同样的确定性时，全球电子商务才能发挥出全部潜能。

（2）从交易安全方面看，要制定一些相关的电子商务法律。电子商务法律能够保证网上交易合同的有效性，加强数据保护，保证用户的个人隐私权，保证用户具有对 Internet 上的信息进行控制的自主权，以解决电子商务中发生的各种纠纷，防止诈骗等案件的发生，保证用户在电子商务活动中的合法权益不受侵犯，防止单方面对交易信息的生成和修改。

（3）从电子支付方面看，也要制定相应的法律。应明确电子支付的当事人，包括付款人、收款人和银行之间的法律关系，制定相关的电子支付制度，认可电子签名的合法性。同时，还应出台对于电子支付数据的伪造、变造、更改、赊销等问题的处理办法。

（4）有关电子商务消费者权益保护的法律。电子商务交易中消费者对商家信誉的信心只能寄托于 CA 中心和银行等部门。其中，CA 中心能够核实商家的合法身份，银行则能够掌握商家的信誉情况，一旦因商家不付货、不按时付货或者货物不符实而对消费者产生损害时，可以由银行先行赔偿消费者，再由银行向商家追偿。如果商家屡次违规，银行可以取消商家的电子账号，并将违规情况通报给 CA 中心，由 CA 中心记入黑名单。当违规情况严重时，可以取消商家的数字证书，使其失去开展电子商务的权利。

（5）有关保护个人隐私和秘密的法律。本着最小限度收集个人数据、最大限度保护个人隐私的原则来制定法律，以消除人们对泄露个人隐私及重要个人信息的担忧，从而吸引更多

的人上网进行电子商务。

> 思考：交易环境的安全包括哪些内容？你有这样的亲身经历吗？

5.2　数字证书和身份认证

5.2.1　数字证书概述

1．数字证书的概念

互联网电子商务系统技术使得在网上购物的用户能够极其轻松方便地获得商家和企业的信息，但同时也增加了对某些敏感或者有价值的数据被滥用的风险。为了保证互联网电子交易及支付的安全性和保密性等，防范交易及支付过程中的欺诈行为，必须在网上建立一种信任机制。这就要求参加电子商务的买方和卖方都必须拥有合法的身份，并且在网上能够有效无误地被验证。数字证书是一种权威性的电子文档，提供了一种在互联网上验证身份的方式，其作用类似于驾驶员的驾驶证或者日常生活中的身份证。

数字身份认证是基于国际 PKI 标准的网上身份认证系统，数字证书相当于网上的身份证，它以数字签名的方式通过第三方权威认证有效地进行网上身份认证，帮助各个实体识别对方身份和表明自身的身份，具有真实性和防抵赖功能。与物理身份证不同的是，数字证书还具有安全、保密、防篡改的特性，可对网上传输的信息进行有效保护和安全传递。

数字证书是一个由权威机构——CA（Certificate Authority，证书授权）中心发行的，人们可以在互联网交往中用它来识别对方的身份。当然在数字证书认证的过程中，CA 中心作为权威的、公正的、可信赖的第三方，其作用是至关重要的。

数字证书采用公钥密码体制，即利用一对互相匹配的密钥进行加密、解密。每个用户都拥有一把仅为本人所掌握的私钥，用它进行解密和签名；同时，每个用户也都拥有一把公钥并可以对外公开，用它进行加密和验证签名。当发送一份保密文件时，发送方使用收方的公钥对数据加密，而接收方则使用自己的私钥解密，这样，信息就可以安全无误地到达目的地了，即使被第三方截获，由于没有相应的私钥，也无法进行解密。通过数字的手段保证加密过程是一个不可逆过程，即只有用私有密钥才能解密。在公钥密码体制中，常用的一种是 RSA 体制。

2．数字签名的概念

在金融和商业等系统中，许多业务都要求在单据上进行签名或者加盖印章，以证实其真实性，备日后检查。可是在利用计算机网络来传送报文时，显然不能用手签的方法，因此采用数字签名的方法，即利用公钥来实现数字签名，从而代替传统的签名。数字签名要代替传统的签名，必须满足下面三个条件。

（1）接收方能够核实发送方对报文的签名。

（2）发送方事后不能抵赖对其报文的签名。

（3）接收方无法伪造对报文的签名。

3．数字签名的基本形式

对于交换信息的双方而言，数字签名的最基本形式是该信息基于某种特定的附加信息（如密钥或标识等的信息摘录）。发送方对发送的报文签名，并随同报文一起发送，以担保报文的内容；若使接收方也对报文的内容进行担保，则要求接收方向发送方返回一个签名的回执（可以是对报文的再签名）。

4．数字签名的实现

数字签名的简单实例是直接利用 RSA 和发送方的密钥对被签名的数据进行加密。当接收方收取本块密文时，使用发送方的公开密钥进行解密，如果能够还原明文，则根据公钥体制的特点（用公钥加密的密文只能用密钥解密，而用密钥加密的密文只能用公钥解密），可以认为该数据确实来自希望的发送方。

5．数字证书的申请

一般来讲，用户要携带有关证件到各地的证书受理点，或者直接到证书发放机构，即 CA 中心填写申请表并进行身份审核，审核通过后交纳一定费用就可以得到装有证书的相关介质（IC 卡或 Key）和一个写有密码口令的密码信封。

6．数字证书的使用

用户在要使用证书的网上操作时，必须准备好装有证书的存储介质。如果用户是在自己的计算机上进行操作的，则操作前必须先安装 CA 根证书。一般所访问的系统如果要使用数字证书，则会自动弹出提示框，要求安装 CA 根证书，用户直接选择"确认"即可；当然也可以直接登录 CA 中心的网站，下载安装 CA 根证书。操作时，一般系统会自动提示用户出示数字证书或者插入证书介质（IC 卡或 Key），用户插入证书介质后，系统将要求用户输入密码口令，此时用户要输入申请证书时获得的密码信封中的密码，密码验证正确后，系统将自动调用数字证书进行相关操作。使用后，用户应记住要取出证书介质，并妥善保管。当然，根据不同系统，数字证书会有不同的使用方式，但系统一般会有明确提示，用户使用起来较为方便。

7．数字证书的收费

作为一种第三方认证服务，数字证书是要收取一定费用的。就像人们在日常生活中进行证件公证要支付公证费用、进行通信要支付通信费一样，CA 证书作为网上身份认证和安全信息传递的工具也是有偿进行的。

从服务提供方的角度来讲，CA 中心要对几十万名用户的数据进行维护，同时对随时发生的网上操作调用进行处理运作，其成本是可观的。针对这点，国外 CA 证书的收费也有

相对较高的标准。例如，目前国际社会使用较为普遍的 Verisign 企业 CA 证书的收费标准为 4096 美元/年。

5.2.2　数字证书的功能与应用

1. 数字证书的功能

1）信息的保密性

网络业务处理中的各类信息均有不同程度的保密要求，CA 中心颁发的数字证书保证了电子政务、电子商务信息传播中信息的保密性。

2）网络通信双方身份的确定性

对于为顾客或用户开展服务的政府行政服务中心、银行和电子商务公司，为了做到安全、保密、可靠地开展服务活动，都要进行身份认证的工作。而 CA 中心颁发的数字证书可保证网上通信双方的身份，行政服务中心、银行和电子商务公司可以通过 CA 认证确认身份，放心地开展网上业务。

3）不可否认性

CA 中心颁发的所有数字证书类型都确保了电子交易通信过程的各个环节的不可否认性，使交易双方的利益不受到损害。

4）不可修改性

CA 中心颁发的数字证书确保了电子交易文件的不可修改性，以保障交易的严肃和公正。

2. 数字证书的应用

数字证书可以应用到以下多个领域中。

1）网上银行

国内银行的网上银行近几年有很大发展，其中中国工商银行、招商银行、中国建设银行比较突出。但是网上银行也出现了一些安全问题，如假造银行通知、网上"钓鱼"、计算机病毒等，黑客可利用这些手段，直接窃取用户口令和账号。曾经的"网银大盗"事件，就是一帮黑客将特洛伊木马程序置于某银行网银系统，窃取了近 800 万名用户的密码及账号，其目的就是进行网上欺诈。

2）电子商务

在电子商务交易中，安全是第一位的。交易各方必须使用数字证书，如交易中心、在线支付平台、银行、商家、用户等都必须使用数字证书，以实现交易各方身份的真实性及交易的不可否认性。电子商务的交易模式分 B2B、B2C、B2G 等。以 B2B 电子商务为例，目前中国 B2B 电子商务涉及了许多行业，大多数是卖方主导型或者电子市场交易主导型。

3）手机移动支付

当进行手机移动支付时，较安全的方式是手机、银行和商户都使用数字证书机制进行身份确认和加密。中国目前拥有庞大的手机用户群。与此同时，人们手中的手机已不仅仅是简单的通话工具，它正在日益成为集音乐播放器、数码照相/摄像机、中英文字典、电子钱包、家电远程遥控器等众多功能于一身的多功能产品。其中，与手机用户钱袋子密切相关的手机移动支付功能，受到越来越多的关注。随着手机"电子钱包"功能的进一步推广应用，也许不久的将来，全国各地的用户都将可以通过手机购买地铁车票、支付停车费、在超市购物。

手机移动支付市场的发展空间十分广阔，因为手机移动支付功能把移动网络和金融系统结合在一起，让用户通过使用手机这种十分方便的操作方式来进行商品交易。手机移动支付业务在一些国家已经完全进入了手机移动支付时代。那里的手机用户，小到停车费、大到商场购物，都已经采取手机移动支付的方式。而在我们的近邻韩国，也有越来越多的人通过手机实现银行 POS 支付、购买地铁月票、完成 ATM 自动取款机的取款等。可以说，手机移动支付业务正在全球日渐风行。

4）网上证券

以网上炒股为例，网上炒股是股民和证券公司之间发生的两方交易，必须确认身份和交易的不可否认性。网上转账是指股民通过互联网将资金在银行股民账户和证券公司账户之间划入或划出，是涉及股民、证券公司、银行的三方交易。

除了上述领域，在专用网、互联网或者无线网上，数字证书的应用也很广泛。目前，很有发展空间的还有卫生医疗系统的电子病历管理，应大力推广数字证书的应用，因为电子病历可将患者的病历、病史检查、治疗等信息通过一个电子病历的平台存储起来，达到信息共享的目的。还有各医疗单位的化验单、检查单、报告单要统一标准，以实现资源共享，供医疗服务之用。其中，数字证书的应用必不可少，因为医院、医生对自己的诊断、处方要负法律责任，所以必须在电子病历中进行数字签名。

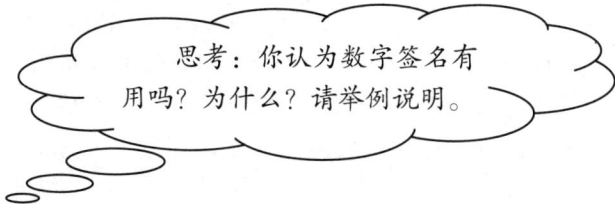

> 思考：你认为数字签名有用吗？为什么？请举例说明。

5.2.3　身份认证概述

1．身份认证的概念

身份认证的过程是声称者向验证者出示自己的身份证明的过程，或者是证实用户的真实身份与其所声称的身份是否相符的过程。

身份认证也称身份鉴别、实体认证、身份识别，是获得系统服务所必需的第一道关卡，目的是使别的成员（验证者）获得对声称者所声称的事实的信任。

2．身份认证的分类

身份认证可以分为本地和远程两类。

1）本地身份认证

本地身份认证是指实体在本地环境的初始化鉴别（就是说，作为实体个人只和设备进行物理接触，不和网络中的其他设备通信）。

2）远程身份认证

远程身份认证是指连接远程设备、实体和环境的实体鉴别。实体鉴别可以是单向的，也可以是双向的。单向认证是指通信双方中只有一方对另一方进行鉴别。双向认证是指通信双方相互进行鉴别。

3．认证技术

认证技术是计算机网络安全中的一项重要内容，一般可以分为以下两种。

1）消息认证

消息认证用于保证信息的完整性和抗否认性。在很多情况下，用户要确认网上信息是不是假的，信息是否被第三方修改或者伪造，都需要消息认证。消息认证的有关内容参见数字签名部分。

2）身份认证

身份认证用于鉴别用户身份，包括识别和验证。识别是指明确并区分访问者的身份；验证是指对访问者声称的身份进行确认。

4．基于秘密信息的身份认证方法

基于秘密信息的身份认证方法有以下几种。

1）口令核对

口令核对的基本做法是让每一个合法用户都拥有系统给予的一个"用户名/口令"对，当用户进入时，系统要求输入用户名、口令，如果正确，则该用户的身份得到了验证。

该方法的优点是方法简单；其缺点是用户设置的口令一般较短，并容易受到口令猜测攻击；口令的明文传输使得攻击者可以通过窃听通信信道等手段获得用户口令；加密口令还存在加密密钥的交换问题。

2）单向认证

单向认证是指通信的双方只要求一方被另一方鉴别。口令核对其实也是一种单向认证，只是这种认证方法还没有与密钥分发相结合。解决方案有以下两种。

（1）采用对称密钥加密体制，通过一个可信任的第三方——通常称为KDC（密钥分发中心），来实现通信双方的身份认证和密钥分发。

（2）采用非对称的密钥加密体制，无须第三方的参与。

3）双向认证

双向认证是指通信双方要互相鉴别各自的身份，然后交换会话密钥。

4）身份的零知识证明

通常的身份认证都要求传输口令或者身份信息，如果不传输这些信息身份也能够得到认证就好了。身份的零知识证明就是这样一种技术。

5. 基于物理安全的身份认证方法

前面提出的一些身份认证方法有一个共同的特点，就是只依赖于用户知道的某个秘密的信息，与此对应的是依赖于用户特有的某些生物学信息或者用户持有的硬件。

基于生物学的方案包括基于指纹识别的身份认证、基于声音识别的身份认证及基于虹膜识别的身份认证等技术。

基于智能卡的身份认证机制，在认证时需要一个硬件——智能卡（智能卡中存有秘密信息，通常是一个随机数），只有持卡人才能被认证。这样可以有效地防止口令猜测，有卡、有密码的用户会得到认证。

> 思考：你认为身份认证有什么现实的意义？请举例说明。

实训五　数字证书

【实训目的】

通过本次实训使学生了解数字证书的概念，掌握获取、安装和应用数字证书的方法。

【实训要求】

（1）了解数字证书的原理。
（2）掌握安全电子邮件认证书的安装、导入和导出。
（3）掌握数字证书的安装和应用。

【实训内容】

（1）网上寻找相关的资料。
（2）了解数字证书的含义。
（3）掌握数字证书的申请过程。

（4）掌握免费电子邮件安全证书安装的全过程。

【实训步骤】

（1）下载免费的安全电子邮件认证书。
（2）体验数字证书的申请过程和应用。
（3）申请免费的电子邮件安全证书。
（4）下载 X-Scan 简体中文版并安装，网址为 http://www.skycn.com/soft/163.html#downUrlMap。

【实训提醒】

AWS Certificate Manager 是一项服务，可帮助你轻松地预置、管理和部署公有和私有安全套接字层/传输层安全性（SSL/TLS）证书，以便用于 AWS 产品和你的内部互联资源。

【实训思考】

（1）数字证书可以用在什么地方？
（2）如何使用免费的数字证书？

【实训报告】

1．实训过程
目的要求：
实训内容：
实训步骤：

2．实训结果
结果分析：
可以使用表格方式或者图形方式，也可以使用文字方式。

3．总结
通过实训，总结自己掌握相关知识的程度，分析实训中出错的原因，并提出改进措施。

习题五

一、填空题

1．计算机安全可分为＿＿＿＿＿、＿＿＿＿＿和＿＿＿＿＿三类。网络安全所遭受的攻击可以分为＿＿＿＿、＿＿＿＿、＿＿＿＿和＿＿＿＿四类。
2．计算机信息系统面临的威胁主要来自＿＿＿＿＿、＿＿＿＿＿、计算机病毒、＿＿＿＿＿、＿＿＿＿＿和＿＿＿＿＿等几个方面。
3．电子商务的安全控制要求有＿＿＿＿＿、＿＿＿＿＿、＿＿＿＿＿、不

可修改性等。计算机网络安全技术有_____、_____与_____技术、_____、_____、_____、_____等。

4．交易环境中存在的安全隐患有_____、_____被篡改、_____、_____、_____等。建立电子商务安全保障体系，提升用户信任度可从_____、_____、_____等途径展开。

5．信息安全威胁是指_____、_____、_____或者概念对信息资源的保密性、_____、_____或者合法使用所造成的危险。

6．数字证书的功能有_____、_____、_____、不可修改性等。数字证书可以应用在_____、_____、_____、网上证券等。

7．基于秘密信息的身份认证方法有_____、_____、双向认证、_____等。

二、判断题（正确的打"√"，错误的打"×"）

1．网络安全是一个关系国家安全和主权、社会稳定、民族文化的继承和发扬的重要问题。（　　）

2．所谓黑客是指利用计算机技术，非法侵入或者擅自操作他人的计算机信息系统，对电子信息交流安全具有不同程度的威胁性和危害性的事。（　　）

3．电子商务发展的核心和关键问题是交易的安全性。（　　）

4．认证技术是保证电子商务安全的重要技术手段，是安全电子交易的唯一保障。（　　）

5．用户的信任度对于目前大多数商业化程度较高的网站而言是不可忽视的。（　　）

三、思考题

1．计算机网络安全问题有哪些？

2．计算机信息系统面临哪些问题？

3．计算机网络安全技术有哪些？

4．简述信息安全的要素。

5．简述数字证书的概念。

6．简述数字签名的概念。

7．简述数字证书的应用。

8．简述身份认证的概念。

第6章

电子商务物流管理

6.1 物流的基本概念

6.1.1 物流概述

1. 物流的概念

物流（Logistics），从直观上理解就是物质实体的流动，这种流动实际上就是位移，是位置的移动，是有方向的，它包括空间上和时间上的位移。这一概念源于 20 世纪 30 年代的美国军事系统，是从 Physical Distribution（PD）一词演变而来的，原意为"实物分配"。

物流中的"物"是物质资料世界中同时具备物质实体特点和可以进行物理性位移的那部分物质资料；"流"是物理性运动，这种运动有其限定的含义，就是以地球为参照系，相对于地球而发生的物理性运动，称为位移。"流"的范围可以是地理性的大范围，也可以是在同一地域、同一环境中的微观运动，即小范围位移。"物"和"流"的组合，是一种建立在自然运动基础上的高级运动形式。其相互联系是指在经济目的和实物之间，在军事目的和实物之间，甚至在某种社会目的和实物之间寻找运动的规律。因此，物流不仅是上述限定条件下的"物"与"流"的组合，更重要的是限定于军事、经济、社会条件下的组合，从军事、经济、社会角度来观察物的运输，达到某种军事、经济和社会的要求。

人们对物流的认识是一个不断完善、不断深化的过程。早在 20 世纪 80 年代，物流已被西方国家称为 Logistics，原意为"后勤"，是第二次世界大战期间军队在运输战略物资和给养时使用的名词。作为维持战争的后勤保障系统，物流在第二次世界大战期间发挥了重要的作用。第二次世界大战后，物流被应用于经济领域，并被理解为"在生产和消费之间对物质履行仓储、运输、装卸、包装、加工等功能，以及控制后援信息的功能，它在物质销售中起了桥梁作用"。

随着认识的不断深入，关于物流的定义也日趋严格。美国物流管理协会（Council of Logistics Management，CLM）于 1992 年对物流做了如下定义："物流是为满足消费者需求而进行的对货物、服务及相关信息从起始地到消费地的有效率与效益的流动与存储的计划、实施与控制的过程。"

1998 年，该协会在对物流的定义中增加了供应链的思想，使物流的定义进一步得到了完善。在 2001 年对该定义的叙述如下："物流是供应链运作中，以满足消费者要求为目的，以货物、服务及相关信息在原产地和销售地之间实现高效率和低成本正向和反向的流动和储存所进行的计划、执行和控制的过程。"

到了 2001 年，《中华人民共和国国家标准 GB/T 18354—2001 物流术语》中给物流下了如下定义："在物品从供应地向接收地的实体流动过程中，根据实际需要，将运输、储存、装卸、流通加工、配送、信息处理等基本功能实施有机结合。"

2006 年，GB/T 18354—2001 更新为 GB/T 18354—2006，其中对物流的定义进行了细微调整，改为"在物品从供应地向接收地的实体流动过程中，根据实际需要，将运输、储存、装卸、搬运、包装、流通加工、配送、信息处理等基本功能实施有机组合"。

现代物流的观点明确指出了物流是供应链流程的一部分，物流是为供应链服务的，这样

的观点使物流和供应链之间的关系更加清晰。现代物流还包括了更深刻和更广泛的管理内容，不仅是实物物流和管理，还包括所有相关信息的管理与控制，是从原材料采购开始到生产全过程直至营销活动结束的整个过程的统一与协调管理控制。其具体内容包括运输、仓储、物料搬运、包装、订单处理、预测、信息处理、采购、生产计划、客户服务、选址、废料处理及逆向回收等相关活动。

2．物流的划分

物流的划分是一个比较复杂、困难的问题，也是一个必须面对的基本问题。由于物流的对象、目的、范围、范畴不同，因此形成了以下不同类型的物流。

1）宏观物流

宏观物流是指社会再生产总体的物流活动。宏观物流还可以从空间范畴来理解，在很大空间范畴的物流活动往往带有宏观性；在很小空间范畴的物流活动则往往带有微观性。宏观物流研究的主要特点是综观性和全局性。宏观物流的研究内容主要是物流总体构成、物流与社会之间的关系及其在社会中的地位、物流与经济发展的关系、社会物流系统和国际物流系统的建立和运作等。

2）微观物流

用户和生产企业所从事的实际的、具体的物流活动属于微观物流；整个宏观物流活动中的一个局部、一个环节的具体物流活动属于微观物流；在一个小地域空间发生的具体的物流活动也属于微观物流。

3）社会物流

社会物流是指超越一家一户的、以一个社会为范畴、以面向社会为目的的物流。

4）企业物流

企业物流是指从企业角度上研究与之有关的物流活动。它是具体的、微观的物流活动的典型领域。

5）国际物流

国际物流是指伴随和支撑国际间经济交往、贸易活动和其他国际交流所发生的物流活动。国际物流是现代物流系统发展很快、规模很大的一个物流领域。

6）国内物流

国内物流是指相对于国际物流而言，一个国家范围内的物流。一个城市、一个经济区域的物流都处于同一法律、规章、制度之下，都受相同文化及社会因素影响，都处于基本相同的科技水平和装备水平。

国内物流还可以细分为城市、城域、区域（如长三角地区）等不同服务范围的物流类别，如图 6-1 所示。每类物流

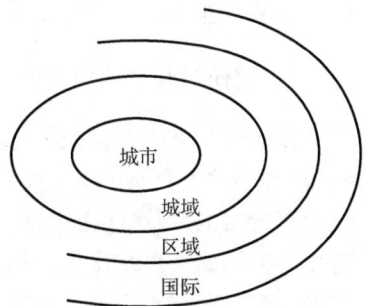

图 6-1　物流按服务范围分类

系统各有不同的发展战略和对策。

7）一般物流

一般物流是指物流活动的共同点和一般性。物流活动的一个重要特点是要涉及全社会、各企业。因此，物流系统的建立和开展必须有普遍的适用性。

8）特殊物流

特殊物流是指在遵循一般物流规律的基础上，带有特殊制约因素、特殊应用领域、特殊管理方式、特殊劳动对象、特殊机械装备特点的物流。专门范围、专门领域、特殊行业的物流皆属于特殊物流的范畴。

> 思考：什么是宏观物流？什么是微观物流？并举例说明。

6.1.2 物流的时间效用

"物"从供应商到消费者之间有一段时间差，因改变这段时间而创造的价值称为时间效用。这种时间效用有多种情况，如农产品之类的商品只能间断性生产而不能连续消费；又如一些时令性或集中性消费的商品，其生产是长期连续的；更多的情况是，虽然生产和消费都是连续的，但是商品从生产到消费有一定的时间差，这种时间差表现为商品生产与消费时间的矛盾。商品流通过程，如储存、保管等投入的劳动恰好可以解决这种矛盾，表现为商品时间效用的增加。物流创造时间效用的形式有以下几种。

1. 缩短时间创造价值

缩短物流时间可以获得许多好处：第一可以减少物流在流动中的损失，降低物流消耗；第二可以提高"物"的周转率。

现代物流学所要研究的就是如何采取技术的、管理的、系统的各种方法来尽量缩短物流的宏观时间和有针对性地缩短微观物流时间，从而取得高的时间价值。从全社会物流的总体情况来看，加快物流速度、缩短物流时间是物流必须遵循的一条经济规律。

2. 弥补时间差创造价值

在经济社会中，供应商与消费者普遍地存在着时间性差异。例如，粮食、棉花、水果等农作物的生产有严格的季节性和周期性，这就决定了农作物的集中产出，但是消费者一年 365 天，天天有所需求，因而供应商和消费者之间出现时间差。例如，凌晨磨制的鲜豆浆在上午出售，前日采摘的菜、果在次日出售等，都说明供给与需求之间存在时间差。可以说时间差是一种普遍的客观存在，正是有了这个时间差，商品才能取得比自身价值高得多的价格，才能获得十分理想的效益。

但是商品本身是不会自动弥补这个时间差的，如果没有有效的方法，集中生产出的农作物除了当时的少量消耗外，就会损坏掉、腐烂掉，而在非产出时间，人们就会没有粮食、水果吃，所以必须进行储备、保管以保证经常性的需要，供人们食用以实现其使用价值。这种使用价值是通过物流活动克服了季节性生产和经常性消费的时间差才得以实现的，这就是物流弥补时间差创造的效用价值。

3．延长时间差创造价值

虽然物流可以通过缩短时间和弥补时间差来创造价值，但是在某些具体物流中，也存在人为地、能动地延长物流时间来创造价值的情况。例如，配合待机销售的物流便是通过有意识地延长物流时间、增加时间差来创造价值的。当然，一般来讲，这是一种特例，不是普遍的规律。

6.1.3　物流的空间效用

"物"从供应商到消费者之间有一段空间（场所）差，因改变这一段空间（场所）而创造的价值称为空间效用。物流创造空间价值是由现代社会产业结构、社会分工所决定的，其主要原因是供应商和消费者之间的空间差，商品在不同地理位置具有不同的价值，通过物流将商品由低价值区转到高价值区，便可获得价值差，即"空间价值"。物流创造空间效用的形式有以下几种。

1．从集中生产空间（场所）流入分散需求场所创造价值

现代化大生产的特点之一，往往是通过集中的、大规模的生产以提高生产效率，降低成本。在一个小范围集中生产的产品可以覆盖大面积的需求地区，有时甚至可覆盖一个国家乃至若干个国家。通过物流将产品从集中生产的低价位区转移到分散于各处的高价位区，有时可以获得很高的利润。例如，现代生产中钢铁、水泥、煤炭等原材料生产往往以几百万甚至几千万吨的大量生产密集在一个地区；又如，"西煤东运、北煤南运、西气东输、北粮南调、西棉东送、南矿北运"就是把集中生产的原材料，如棉花、粮食、煤炭等，通过物流流入分散需求地区，以此获得更高的利润，这就是物流空间效用所创造的价值。

2．从分散生产空间（场所）流入集中需求场所创造价值

与第一种情况相反的情况在现代社会中也不少见。例如，粮食是在一小块一小块的土地上分散生产出来的，而一个大城市的需求却相对大规模集中；计算机的零配件生产也分布得非常广，但却集中在一起装配。这种分散生产、集中需求也会形成物流而创造空间效用价值。

3．从本地生产空间（场所）流入外地需求（场所）创造价值

在现代社会中，供应与需求的空间差比比皆是，十分普遍。这些空间差除了由大生产所引起的之外，有不少是由自然条件、地理条件及社会发展因素所引起的。例如，农村生产粮食、蔬菜而于城市消费，南方生产水果而于各地消费，北方生产高粱而于各地消费，等等。现代人每日消费的物品几乎都是在相距一定距离甚至十分遥远的地方生产的。这么复杂交错

的供给与需求的空间差都是靠物流来弥补的，物流也从中获得了利润。

6.1.4 物流的其他效用

1. 品种效用

现代社会供消费者选择的商品品种，特别是大众商品是五花八门的，80%的人都要购买，不论个人收入、性别、消费习惯、爱好如何，每个人都需要。这些大众商品的效用是通过商品流通过程中的劳动克服商品生产和消费品种方面的不一致所创造的。因为无论是生产资料还是生活资料，消费者需要的都是多种多样的商品，而专业化生产使某一生产厂家所提供的商品具有单一性，商品流通则可以集中多家生产商的商品提供给消费者。这方面的劳动投入表现为商品品种效用的增加。

2. 批量效用

批量效用是通过商品流通过程中的劳动克服生产和消费批量的不一致所创造的。社会化大生产的一种重要方式是生产的专业化和规模化，而很多时候消费的需求量都是很有限的。商品流通中消耗劳动的一个重要目的就是将生产的大批量分割成最终需求的小批量，在此表现为由整到散的分流过程。反过来的情况也同样存在，即生产，尤其是工业化社会中的生产，无论是生产资料的生产还是生活资料的生产都呈现一种趋势，即小批量、多品种，这种生产方式与大批量流水生产共同存在。所以可能出现这种情况，虽然生产批量较小，而需求是大量集中的。这时商品流通中的劳动就要用于将分散货源加以集中，从而表现为从散到整的集流过程。不论是"从整到散"，还是"从散到整"，所有投入的劳动成果都表现为批量效用。

3. 形质效用

加工是生产领域常用的手段，并不是物流的本来职能。但是，现代物流的一个重要特点就是根据自己的优势从事一定的补充性的加工活动，这种加工活动不是创造商品主要实体、形成商品主要功能和使用价值，而是带有完善、补充、增加性质的加工活动，这种活动必然会形成劳动对象的形质效用。

4. 信息效用

信息从广义上说，就是能够通过文字、图像、声音、符号和数据等使人类所获取的知识。一般来说，信息是指与客观事物相联系，反映客观事物的运动状态，通过一定的物质载体被发出、传递和感受，对接收对象的思维产生影响并用来指导接收对象的行为的一种描述。从本质上说，信息是反映现实世界的运动、发展、变化状态及规律的信号与消息。那么信息的效用有哪些呢？

信息效用表现为专业商品流通企业要收集大量的信息，如交易双方的信息、产品说明和使用情况、发展情况、用户的意见、供求信息和技术发展趋势等，并对这些信息进行过滤、筛选、整理、分析、总结规律、发现问题，从而指导自己的工作，还可将这些信息传递给供

求双方，形成一种知识学习的效用。

5．风险效用

风险效用表现在商品流通过程中存在和隐藏着许多风险，如商品质量风险、商品信贷风险、商品政策风险、商品汇率风险、商品财务风险和商品价格风险等。无论让商品交易双方谁来承担这些风险责任可能都会是一种讨价还价的"扯皮"过程，会极大地加大交易费用，甚至阻碍商品流通的真正完成。而由专业商品流通企业来承担这些风险无疑会极大地提高供求双方的信心，同时加快商品流通和再生产的过程。

> 思考：物流风险效用的现实意义是什么？

6.2　物流管理概述

6.2.1　物流管理的基本概念

1．物流管理的概念

物流管理（Logistics Management）是指在社会再生产过程中，根据物质资料实体流动的规律，应用管理科学的基本原理和方法，对物流活动进行计划、组织、指挥、协调、控制和监督，使各项物流活动实现最佳的协调与配合，以降低物流成本，提高物流效率和经济效益。现代物流管理是建立在系统论、信息论和控制论的基础上的。

从上述定义可以看出，物流管理具有以下几个方面的要求。

（1）物流管理既要实现成本最低化的管理，又要确保客户对物流服务质量的满意。可见，成本和服务是物流管理的侧重点。

（2）物流管理不仅仅是对单个构成要素的管理，而是一个动态的、全要素、全过程的管理。

（3）物流管理就是要通过有效的计划、组织、协调和控制等手段，合理地组织各种要素的搭配，实现整体最优。

2．物流管理的目标

物流管理的目标如下。

（1）现代物流管理以实现客户满意为第一目标，这里的客户不仅指物品的需求方，还包括物流服务的接受方，即物流业务的委托方。客户满意是一个综合指标，具体包括效率、质量、速度、成本、安全等。

（2）现代物流管理以整体最优为目的，这里的整体最优表现为对运输、储存、装卸、库存、配送、信息等基本功能要素实施优化管理，处理好物流各要素之间的"二律背反"关系，在保证物流系统效率与质量的前提下，实现物流成本的最小化。

（3）现代物流管理既重视效率，重视效果，即在确保整体最优的基础上充分重视环保、公害、交通等因素，积极发展符合 21 世纪发展潮流的绿色物流。

3．物流管理的原则

物流管理的基本原则如下。

（1）在总体上，坚持物流合理化的原则，就是在兼顾成本与服务的前提下，对物流系统的构成要素进行调整改进，实现物流系统的整体优化。

（2）在宏观上，除了完善支撑要素建设外，还需要政府及有关专业组织的规划和指导。

（3）在微观上，除了实现供应链的整体最优管理目标外，还要实现服务的专业化和增值化。现代物流管理的永恒主题是成本和服务，即在努力削减物流成本的基础上，努力提升物流增值性服务。

（4）在服务上，具体表现为 7R 原则，7R 是指适合的质量（Right Quality）、适合的数量（Right Quantity）、适合的时间（Right Time）、适合的地点（Right Place）、优良的印象（Right Impression）、适当的价格（Right Price）和适合的商品（Right Commodity），即为客户提供上述 7 个方面的恰当服务。

6.2.2　物流标准化

物流标准化是指以物流为一个大系统，制定系统内部设施、机械装备、专用工具等的技术标准，包装、仓储、装卸、运输等各类作业标准，以及作为现代物流突出特征的物流信息标准，并形成全国乃至和国际接轨的标准化体系。

随着全球经济一体化进程的加快，标准化工作所涉及的领域越来越广泛，发挥的作用也越来越大，国际标准的采用已经十分普遍，标准化已成为企业竞争的重要手段。目前，我国物流标准化体系的建设相当不完善，尽管已建立了物流标识标准体系，并制定了一些重要的国家标准，如《商品条码》《储运单元条码》《物流单元条码》等标准，但这些标准的应用推广还存在着严重问题。以《储运单元条码》标准为例，应用正确率不足 15%。这种情况严重制约了我国物流业的发展。

1．物流标准化的必要性

物流的基础首先是标准化问题，其必要性如下。

（1）物流的范围广，涉及的部门多，标准化工作的难度大。物流涉及方方面面、各行各业，范围太广，领域太多，部门太杂，所以物流标准化的难度大、工作量大、特殊性强。

（2）随着经济全球化的日益发展，国际化大生产、大流通、大贸易、大循环的经济格局逐步形成，与世界经济接轨、与国际惯例同步是不可逆转的大趋势。为此，物流标准无疑要与国际标准一致，不能违背国际统一标准，自行其是。

（3）因为物流装备和器具，如托盘、集装箱等通用性强，利用率高，作业面广，如果规格尺寸不统一，将会造成严重的不良后果，物流作业的机械化、自动化也将无法实现。

（4）因为物流标准化是做好一切物流工作的前提，打好基础必须从头做起。在我国"物流热"初期就把标准化工作抓好，可以防患于未然，使物流早日步入正轨，少走弯路。

2．物流标准化的作用

物流标准化的作用主要表现在以下几个方面。

1）可以统一国内物流概念

我国的物流发展借鉴了很多国外的经验，但是由于各国在物流的认识上有着众多的学派，造成了国内人士对物流理解的偏差。物流的发展不单单是学术问题，更重要的是要为国民经济服务、创造更多的实际价值。所以，要弄清物流的概念问题，并对物流涉及的相关内容达成统一的认识，为加快我国物流的发展扫清理论上的障碍。

2）可以规范物流企业

目前，我国市场上出现了越来越多的物流企业，其中不乏新生企业和从相关行业转行的企业，层出不穷的物流企业使物流队伍良莠不齐：物流业整体水平不高，不同程度地存在着市场定位不准确、服务产品不合格、内部结构不合理、运作经营不规范等问题，影响了物流业的健康发展。建立与物流业相关的国家标准，对已进入物流市场和即将进入物流市场的企业进行规范化、标准化管理，是确保物流业稳步发展的需要。

3）可以提高物流效率

物流业是一个综合性的行业，它涉及运输、包装、仓储、装卸搬运、流通加工、配送和信息等各个方面。我国的现代物流业是在传统行业的基础上发展起来的。由于传统的物流被人为地割裂为很多阶段，而各个阶段不能很好地衔接和协调，加上信息不能共享，造成物流的效率不高，这在很多小的医药物流企业表现得尤为明显。物流标准化是指以物流作为一个大系统，制定系统内部设施、机械设备和专用工具等各个分系统的技术标准，即制定系统内各个分领域如包装、装卸、运输等方面的工作标准，以系统为出发点，研究各分系统与分领域中技术标准与工作标准的配合性，统一整个物流系统的标准；研究物流系统与相关其他系统的配合性，进一步谋求物流大系统的标准统一。

4）可以使国内物流与国际接轨

全球经济一体化的浪潮，使世界各国的跨国公司开始把发展目光集中到中国。特别是我国加入 WTO 后，物流业受到来自国外物流公司的冲击。所以，我国的物流业必须全面与国际接轨，接纳最先进的思想，运用最科学的运作和管理方法，改造和武装我国的物流企业，以提高竞争力。从我国目前的情况看，物流的标准化建设是引导我国物流企业与国际物流接轨的最佳途径。

6.3　物流的基本功能

6.3.1　运输的功能

运输是指利用运输工具对货物进行较长距离的空间位移，是物流的主要功能。物流就是依靠运输的功能，解决了物资的供给地和需求地之间的空间距离问题，创造了商品的空间价

值。运输是物流作业中最直观的要素之一，并提供产品转移和产品储存两大功能。

1．产品转移

无论产品是材料、零部件、装配件、在制品，还是制成品，也不管是在制造过程中将被转移到下一阶段，还是实际上更接近最终的用户，运输都是必不可少的。运输的主要功能就是产品在价值链中的来回移动。既然运输利用的是时间资源、财务资源和环境资源，那么只有当它确实提高产品价值时，该产品的移动才是重要的。

运输的主要目的就是要以最低的时间、财务和环境资源成本，将产品从原产地转移到规定地点；此外，产品灭失损坏的费用也必须是最低的；同时，产品转移所采用的方式必须能满足用户有关交付履行和装运信息的可得性等方面的要求。

2．产品储存

对产品进行临时储存是一个不太寻常的运输功能，即将运输车辆临时作为相当昂贵的储存设施。然而，如果转移中的产品需要储存，但在短时间内（如几天后）又将重新转移的话，那么，该产品在仓库卸下来和再装上去的成本也许会超过储存在运输工具中支付的费用。

在仓库空间有限的情况下，利用运输车辆储存也许不失为一种可行的选择。可以采取的一种方法是，将产品装到运输车辆上去，然后采用迂回线路或间接线路运往目的地。在本质上，这种运输车辆被用作一种储存设施，但它是移动的，而不是处于闲置状态的。

实现产品临时储存的第二种方法是改道。这只有当交付的货物处在转移之中，而原始的装运目的地被改变时才会发生。

概括地说，尽管运输工具储存产品可能是昂贵的，但当要考虑装卸成本、储存能力限制、延长前置时间的能力时，从总成本或完成任务的角度来看，则往往是正确的。

3．运输的基本方式

目前，运输方式主要有公路、铁路、水路、航空、管道及电子运输六种现代化运输方式，下面就介绍此方面的内容。

1）公路运输

公路运输是最普及的一种运输方式，主要承担短距离、小批量的运输。公路运输可以配合船舶、火车、飞机等运输工具完成运输的全过程，是港口、车站、机场集散货物的重要手段。

公路运输的特点是：建设投入低、资金周转快；机动、灵活，不仅可以作为其他运输方式的接运工具，还可以进行直达运输，实现门到门服务；能保证运输质量，及时送达，货损、货差小，安全性强；单位运输成本相对较高。

运输行业的重要性随着我国经济的不断发展而快速提高，不管是旅客运输还是货物运输的发展与变化都成为国民经济发展的重要部分，而其中公路运输又成为运输行业的重中之重。

汽车按用途一般可分为轿车、客车、载货汽车、牵引车、专用运输车和特种车六类。其中，轿车也称小客车，座位一般不超过九个（包括驾驶员座位）；客车座位为九个以上（包括驾驶员座位），包括城市公共汽车、公路客运汽车、旅游客车等；载货汽车俗称卡车，主

要用于运输货物；牵引车专门用于牵引挂车或半挂车；专用运输车是指按运输货物的特殊要求设计，有专用车厢并装有相应附属设备的运输车，如自卸汽车、液罐汽车、冷藏汽车、散装水泥汽车、集装箱汽车等；特种车为主要用于完成其他任务的汽车，如救护车、消防车、垃圾车、洒水车、各种工程车等。

２）铁路运输

自 19 世纪初出现铁路以来，世界各国纷纷投资建设铁路并形成网络，作为一种重要的现代陆地运输方式。铁路运输主要承担远距离、大批量的运输。铁路运输作为世界地面运输的历史已达百年之久，从其发展过程可以看出，铁路运输系统的建设具有时代意义及历史背景，但铁路运输所具有的一些特性，却不是其他现代运输工具所能取代的。

我国铁路运输的发展，由于受到清政府闭关锁国政策的影响，在发展时间上落后于西方国家甚久。

1876 年，在中国的英国商人眼见欧美铁路业者皆获厚利，因此屡向清政府提出铺设铁路的建议，以利于榨取中国内陆资源及推销英国商品之用。几经斡旋，终经清政府许可，由当时英商怡和洋行出资，铺设了 10 千米的淞沪铁路，不料营业不久就发生了铁路行车事故，致使一名清兵被火车轧死。由于当时国人已有很强烈的排外情绪，因此对这一事故表现出极度的不满，后来清政府下令由两江总督沈葆桢筹款收回此段铁路，并将铁轨掘起不准再办。

直至 1881 年，清政府因开采煤矿所需，兴建了唐山至胥各庄之间约 9 千米的唐胥铁路，才真正揭开了中国铁路运输史的序幕。由于这条铁路的经营效果良好，各地见此纷纷奏请兴建铁路，故在 1881—1921 年大力兴建铁路，不过其中多为外国人出资兴建，以致路权丧失，外力侵入。1911 年 4 月，清政府为了收回路权以巩固其统治，宣布将实施铁路国有化政策，引起外商及各地出资乡绅的极度不满。

民国建立以后，国民党政府于 1922 年公布了铁路建筑的各项标准及规范书，1932 年公布了《铁道法》，直至 1949 年国民党政府被推翻，全国新建铁路合计只有 7 425 千米，可以通车的铁路也只有 21 989 千米。

1949 年中华人民共和国成立之后，我国铁路建设有了统筹的规划和统一的标准，进入了一个新的大发展时期。至 2008 年年底，中国铁路营业里程达 80 000 千米，居亚洲第一位。2014 年，我国铁路建设目标主要有四方面：一是新开工项目由 44 项增加到 48 项；二是全国铁路固定资产投资由 7 000 亿元人民币增加到 7 200 亿元人民币；三是新线投产里程由 6 600 千米增加到 7 000 千米以上；四是开展 33 个前期工作项目，必保 10 个项目在一年内完成可研批复。

３）水路运输

水路运输是指用船舶在内河或海洋上运输，主要由船舶、航道和港口组成，它与铁路运输共同发挥综合交通运输体系中主要运力的作用。

我国发展水路运输的历史源远流长，是世界上水路运输发展较早的国家之一。我国水路运输在相当长的历史时期内，对经济、文化发展和对外贸易交流都起了十分重要的作用。

我国有天然河流 5 800 多条，河流总长达 43 万千米，内河自然条件比较优越。改革开放以来，随着经济发展和物流业的崛起，我国一些地区的内河运输呈现了崭新的面貌。

4）航空运输

航空运输是指通过空中航线运送货物或旅客的运输业务。使用飞机运送货物，主要承担价值高、时间紧的长距离运输，因为时间短、货物损坏少，特别适合急需物资、鲜活商品、精密仪器和贵重物品的输送。

与其他运输方式相比，航空运输的特点是：速度快，这是航空运输最主要的特征；航空运输灵活、机动，可以到达其他运输方式所不能及的地方；运输平稳，货物安全可靠；单位运输成本太高，因此航空运输的货运量在物流中所占的比例较小。

2013 年，中国民航完成旅客运输量约 3.5 亿人，同比增长 11%，约占全球旅客运输量的 1/9。2013 年 1～11 月，全国交通行业旅客运输量累计同比增长 5.7%，增速较 2012 年同期降低 2.2 个百分点；民航旅客运输量累计同比增长 11.0%，增速较 2012 年同期提高 2 个百分点。

5）管道运输

管道运输是用管道输送流体或者粉末的一种运输方式。管道运输自第二次世界大战期间问世发展到今天，已经成为世界范围内庞大的油、气等能源的运输工具，在国际乃至洲际的能源运输与调剂余缺方面发挥着重要的作用。它的优点是运量大、运费低、损耗少、安全可靠、连续性强、管理方便；其缺点是设备投资大、灵活性差等。

在我国，自来水和城市的煤气输配送是和人们生活最为密切相关的管道运输。1970 年，大庆油田原油产量突破 2 000 万吨，依靠火车运油远远满足不了大庆油田快速发展的需要。为了解决大庆油田被迫限产、关井的难题，国务院于 1970 年 8 月 3 日决定展开东北"八三工程"会战，掀起了中国第一次建设油气管道的高潮。经过 5 年奋斗，于 1975 年建成了庆抚线、庆铁线、铁大线、铁秦线、抚辽线、抚鞍线、盘锦线、中朝线 8 条管线，总长 2 471 千米，率先在东北地区建成了输油管网。

20 世纪 90 年代以来，我国天然气管道得到快速发展，天然气消费领域逐步扩大，城市燃气、发电、工业燃料、化工用气大幅度增长。2004 年投产的西气东输工程横贯中国西东，放射型的支线覆盖中国许多大、中城市，并于 2005 年通过冀宁联络线与陕京二线连通，构成我国南北天然气管道环网。忠武输气管道也于 2004 年年底建成投产。

截至 2014 年 1 月，我国已建成天然气管道 6 万千米、原油管道 2.6 万千米、成品油管道 2 万千米，形成了横跨东西、纵贯南北、连通海外的油气管网格局，成为推动中国经济发展和造福民生的能源动脉。

我国西气东输工程于 2002 年 7 月 4 日开工建设，西起新疆轮南，经过戈壁沙漠、黄土高原、太行山脉，穿越黄河、淮河、长江，途经九个省、自治区、直辖市，最后到达上海，全长约为 4 000 千米，2004 年 12 月 30 日全线供气。该工程是目前中国管径最大、管壁最厚、压力等级最高、技术难度最大的管道工程，创造了世界管道建设史上的高速度。它的建成和运营，开通了中国横贯东西的一条能源大动脉，标志着中国天然气管道建设整体水平上了一个新台阶，对于推进西部大开发、加快中西部地区发展具有重大作用。

6）电子运输

电子运输是指利用互联网、通信技术、信息技术、计算机技术进行电子数据产品的传输，这些电子数据产品可以是纯文本、图像、声音、视频等形式。今天的互联网已经发展成具有各种信息资源、贯通整个世界、连接千家万户、充满巨大市场潜力和商机的商业网。

7）几种运输方式的比较

以上介绍的这六种不同的运输方式，各有各的特点和不足之处，在选择运输方式时，要结合实际情况，合理地选择和利用。

在公路运输、铁路运输、水路运输、航空运输、管道运输、电子运输这六种主要运输方式中，运输能力、速度、连续性、运价、灵活性、可行性、可靠性、频率等参数均有不同。几种运输方式营运特征的比较如表 6-1 所示。

表 6-1　几种运输方式营运特征的比较

营运特征	运输方式					
	公路运输	铁路运输	水路运输	航空运输	管道运输	电子运输
运输能力	3	2	1	4	5	6
速度	3	4	5	2	6	1
连续性	4	3	6	5	2	1
运价	4	3	2	6	5	1
灵活性	1	3	4	2	6	5
可行性	1	2	4	3	5	6
可靠性	3	4	5	6	2	1
频率	3	5	6	4	2	1

注：表中数字为具体营运特征参数从高至低的排序。

思考：物流运输功能的重要性是什么？请举例说明。

6.3.2 储存的功能

1. 储存的概念

储存是物流过程中的一种作业方式，其内容包括对物资进行检验、整理、保管、加工、集散等多种作业。储存解决了供需之间和不同运输方式之间的矛盾，为物资提供场所价值和时间效益。储存就是对物品（包括商品、货物、零部件等）的保存与管理。具体来说是在保证物品的品质和数量的前提下，依据一定的管理规则，在一定期间内把物品存放在一定的场所的活动。在物流系统中，储存起着缓冲、调节和平衡的作用，是物流的一个中心环节。

随着现代科学技术与生产力的进步和发展，储存的概念已不仅仅是单纯地储存、保管物

资，而是要发展包括挑选、配货、检验、分类等业务在内的配送功能及附加标签、重新包装等流通加工功能。现代物流管理往往要求由专业物流企业承担储存任务。

同时，储存也存在一定的负面作用。例如，储存会产生仓库建设投入与管理费用、相关劳务费用，储存带来储备资金及其利息支出、保险费支出，储存过程中会出现货物损坏变质的情况等。

2．储存的具体功能

1）供需调节功能

大家知道生产节奏和消费节奏不可能完全同步，像电冰箱、空调等季节性商品，其生产时间是均衡的，而消费时间是不均衡的；相反，像粮食等产品，生产时间有间隔，而消费时间则是连续的。这两种情况都产生了供需不平衡，这就要将储存作为平衡环节加以调控，把生产节奏和消费节奏协调起来。

以人们日常消费的大米为例，人们每天都要消费大米，市场对大米的需求是连续的，而大米的产出往往集中在每年秋季，因此大米的供给是集中的。这样，为了使集中产出的大米能连续地向市场供应，满足人们日常需要，就要把秋季集中产出的大米储存起来，在需要的时候投放市场。这种供需调节功能，实际也是对供给与需求之间时间差的调节。

2）价格调节功能

由于储存对供需有调节功能，物资才能取得自身的最高价值和理想的效益。还是以大米为例，如果不经过储存环节，直接把秋季集中产出的大米全部投放市场，大米的供给就会大大超过需求，势必引发大米价格暴跌。如果大米的价格低于成本，则将严重影响农民种水稻的积极性，从而导致农民减少种水稻的面积。到了第二年，如果大米的供给远远落后于需求的话，就会引发大米价格的暴涨。因此，往往把秋季集中产出的大米储存起来，以调节供需之间的平衡，最终起到稳定大米价格的功效。在这一过程中，储存起到了价格调节的功能。

3）运力调节功能

各种运输工具的运量相差很大，船舶的运量较大，例如，海运船一般是万吨以上，内河船也以百吨或千吨计。火车的运量较小，每节车皮能装 30～60 吨，一列火车的运量可达数千吨。汽车的运量最小，一般每车只有 4～10 吨。它们之间进行转运时，运输能力是不匹配的，这种运力的差异可以通过储存来进行调节和衔接。

4）配送和流通加工的功能

现代储存业务还向流通、销售、零部件供应等方向延伸，用来储存物品的仓库不仅具备储存保管货物的设施，而且增加了分拣、配送、捆包、流通加工和信息处理等设置，这样既扩大了仓库的经营范围，提高了物资的综合利用率，又促进了物流合理化，方便了用户，提高了服务质量。

6.3.3 仓储的功能

1．仓储的概念

仓储是指利用仓库存放、储存暂不使用的物品的行为，或者是指商品仓储部门从接运商

品开始，经过验收入库、保管保养，直至将商品供应到用户指定地点为止，按照一定程序进行作业的整个过程。

仓储可分为静态仓储和动态仓储。静态仓储是指将暂不消耗掉的物资、物料、物品等在专门的场所存放的形式；而动态仓储是指将物资、物料、物品存入仓库并对存放的这些物资、物料、物品进行保管、控制和供货的形式。

2．仓储的作用

1）产生时间效用

仓储能克服生产和消费在时间上的间隔而产生时间效用，即通过对物资、物料、物品的储存行为产生时间价值。因此，为了调整和消除生产和消费的时间差别，就要通过仓库产生时间效用。

2）克服供求矛盾

仓储能克服生产旺季与生产淡季，以及生产和消费之间的供求矛盾，如产大于销的矛盾和非供应季节销大于产的矛盾。仓储的目的就是要克服这些矛盾，保证生产的连续性和消费的连续性。

3）提供服务项目

在仓储过程中，通过备货、分拣、包装和流通加工等作业，以及实施对在库物品的库存控制，能为用户提供更多的物流管理服务项目。通过提供这些服务项目，不仅能提升对用户的服务质量，而且能提升现代物流仓储的管理水平。

3．仓储的种类

1）按仓储物的处理方式划分

（1）保管式仓储。保管式仓储是指由存货人将特定的物品交由仓储保管人进行保管，到期后仓储保管人将物品交还存货人。保管物品除发生自然损耗外，数量、质量、件数一般不发生变化。

（2）加工式仓储。加工式仓储是指仓储保管人在仓储期间根据存货人的要求对保管物品进行一定加工的仓储方式。仓储保管人根据存货人的要求对保管物品进行外观、成分构成等方面的加工，使仓储物品达到存货人的要求。

（3）消费式仓储。消费式仓储是指仓储保管人在保管物品的同时接受保管物品的所有权。仓储经营人利用仓储物品来开展营销的增值活动。

2）按仓储经营主体划分

（1）自营性仓储。自营性仓储包括流通企业自营性仓储和生产企业自营性仓储。流通企业自营性仓储是流通企业通过其所拥有的仓储设施对其经营的物品进行仓储的行为。生产企业自营性仓储则是生产企业使用自有的仓储设施对生产使用的原材料、中间产品或者最终产品进行仓储的行为。

（2）商业性仓储。商业性仓储是指仓储经营人通过其拥有的仓储设施，面向社会提供商

业性仓储行为。存货人与仓储经营人通过订立仓储合同而建立商业性仓储关系。商业性仓储包括提供货物仓储服务和提供仓储场地服务等。

（3）战略储备仓储。战略储备仓储是指为了国防安全和社会稳定的需要而实行的储存战略性物资的仓储。战略储备仓储的对象主要是粮食、油料、有色金属等国家战略性物资。战略储备由国家政府进行控制，并重视其储备物的安全性，而且仓储时间较长。

（4）公共性仓储。公共性仓储是指利用公共仓储设施提供仓储服务。

4．储存的设施

典型的储存设施就是仓库，仓库是储藏物品场所的总称。一般使用建筑物作为仓库，但也有的使用车辆、船舶、集装箱等设备，甚至直接利用地面或者水面作为仓库。仓库的主要功能，除了物品的储藏保管之外，还兼有供需调节、运输发送、流通加工、信用处理等其他的功能。仓库储存的方式以"先进先出"为原则，主要包括以下几个方面。

1）贯通式货架系统储存

贯通式货架系统是指利用货架的每层，形成贯通的通道，从一端存入物品，从另一端取出物品，物品在通道中自行按先后顺序排队，不会出现越位等现象。贯通式货架系统能非常有效地保证"先进先出"。

2）"双仓法"储存

"双仓法"储存是指给每种被储物都准备两个仓位或者货位，轮换进行存取，再配以必须在一个货位中取出才可补充的规定，则可以保证实现"先进先出"。

3）计算机存取系统储存

计算机存取系统是指采用计算机管理，在储存货物时向计算机输入时间记录，运行一个简单的按时间顺序输出的程序，取货时计算机就能按时间给予指示，以保证"先进先出"。这种计算机存取系统还能将"先进先出"的储存与快进快出结合起来，即在保证先进先出的前提下，将周转快的物资随机存放在便于存储之处，以加快周转，减少劳动消耗，提高效率。

6.3.4 装卸搬运的功能

1．装卸搬运的定义

装卸是指在指定地点通过人力或者机械将物品装入运输设备或者从运输设备上卸下。

搬运是指在同一场所内，对物品进行以水平移动为主的物流作业。

装卸搬运是指在同一地域范围内进行的，以改变货物存放状态和空间位置为主要内容和目的的物流活动。严格地说，装卸和搬运是两个不同的概念。所谓装卸主要是指货物在空间上所发生的以垂直方向为主的位移，主要是改变货物与地面之间的距离；而搬运则是指货物在小范围内发生的短距离的水平位移。两者既有区别又有联系，因为货物在空间上发生绝对的、完全的垂直位移或者水平位移的情况是少有的，多数情况下是两者的复合。有时以垂直位移为主（装卸）；有时以水平位移为主（搬运）；有时两者同时进行或者交替进行，这些则统称为装卸搬运。

装卸搬运是随运输和保管而产生的必要物流活动，是对运输、保管、包装、流通加工等物流活动进行衔接的中间环节，以及在保管等活动中为检验、维护、保养所进行的装卸活动，如货物的装上卸下、移送、拣选、分类等。装卸作业的代表形式是集装箱化和托盘化，使用的装卸机械设备有吊车、叉车、传送带和各种台车等。在物流活动的全过程中，装卸搬运活动是频繁发生的，因而是产品损坏的重要原因之一。

2．单元装卸

单元装卸是指用托盘、容器或者包装物将小件或者散装物品集成一定质量或者体积的组合件，以便通过机械进行作业的装卸方式。单元装卸可以提高装卸效率、减少装卸损失、节约包装费用、提高服务水平。单元装卸可以分为托盘物品装载方式、全程托盘物品装载方式、集装箱物品装载方式。

3．装卸搬运的特点

装卸搬运具有以下几个特点。
（1）作业量大。
（2）对象复杂。
（3）作业不均衡。
（4）对安全性要求高。
（5）具有"伴生"性和"起讫"性。
（6）提供"保障"性和"服务"性。

4．搬运与运输的区别

运输活动是在物流节点之间进行的，而搬运则是在物流节点内进行的，而且是短距离的移动，即搬运是在同一地域的小范围内发生的，而运输则是在较大范围内发生的，两者是量变到质变的关系，中间并无一个绝对的界限。

5．装卸搬运的具体功能

装卸搬运是介于物流各环节（如运输、储存等）之间起衔接作用的活动。它把物资运动的各个阶段连接成连续的"流"，使物流的概念名副其实。它把各种运输方式连接起来，形成各种运输网络，分布在物流活动的各个环节、各个方面，极大地发挥其功能。

据有关统计，在机械加工行业，每生产 1 吨产品，要装卸搬运的 50 吨物料，而在装卸搬运的 90%～95%的时间里，物料都是在流动的；在铸造过程中，每铸造 1 吨产品要装卸搬运的 80 吨物料；在汽车制造业中，物料装卸搬运费用已接近总成本的 30%。在美国工业产品生产中，装卸搬运费用占总成本的 20%～30%；德国企业物料装卸搬运费用占营业额的 1/3；英国每年用于工厂和工地的物料装卸搬运费用超过 10 亿英镑；日本用于物料的装卸搬运费用占国民生产总值的 10.73%。可见，装卸搬运是机械制造企业生产得以正常进行的基本保障之一，是贯穿企业整个生产与销售全过程的重要组成部分。

1）提高物流质量

因为装卸搬运是使货物产生垂直和水平方向上的位移，货物在移动过程中会受到各种外力的作用，如震动、撞击或挤压等，容易使货物包装和货物本身受损，如损坏、变形、破碎、散失或者流溢等。

2）增加物流效率

物流效率主要表现为运输效率和仓储效率。在完成一次货物运输循环所需时间中，在发运地的装车时间和在目的地的卸车时间占有不小的比重。特别是在短途运输中，装卸车时间所占比重更大，有时甚至超过运输工具的运行时间。所以缩短装卸时间，不但对加速车船和货物周转具有重要作用，而且有利于疏站、疏港。在仓储活动中，装卸搬运效率可对货物的收发速度和货物周转速度产生直接影响。同时，装卸搬运组织与技术也对仓库利用率和劳动生产率有一定影响。

3）保障物流安全

由于物流活动是物的实体流动，因此在物流活动中确保劳动者、劳动手段和劳动对象的安全非常重要。对于装卸搬运，特别是装卸作业，要使货物发生垂直位移，不安全因素比较多。实践表明，对于物流活动中发生的各种货物破损和丢失事故、设备损坏事故、人身伤亡事故等，相当一部分是在装卸过程中发生的。特别是对于一些危险品，在装卸过程中，如果违反操作规程进行野蛮装卸，就很容易造成燃烧、爆炸等重大事故。

4）降低物流成本

装卸搬运是劳动力借助于劳动手段作用于劳动对象的生产活动。为了进行此项活动，必须配备足够的装卸搬运人员和装卸搬运设备。由于装卸搬运作业量比较大，往往是货物运量和库存量的若干倍，因而所需装卸搬运人员和设备的数量也比较大，即要有较多的活劳动和物化劳动的投入，这些劳动消耗要计入物流成本。如果能减少用于装卸搬运的劳动消耗，就可以降低物流成本。

6.3.5 包装的功能

1．商品包装的功能

1）保护商品

保护商品是包装的主要功能之一。商品在流通过程中，可能受到各种外界因素的影响，并引起商品破损、污染、渗漏或者变质，使商品降低或者失去使用价值。通过科学合理的包装，可以使商品抵抗各种外界因素的破坏，从而保护商品的性能，保证商品质量和数量的完好。

2）便于流通

包装为商品流通提供了条件和方便。将商品按一定的数量、形状、规格、大小，用不同的容器进行包装，并在商品包装外面印上各种标志，以反映被包装物的品名、数量、规格、颜色，以及整体包装的体积、毛重、净重、厂名、厂址及储运中的注意事项等，这样既有利

于商品的分配调拨和清点计数，也有利于合理运用各种运输工具和仓容，提高运输、装卸、堆码效率和储运效果，加速商品流转，提高商品流通的经济效益。

3）促进销售

精美的商品包装可起到美化商品、宣传商品和促进销售的作用。包装既能提高商品的市场竞争力，又能以其新颖独特的艺术魅力吸引用户、指导消费，成为促进消费者购买的主导因素，是商品的无声推销员。优质包装在提高出口商品竞销力，扩大出口创汇，促进对外贸易的发展等方面均具有重要意义。

4）方便消费

随着商品的不同，包装的形式是各种各样的。包装应大小适宜，以便于消费者携带、保存和使用。包装上的绘图、商标和文字说明等，既方便消费者辨认，又介绍了商品的成分、性质、用途、使用和保管方法，起着方便与指导消费的作用。

5）节约费用

商品包装与生产成本密切相关。合理的包装可以使零散的商品以一定数量的形式集成一体，从而大大提高装载容量，并方便装卸运输，还可以节省运输、仓储等费用支出。有的包装可以多次回收利用，从而节约了包装材料及包装容器的损耗，并有利于降低成本、提高经济效益。

2. 商品包装道德的功能

商品包装道德的功能是指调整一切与商品包装活动发生关联的人们之间及其与社会、自然之间关系的行为规范的总和。商品包装道德体系是以道德自律和实践精神为特征的一种非制度化的内在力量，并在商品包装活动中承担特定的任务、完成特定的职能。

商品包装道德的功能包括认识功能、调节功能、评价功能、教育功能和平衡功能等。

1）认识功能

认识功能是指能够通过道德判断、道德标准、道德理想等形式如实反映商品包装各要素之间，以及与社会整体之间的利益关系，明确正确的道德选择、价值选择、理想选择，分辨善恶、是非、美丑，辨别哪些是道德的，哪些是非道德的，哪些是有利于国计民生的，哪些是危害社会民众的，从而使商品包装从业人员更加正确地认识自己应担负的社会责任和应履行的道德义务。

2）调节功能

调节功能是指商品包装道德具有以善恶为标准，通过评价、命令、劝阻、指导、沟通等方式，协调商品包装活动中各要素间关系的能力。在商品包装活动各要素之间的诸多关系中，利益关系是最主要的关系。商品包装各要素之间的矛盾和问题主要集中在利益分配上。因此，商品包装道德的调节功能主要是调节利益。同时，由于商品包装活动的特殊性，尽管商品包装本身是公开的，但商品包装活动的利益分配却是不公开的，这就给商品包装道德的调节增加了一定的难度。

3）评价功能

评价功能是指通过自我评价和社会评价形成两种驱动力，最终达到调节商品包装行为的目的。人们对商品包装道德的认识是基于商品包装管理条例、商品包装业自律准则、一般社会公德等。当一个商品包装行动和一个商品包装作品有违商品包装法规及社会公德时，会最先受到外界舆论的压力。这无形的重要的精神压力，便会对商品包装产生调整行为。

4）教育功能

教育功能是指它能够通过评价、激励等方式造成社会舆论，谴责恶行，赞美善德，树立商品包装道德榜样，指导商品包装从业人员的行为，塑造商品包装道德的人格。教育功能主要是通过提高商品包装道德认识和评价商品包装行为的善恶而发挥出来的。通过对优秀商品包装作品进行嘉奖，为商品包装从业人员指明道德方向；利用反面教材对其不道德的行为进行谴责、批判，从而使包装道德认识转化为包装从业人员内的道德"命令"，使观念形态的商品包装道德在商品包装实践中变成现实的商品包装行为，使"现有"的不良行为转化为"应有"的善良行为。

5）平衡功能

平衡功能是指商品包装不仅能调节人与人之间的关系，而且能平衡人与自然之间的关系。它要求人们端正对自然的态度，调节自身的行为。环境道德是当代社会公德之一，它能教育人们应当以造福于而不贻祸于子孙后代的高度责任感，从社会的全局利益和长远利益出发，开发自然资源，发展社会生产，维持生态平衡，积极治理和防止对自然环境的人为性破坏，平衡人与自然之间的正常关系。这就要求人们在设计商品包装时尽量解决好产品和包装的合理定位，避免华而不实的包装，尽量采用高性能包装材料和高新包装技术，在保证商品质量的同时，尽量减少包装用料和提高重复使用率，降低综合包装成本，注重生态环境保护，使产品包装与人和环境建立一种共生和谐的关系。

包装除具有上述主要功能外，还具有容纳商品、防止商品被盗、防止商品假冒及多次复用等功能。

3．部分货物的特殊要求

1）液体货物

对于液体货物，其盛装容器内部必须留有 5%～10%的空隙，容器的封盖必须严密，不得溢漏；用玻璃容器盛装的液体，每个容器的容量不得超过 500 毫升；单件货物毛重以不超过 25 千克为宜；货物盛装箱内应使用衬垫和吸附材料填实，防止晃动或者液体渗出。

2）粉状货物

对于用袋盛装的粉状货物，最外层应使用塑料涂膜编织袋作为外包装，保证粉末不会漏出，单件货物毛重不得超过 50 千克；对于用硬纸桶、木桶或胶合板桶盛装的粉状货物，要求桶身不破、接缝严密、桶盖密封、桶箍坚固结实；对于用玻璃瓶盛装的粉状货物，每瓶内装物的质量不得超过 1 千克。对于粉状货物用铁制或木制材料作为外包装的，其箱内应用衬垫材料填实。单件货物毛重以不超过 25 千克为宜。

3）精密易损、质脆易碎货物

对于精密易损、质脆易碎货物，单件货物毛重以不超过 25 千克为宜，可以采用以下方法包装。

（1）多层次包装：即货物→衬垫材料→内包装→衬垫材料→运输包装（外包装）。

（2）悬吊式包装：即用几根弹簧或绳索，从箱内各个方向把货物悬置在箱子中间。

（3）防倒置包装：即底盘大、有手提把环或者屋脊式箱盖的包装，不宜平放的玻璃板、挡风玻璃等必须使用此类包装。

（4）玻璃器皿包装：应使用足够厚度的泡沫塑料及其他衬垫材料围裹严实，外加坚固的瓦楞纸箱或者木箱，箱内物品不得晃动。

4）裸装货物、不怕碰压的货物

裸装货物、不怕碰压的货物可以不用包装，如轮胎等；不易清点件数、形状不规则、外形与运输设备相似或者容易损坏飞机的货物，应使用绳、麻布包扎或者外加包装。

5）大型货物

体积或者质量较大的货物底部应有便于叉车操作的枕木或底托。

4．部分包装类型的要求

1）纸箱

纸箱应能承受同类包装货物码放 3 米或者 4 层高的总质量。

2）木箱

木箱的厚度及结构要适合货物安全运输的需要；盛装贵重物品、精密仪器、易碎物品的木箱，不得有腐蚀、虫蛀、裂缝等缺陷。

3）条筐、竹篓

条筐、竹篓应编制紧密、整齐、牢固、不断条、不披条，外形尺寸以不超过 50 厘米×50 厘米×60 厘米为宜，单件毛重以不超过 40 千克为宜，内装货物及衬垫材料不得漏出，应能承受同类货物码放 3 层高的总质量。

4）铁桶

铁皮的厚度应与内装货物质量相对应。单件毛重为 25～100 千克的中、小型铁桶，应使用 0.6～1.0 毫米的铁皮制作；单件毛重为 101～180 千克的大型铁桶，应使用 1.25～1.5 毫米的铁皮制作。

5．商品包装时应注意的问题

1）包装要适度

包装要符合内在商品的特性和档次，而不能用华而不实的包装来诱导消费者。用包装提升商品的价值，给消费者带来视觉上的愉悦感，是无可厚非的，但应该有个度。过度的包装会使商品价值与包装的价值严重不相适应，那就是欺诈和牟取暴利，是不正常的现象和不正

当的竞争。

许多国家规定包装物不能大于被包装物体积的 10%，包装成本不应超过产品售价的 15%。韩国、日本、加拿大等国对包装物的容积、包装物与商品之间的间隙、包装层数、包装成本与商品价值的比例等设定了限制标准。我国虽然还没有这类标准出台，但企业应本着诚实信用的原则，减少不必要的包装。

2）包装要以节约资源为前提

我国的资源从总量上看，可以说是资源富国，但从人均拥有量上看，是资源穷国。现在很多资源都出现了危机，因此企业在包装中要本着节约有限资源的原则。在发达国家，很多企业已经注意到节约资源的问题，因此逐步减少包装材料以节省自然资源。例如，安利公司的产品多采用浓缩包装，因而较其他同类产品减少 50%～70% 的塑胶包装材料；吉列剃刀公司取消了产品的外盒，一年可节省 400 万磅卡纸。

我国的企业也应该借鉴国外的经验，在商品包装中注意资源的节约，简化包装，减少不必要的包装。食品、饮料及其他生活用品的包装可以用普通的纸盒；企业要将包装减少到最低限度，尽量采用可以多次循环使用的容器和包装；顾客到超市可以自带购物袋，不用商场的塑料袋或者纸袋，购物时也尽量选购没有包装的蔬菜、水果及其他食品。在资源面临枯竭、人类生存面临危机的情况下，企业必须增强环保意识，使包装的功能变得更加科学化、人文化。

3）包装过程中要注意环境保护

在商品包装中，要注意减少对环境的污染，采取绿色包装，降低包装物对环境的污染。包装要符合安全和卫生的标准，包装材料尽可能选择有害物质较少的，以便在包装垃圾处理时不会对环境产生危害。同时，还要考虑到包装的回收和再利用。在发达国家，包装的回收利用已形成体系，法律规定对包装物进行回收。例如，荷兰 2002 年包装材料的回收利用率已达到 61%，德国 1995 年包装废弃物的回收率已达到 80%。

我国也应通过各种形式，包括制定相关的法规，加强对包装废弃物的回收和再利用。生产和销售行业要对商品的运输包装进行回收。例如，对于家电和家具行业，运输用的纸箱可以就地回收，只要拆装时多加小心，就可以使包装循环使用，这样不但可以降低企业的生产成本，又可以减少纸箱在生产加工中对水和空气的污染，同时也节约了资源。

> 思考：请说说物流包装功能的重要性和现实性，并举例说明。

6.3.6 流通加工的功能

1．流通加工的概念

流通加工是指物品从生产领域向消费领域流动的过程中，为了促进销售、维护产品质量和提高物流效率，对物品进行加工，使物品发生物理或化学变化。

流通加工也指在流通过程中进行的辅助加工活动。在原料或者成品从供应领域向生产领域，或者从生产领域向消费领域流动的过程中，为了有效地利用资源、方便用户、提高物流效率和促进销售，有必要在流通领域对产品进行初级或者简单再加工。流通加工可以弥补生产过程加工的不足。流通加工和一般的生产型加工在加工方法、加工组织、生产管理方面并无显著区别，但在加工对象、加工程度方面差别较大；相对生产加工而言，流通加工具有自己的特点。

2．流通加工与生产加工的区别

流通加工是在流通领域从事的简单生产加工活动，具有生产加工活动的性质，但又与生产加工有所不同。生产加工改变了加工对象的基本形态和功能，是一种创造新的使用价值的活动，而流通加工只是完善商品的使用功能，提高商品的附加价值，其具体区别如下。

1）加工对象的区别

流通加工的对象是进入流通过程中的商品，具有商品的属性。而生产加工的对象不是最终产品，而是原材料、零配件、半成品。也就是说，流通加工的对象是生产加工所形成的最终产品。

2）加工程度的区别

流通加工大多是简单加工，而不是复杂加工，它只是生产加工的一种辅助和补充，不需要太复杂的技术装备和工艺流程，其目的只是改变商品的外部形态。如果必须进行复杂加工才能形成人们所需的商品，那么，这种复杂加工应专设生产加工过程，生产过程理应完成大部分加工活动，流通加工对生产加工则是一种辅助及补充。特别需要指出的是，流通加工绝不是取消或者代替生产加工。

3）附加价值的区别

从价值观点来看，生产加工的目的在于创造价值及使用价值，而流通加工则在于完善其使用价值并在不做大改变的情况下提高价值。

4）加工组织者的区别

流通加工的组织者是从事流通工作的人，他能密切结合流通的需要进行生产加工活动。从加工单位来看，流通加工由商业或物资流通企业完成，而生产加工则由生产企业完成。

5）加工目的的区别

流通加工与生产加工的目的有一个共同点，即它们都是为了消费（或者再生产）而进行的加工。但有的时候，流通加工仅仅是从流通的角度出发的，它的目的也只是为流通创造条件。这点就是流通加工不同于一般生产加工的特殊之处。

3．流通加工的作用

1）提高原材料的利用率

利用流通加工环节进行集中下料，将生产厂家直接运来的简单规格产品，按使用部门的要求进行下料。例如，将钢板进行剪板、切裁；将钢筋或圆钢裁成毛坯；将木材加工成各种长度及大小的板等。集中下料可以优材优用、小材大用、合理套裁，有很好的技术经济效果。

2）增强物流系统的服务功能

通过流通加工，物流系统的服务功能大大增强。从工业化时代进入新经济时代的一个重要标志是出现"服务社会"，增强服务功能是所有社会经济系统必须要做的事情。

3）进行初级加工，方便用户

用量小或者临时需要的使用单位是缺乏进行高效率初级加工能力的。依靠流通加工可使这些使用单位省去进行初级加工的投资、设备及人力，从而搞活供应，方便用户。

目前，发展较快的初级加工有将水泥加工成生混凝土预制件的，有将原木或者板方材加工成门窗，还有钢筋冷拉及异型零件冲制、钢板预处理及整形、打孔的，等等。

4）提高加工效率及设备利用率以增加利润

由于建立集中加工点，可以采用效率高、技术先进、加工量大的专门机具和设备，使物流系统可以成为"利润中心"。通过流通加工，可使物流对象的附加值提高，并在物流过程中减少损失、加快速度、降低操作的成本，这就使物流系统可能成为新的"利润中心"。

4. 流通加工的形式

1）为弥补生产领域加工不足的深加工

有许多产品在生产领域的加工只能做到一定程度，这是由于存在许多限制因素限制了生产领域不能完全实现终极的加工。例如，钢铁厂的大规模生产只能按标准规定的规格生产，以使产品有较强的通用性，使生产能有较高的效率和效益；木材如果在产地完成将成材制成木制品的话，就会造成运输的极大困难，所以原生产领域只能加工到圆木、板方材这个程度，进一步的下料、切裁、处理等加工则由流通加工完成。这种流通加工实际是生产的延续，是生产加工的深化，对弥补生产领域加工不足有重要意义。

2）为满足需求多样化所进行的服务性加工

为了满足用户对产品多样化的需求，同时又要保证高效率的大生产，要将生产出来的单一化产品进行多样化加工。因此，生产型用户便可以缩短自己的生产流程，使生产技术密集程度提高。对一般消费者而言，则可省去烦琐的预处置工作，而集中精力从事较高级的能直接满足需求的劳动。

3）为保护产品所进行的加工

在物流过程中，直到用户投入使用前都存在对产品的保护问题，要防止产品在运输、储存、装卸、搬运、包装等过程中遭到损失，确保其使用价值能顺利实现。和前两种加工不同，这种加工并不改变进入流通领域的"物"的外形及性质。这种加工主要采取稳固、改装、冷冻、保鲜、涂油等方式。

4）为提高物流效率、方便物流的加工

有一些产品本身的形态使之难以进行物流操作。例如，鲜鱼的装卸和储存操作困难；过大设备的搬运、装卸困难；气体物的运输、装卸困难等。进行流通加工，可以使物流各环节易于操作，如鲜鱼冷冻、过大设备解体（如家具）、气体液化等。这种加工往往改变"物"

的物理状态，但并不改变其化学特性，并最终仍能恢复原物理状态。

5）为促进销售的流通加工

流通加工可以从若干方面起到促进销售的作用。例如，将过大包装或者散装物分装成适合一次销售的小包装的分装加工；将原以保护产品为主的运输包装改换成以促进销售为主的装潢性包装，以起到吸引消费者、指导消费的作用；将零配件组装成用具、车辆以便于直接销售；将蔬菜、肉类洗净切块以满足消费者的要求等。

6）为提高劳动生产率和物料利用率的流通加工

许多生产企业的初级加工由于数量有限，加工效率不高，也难以投入先进的科学技术。流通加工以集中加工形式，以一家流通加工企业代替了若干生产企业的初级加工工序，加工效率比分散加工效率要高。同时，流通加工利用其综合性强、用户多的特点，将生产厂家运来的简单规格产品，按使用部门的要求进行下料，实行合理规划、合理套裁、集中下料，能有效提高原材料的利用率。

7）生产—流通一体化的流通加工

依靠生产企业与流通企业的联合，或者生产企业涉足流通，或者流通企业涉足生产，从而对生产与流通加工进行合理分工、合理规划、合理组织，统筹进行生产与流通加工的安排，这就是生产—流通一体化的流通加工。这种形式可以促成产品结构及产业结构的调整，充分发挥企业集团的经济技术优势。

8）衔接不同运输方式，使物流合理化的流通加工

在干线运输及支线运输的节点，设置流通加工环节，可以有效解决大批量、低成本、长距离干线运输，多品种、少批量、多批次末端运输和集货运输之间的衔接问题，在流通加工点与大生产企业之间形成大批量、定点运输的渠道，并以流通加工中心为核心，组织对多用户的配送。也可以在流通加工点将运输包装转换为销售包装，从而有效衔接不同目的的运输方式。

9）为提高原材料利用率的流通加工

流通加工利用其综合性强、用户多的特点，可以实行合理规划、合理套裁、集中下料的办法，这就能有效提高原材料的利用率，减少损失及浪费。

10）以提高经济效益、追求企业利润为目的的流通加工

流通加工的一系列优点，可以形成一种"利润中心"的经营形态，这种类型的流通加工是经营的一环，可在满足生产和消费要求基础上取得利润，同时在市场和利润引导下使流通加工在各个领域中都能有效地发展。

实训六　物流市场调查

【实训目的】

选择某企业单位为对象，联系课程所学理论，采用网上考察的方法，对某企业物流业发展现状进行初步了解，以培养实际调研能力，尝试检验所学知识，并从实际中进一步学习了

解物流的内涵与外延。

【实训要求】

（1）了解物流的基本概念。
（2）掌握网上调查的方法。
（3）掌握物流功能的用法。
（4）学会物流管理的方法。

【实训内容】

（1）在网上寻找相关的资料。
（2）确定某一类企业。
（3）对该类企业进行网上调查。
（4）了解物流的作用和功能。
（5）掌握物流管理的方法。

【实训步骤】

（1）去有关网站查找相关的资料。
（2）选择某类企业（如服装企业、化妆品企业等）。
（3）调查该企业的物流状况。
（4）对以下几个问题进行调查研究。
① 物流市场的发展：企业对第三方物流的需求如何？
② 物流企业服务情况如何？
③ 物流企业的操作工具如何？
④ 物流行业的职业化水平如何？
⑤ 物流企业的市场开发能力如何？
⑥ 物流企业对增值服务的开发情况如何？
（5）撰写调查报告（不少于 4 000 字）。

【实训提醒】

对物流企业服务水平的调查可以从运作成本的高低、信息的及时性和准确性、作业的速度、服务内容的完善、货损率的高低、作业差错率的高低、服务态度等方面进行。

【实训思考】

（1）什么是第三方物流？
（2）物流管理的内容有哪些？

【实训报告】

1．实训过程
目的要求：

实训内容：

实训步骤：

2．实训结果

结果分析：

可以使用表格方式，或者使用图形方式，也可以使用文字方式。

3．总结

通过实训，总结自己掌握相关知识的程度，分析实训中出错原因，并提出改进措施。

习题六

一、填空题

1．物流（Logistics），从直观上理解就是＿＿＿＿＿＿＿＿＿＿流动，这种流动实际上就是＿＿＿＿＿＿＿＿，是＿＿＿＿＿＿＿＿，是有＿＿＿＿＿＿＿＿，它包括＿＿＿＿＿＿＿＿上和＿＿＿＿＿＿＿＿上的位移。

2．物流可划分为＿＿＿＿＿＿物流、＿＿＿＿＿＿物流、＿＿＿＿＿＿物流、＿＿＿＿＿＿物流、＿＿＿＿＿＿物流、＿＿＿＿＿＿物流、＿＿＿＿＿＿物流、＿＿＿＿＿＿物流。

3．物流创造时间效用的形式有＿＿＿＿＿＿效用、＿＿＿＿＿＿价值、＿＿＿＿＿＿价值。

4．物流创造的其他效用有＿＿＿＿＿＿效用、＿＿＿＿＿＿效用、＿＿＿＿＿＿效用、＿＿＿＿＿＿效用、＿＿＿＿＿＿效用。

5．物流管理（Logistics Management）是指在＿＿＿＿＿＿＿＿过程中，根据＿＿＿＿＿＿＿＿的规律，应用＿＿＿＿＿＿＿＿的基本原理和方法，对物流活动进行＿＿＿＿＿＿＿＿、＿＿＿＿＿＿＿＿、＿＿＿＿＿＿＿＿、＿＿＿＿＿＿＿＿和监督，使各项物流活动实现最佳的＿＿＿＿＿＿与＿＿＿＿＿＿，以降低物流成本，提高物流＿＿＿＿＿＿和＿＿＿＿＿＿效益。

6．物流的运输功能提供＿＿＿＿＿＿和＿＿＿＿＿＿两大功能。目前，运输方式主要有＿＿＿＿＿＿、＿＿＿＿＿＿、＿＿＿＿＿＿、＿＿＿＿＿＿、管道及＿＿＿＿＿＿六种现代化运输方式。

7．物流的储存功能具体是＿＿＿＿＿＿、＿＿＿＿＿＿、＿＿＿＿＿＿、配送和＿＿＿＿＿＿的功能。

8．物流的仓储种类有＿＿＿＿＿＿仓储、＿＿＿＿＿＿仓储、＿＿＿＿＿＿仓储、＿＿＿＿＿＿仓储、＿＿＿＿＿＿仓储、＿＿＿＿＿＿仓储、＿＿＿＿＿＿仓储。

9．配送在英语中的原词是＿＿＿＿＿＿，是＿＿＿＿＿＿的意思。配送是指在＿＿＿＿＿＿的区域范围内，根据＿＿＿＿＿＿的要求，对物品进行＿＿＿＿＿＿、加工、＿＿＿＿＿＿、＿＿＿＿＿＿等作业，并按时送达指定地点的＿＿＿＿＿＿活动。

10．配送的常用功能有＿＿＿＿＿＿、＿＿＿＿＿＿、＿＿＿＿＿＿、配装功

能、_____ 、_____、_____等。

二、判断题（正确的打"√"，错误的打"×"）

1．物流从直观上理解就是物质实体的流动，这种流动实际上就是位移，是位置的移动，是有方向的，它包括空间上和时间上的位移。（　　　）

2．物流管理是指在社会再生产过程中，根据物质资料实体流动的规律，应用管理科学的基本原理和方法，对物流活动所进行的各种管理。（　　　）

3．缩短物流时间的最大好处在于减少物流损耗，增加物流成本。（　　　）

4．物流标准化是指以物流为一个大系统，制定系统内部设施、机械装备、专用工具等的技术标准，包装、仓储、装卸、运输等各类作业标准，以及作为现代物流突出特征的物流信息标准，并形成与全国乃至国际接轨的标准化体系。（　　　）

5．所谓配送是指在经济合理区域范围内，根据客户要求，对物品进行挑选、加工、包装、分割、组配等作业，并按时送达指定地点的物流活动。（　　　）

三、思考题

1．简述物流的定义。

2．简述物流创造时间效用的几种形式。

3．简述物流创造空间效用的几种形式。

4．简述物流管理的定义。

5．简述物流标准化的作用。

6．简述物流的储存功能类型和形式。

7．简述物流的装卸搬运功能类型和形式。

8．简述物流的流通加工功能类型和形式。

9．简述配送的定义。

10．简述配送的类型。

第7章

电子商务客户服务

7.1 客户服务概述

7.1.1 客户服务的概念

1. 客户服务的座右铭

以客户至上为经营理念的公司能认清并满足内部客户和外部客户的需求。他们以人为本，专注于识别不同客户的具体需求。

下面是几个典型公司的服务座右铭。

（1）中国移动广东佛山分公司客户服务的座右铭是"让人感到新鲜而奇特"。建立服务座右铭的目的：一是展现"真心每一刻，满意每一客"的服务精神，让客户在浓郁的人性化服务氛围中，透过"座右铭"，了解企业员工的服务意识，在营销代表与客户之间筑起一座心灵沟通的桥梁；二是服务座右铭是营销代表根据自己的切身体会和对工作的热忱，抒发出来的内心感受，既亲切、真切又贴切，从而树立"特色"服务形象，督促营销代表提高服务水平。

服务座右铭不仅可以激励员工自己做好服务，也同样展示着公司个性化服务的魅力，其本质是反映出企业文化的高品位形象。中国移动广东佛山分公司的服务座右铭，正是其企业文化的具体体现。

（2）麦德龙公司客户服务的座右铭是"你如何对待别人，别人也就如何对待你"。奥托·贝士姆于 1964 年开创了麦德龙（Metro Group）公司，正是以这条客户服务的座右铭，麦德龙公司从一家小杂货店发展成全球经营的跨国集团，其企业成功和职业成就在客户服务领域表现得最为显著。

（3）三海电池公司客户服务的座右铭是"全面满足、不断超越客户期望"和"理解我们的企业、理解我们的工作、理解我们的客户、理解我们自己"。做好客户服务工作，对三海电池公司而言，最重要的是上面的四个理解。理解我们的企业是指要了解公司的发展方向、长期目标及短期目标，配合公司的各种目标来开展工作；理解我们的工作是指要明白我们的工作是为我们所有的客户提供服务，是一项长期的、系统的、有意义的工作；理解我们的客户是指要明白企业将要面对的是各种各样的客户，这对企业中的每个人都是一个考验；理解我们自己是指企业要有一个自己的定位，向着自己的理想、目标前进。

（4）沃尔玛公司的创始人萨姆·沃尔顿，为公司制订了三条客户服务的座右铭："顾客是上帝""尊重每一个员工""每天追求卓越"。正是有了以上三条客户服务的座右铭，沃尔玛公司才成为世界上最大的商业零售企业。

（5）上海波特曼丽嘉酒店客户服务的座右铭是"我们以绅士、淑女的态度为绅士、淑女们忠诚服务"。正是有了以上客户服务的座右铭才使得这家酒店在上海这个国际化大都市中，面临众多明星酒店的竞争压力，脱颖而出。

（6）北京吉野家快餐有限公司客户服务的座右铭是"良心品质，健康美食"。该公司以严格的规范标准要求自己为客户提供优质的食品和服务，得到了广大客户的认可与支持。

（7）上海中体奥林匹克花园物业管理有限公司客户服务的座右铭是"乐在服务、规范服务"。该公司的服务三字经是：三心——热心、诚心、耐心；三高——高标准、高要求、高

质量；三勤——嘴勤、手勤、腿勤；三快——反应快、行动快、完成快；三满意——客户满意、员工满意、股东满意。该公司的服务宗旨是以人为本、规范管理、追求创新、至诚服务（为您服务是我们的荣幸，让您满意是我们的宗旨）。

2．客户服务的定义

客户服务可以定义为企业与客户交互信息的一个完整过程，包括听取客户的问题和要求，对客户的需求做出反应并探询客户新的需求。客户服务不仅仅是客户和企业的客户服务部门的工作，而且是整个企业的工作，即将企业整体作为一个受客户需求驱动的对象。

不同的公司所专注的领域是不同的，但是，他们都有一套自己的提供客户服务的独特方式。这里对客户服务的定义实际上是一种员工的能力，它是通过员工为内部客户和外部客户销售商品和提供服务时所具备的知识水平、能力高低和工作热情等展现出来的。

真正的客户服务是根据客户本人的喜好使其满意，而最终客户会感到受到重视，他会把这种好感铭刻于心，成为企业的忠诚客户。客户服务既不局限于传统的客户服务部门，也不局限于传统概念的客户。企业的客户是指公司的所有服务对象，甚至包括老板、股东、雇员、经销商，还有企业附近的居民等。

为了能够使企业与客户之间形成一种难忘的互动（愉悦亲密、很愉快的、自己经历的互动），企业所能做的一切工作都称为客户服务工作。

在客户服务过程中要注意以下几个问题。

（1）不应把客户仅仅看成消费者，而应通过客户服务，使客户产生一种获得服务的满足感。

（2）不应把客户服务仅仅视为客户服务部门的责任，而应把客户服务视为整个企业共同完成的大事，每一位企业员工都有责任。

（3）实际上，客户须要获得帮助，希望和熟悉业务的人、懂业务的人打交道，喜欢和能做决定的人打交道。

（4）以客户希望的方式来对待客户，即尊重客户，包括他的地位和身份；预见客户的真正需求。

3．服务个性

服务等于利润，服务能创造服务个性。那么，什么是服务个性呢？

当客户感到企业的存在，即感到企业为他们服务、满足他们的特殊需求时，企业就获得了竞争的优势，这种优势称为服务个性。

企业的客户服务水平越高，就会有越多的客户光顾，也会产生更多的忠实客户，企业会相应地获取更多的利润。

4．创造企业自己的客户服务个性

所有的公司、企业、非营利性组织，都在努力地为客户提供最佳的服务，从而使各种客户都被更多、更好的服务所包围。以前谈到了品牌领域、价格领域、产品质量领域的竞争，现在所有领域的竞争都集中在了服务领域的竞争上。因此，优质的客户服务还要做出企业自己的服务个性来。

服务不只是等价交换的价值，而是甲乙双方围绕产品买卖所进行的一系列实施和维护的权利和义务，更是实现产品使用价值最大个性化的行动。父母对待孩子就是一种服务，而且无怨无悔、无私无畏。如果能像父母对待孩子一样为客户付出必要的呵护和帮助，客户服务工作就做好了。一个企业的口碑就在于它的服务能力和服务质量。

并不是说对客户的任何需求都要无条件地去满足，而是对待客户要有主动服务的意识，把客户的"痛"和"难"当成自己分内的事，经常与客户沟通，这正是创造服务机会和服务价值的最有效途径。同时，为了向社会负责，要有一套自律的规范化的服务制度和保障体系，让客户明明白白地知道何时、何地、何人能帮助他排忧解难、能服务什么、怎么服务。服务是连接产品和市场的真正桥梁和纽带。在相同产品性能价格比的情况下，对客户服务有好口碑的企业，就很可能比竞争对手占有更有利的优势。相对产品的投入产出比而言，客户服务的投入产出比要大得多，所谓"滴水之恩当涌泉相报"。在充分市场化的社会里，客户服务是得到明日回报的必要投入。

今天，客户服务应用水平和知识实施能力已经不是"启蒙时期"。企业要做的工作是实实在在地与客户建立"双赢"的专业价值服务体系，把产品和服务应用到商贸企业经营的最前沿；同时，客户又通过管理和技术的实践为企业提出了改进产品和服务的最好价值建议。这是诚信的经营之道。

确实，善待客户就是最好的营销。企业可能有做不好的时候，但客户并不因此责怪企业，总是一起去找问题、找最好的资源和解决的办法。长期来说，企业要紧的是建立透明的客户关系，诚实、有效地改进企业的产品和服务。

> 思考：有人一句话可以说得你跳；同样一句话也可以说得你笑。这是为什么？请举例说明。

7.1.2 客户服务的工作流程

1. 工作流程

在当今世界，各个企业都十分重视客户服务，许多企业都已设立了客户服务部门，简称客服部门。客服部门不只是处理客户的申诉，还要积极地扮演为客户服务的角色。

客户服务的内容已由以往仅对客户所购买不良产品的事情处理，转换到主动去了解客户的需求、为客户服务、妥善处理客户问题，并积极进行客户满意度调查，追求客户更大的满意度。客户服务的工作流程如图 7-1 所示。

由图 7-1 可知，客户服务的工作流程是由生产部门、客户服务部门和营销部门组成的，它们之间的信息流通都是双向的。各部门的工作流程如下。

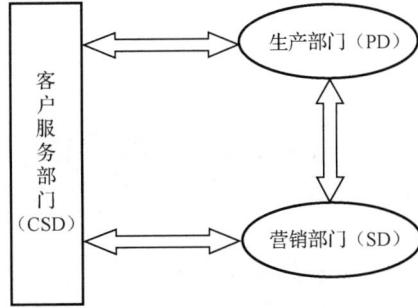

图 7-1 客户服务的工作流程

1）生产部门（PD）

（1）提供有关基本作业程序的资信给 CSD。

（2）提供有关生产状况、作业状况、服务状况给 CSD 及 SD。

（3）接受 SD 送过来的订单。

（4）提出生产计划或者服务计划，并监管该计划的施行。

（5）提出产能规划，并提供给 SD。

（6）在交货期内生产出符合客户需求的产品，或者按时提供客户所需的服务。

（7）解决有关生产或者服务中的问题。

2）客户服务部门（CSD）

（1）提供有关产品的资信，接受客户的咨询。

（2）向客户提供有关产品售前与售后的服务。

（3）接受有关产品的修改、修理、更换和退货等事项。

（4）处理有关赔偿、货品或者服务的纠纷。

（5）接受客户的意见，并做相关的处理，了解客户的需求水准及变动趋势。

（6）建立客户档案，并追踪服务。

（7）主动跟客户联系，关心客户。

（8）对客户进行满意度调查。

（9）对客户所提供的建议做统计分析，将所得结果送有关部门。

（10）接受订单，并了解客户需求。

3）营销部门（SD）

（1）接受客户订单或者 CSD 转来的订单。

（2）进行订单管理。

（3）了解 PD 的产能状况，并对订单做适当处理。

（4）处理客户需求的改变。

（5）将生产（作业）状况或者服务状况提供给客户去了解。

（6）控制产品能按时交货，并确保产品的质量。

（7）提供有关商品或者服务的资信给 CSD。

（8）解决有关营销的一切问题。

2. 客户服务工作项目分配

下面简单地列出一些客户服务工作项目及相关的权责部门。

（1）进行消费者需求调查、客户需求分析及相关的市场调查，相关的权责部门是业务部门、营销部门、客户服务部门。

（2）提供有关产品与服务的资信给消费者，并进行相关的营销活动，相关的权责部门是业务部门、营销部门、客户服务部门。

（3）接受客户的订货或者服务预约，并与客户进行有效沟通，了解客户的需求，相关的权责部门是业务部门、营销部门、客户服务部门。

（4）跟客户充分沟通产品或者服务项目的提供方式和时间安排，相关的权责部门是业务部门、客户服务部门。

（5）制作、运送客户所购买的产品，提供客户所预订的服务，相关的权责部门是生产部门、业务部门、客户服务部门。

（6）在从产品或者服务的订购到产品的运送及相应服务提供的期间内，要与客户进行必要的沟通，使客户了解有关产品的制作、服务的进行状况与进度，相关的权责部门是业务部门、客户服务部门。

（7）在产品的运送、安装及相应服务提供的过程中，对客户的配合方式进行说明，相关的权责部门是业务部门、技术部门、客户服务部门。

（8）向客户提供有关产品的使用及相关技术的培训，相关的权责部门是客户服务部门、技术部门。

（9）向客户提供相关的售后服务，如修理、维护、保养、更换、退还、服务内容变更等，相关的权责部门是业务部门、技术部门、客户服务部门。

（10）要进行收款、收据、发票的处理及错误账目的更正，相关的权责部门是业务部门、财务部门、客户服务部门。

（11）接受、判断与处理客户提出的问题，相关的权责部门是客户服务部门、业务部门。

（12）要进行客户意见分析、客户满意度的调查与统计分析，以及相关资信回馈，相关的权责部门是客户服务部门、业务部门。

（13）对客户资信进行建档、管理，并对客户进行追踪服务，相关的权责部门是客户服务部门。

（14）向客户提供咨询服务及相关资料，相关的权责部门是客户服务部门、业务部门。

从上面对客户服务工作项目的简单罗列可以了解到，客户服务部门、营销部门及生产部门之间只有密切配合，才能把客户服务工作做好。此外，这些客户服务工作的进行也有其前后顺序。当然，首先是客户需求的提出，然后才是客户满意度调查、客户资料的建档及追踪服务等。

7.1.3 客户服务环境

客户服务环境是指组成客户服务环境的六个要素如何进行客户服务传递的。利用这些要素确保可行的客户服务环境，不仅仅是客户服务部门的责任，更是整个企业内部每名员工的

共同责任。客户服务环境是由客户、组织文化、人力资源、产品或者可交付的服务、交付系统、服务六个要素组成的，如图 7-2 所示。

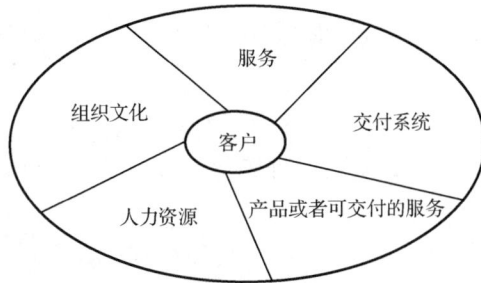

图 7-2　客户服务环境的组成要素

1. 客户

客户是服务环境的第一个要素。从图 7-2 中可知，客户是服务环境的中心。客户服务部门的各个环节运作都是以服务客户为目的的，没有客户，也就没有企业存在的意义了。

"客户"的概念是在产品交换中产生的，是指承接价值的主体（通俗地说，就是给钱的人）。只有产品有了使用价值，即产品能够满足相应的需求，才能有承接价值的主体。当然，也有的客户买产品是用来卖的，但这样交换下去，最终还要落到需求上，所以那些为满足需求而购买产品的人才是客户。客户是需求的载体或者代表，但都离不开需求这个深层的东西，满足客户是经营的表面现象，满足需求才是本质。既然已经有了客户，就说明市场已经成形、需求已经明朗。因此，着眼于客户，就要在已有的市场上进行竞争，其目的是争夺市场份额；着眼于需求，就要在需求尚未明朗时，开始对市场进行培养、开发，从无到有，其目的是开拓新的市场。由此可见，着眼于需求会比着眼于客户更能占据先机，但也面临更大的风险。

1）内部客户

企业中的任何人都会有客户。他们也许没有那些来自公司外部的购买产品或者服务的客户，但是，他们的同事、其他部门或者分支机构的员工都属于内部客户。他们同样依赖企业中的其他人来开展工作，提供服务、信息或者产品。

2）外部客户

外部客户可能是正在联络当中的潜在客户或者委托人。外部客户会搜寻并选择自己信赖的服务企业，购买或者租赁企业的相关产品或者服务。这个群体也包括商业客户，他们买进企业的产品后又再次出售；还包括特约经销商，他们会销售企业的产品，或者在他们的特许经营范围内以企业的名义销售其他产品。

2. 组织文化

组织文化是服务环境的第二个要素。组织文化是专门用来组织和支持第一线服务的一种力量。如果没有这种力量，那么环境里的其他因素就不可能发生效力。或者说，组织文化就是客户经验，是由各种非关键因素集合而成的，并能对整个服务环境产生推动作用。文化是一种无形的力量，能激励员工向上奋进。

组织文化现象可以由以下几方面组成。

1）风俗、习惯、舆论

不同地域的风俗、习惯、舆论有可能成为这个地方的组织文化现象。

2）思维方式

思维方式对东西方人来说是不同的。例如，美国人和日本人一同遇到狮子时，日本人把鞋带系紧准备跑，美国人就嘲笑日本人："你跑得过狮子吗？"日本人回答："我只要跑得过你就行！"

3）行为准则

美国人在办企业时，利字当头，而日本人则更讲究忠诚。

4）价值观念

价值观念主要有利润价值观和服务价值观两个方面。

5）精神境界

精神境界是指企业以精神鼓励为主，讲团结，并以集体荣誉为荣。

6）作风

有的企业推行强势管理，有的企业倡导"仁"字。

7）待人艺术

待人艺术是客户服务的主要内容。

3．人力资源

服务环境的第三个要素是人力资源，可以从人力、资源、人力资源三个方面来叙述，从而可了解人力资源的真正含义。

1）人力

人力是人的力量的简称，人力是由智力和体力两种因素组成的。智力是人的一种内在的软性因素，因为它的弹性非常大，所以智力是无限的。体力是人的一种外在的硬性因素，因为它的弹性不大，所以体力是有限的。智力和体力相结合便产生了能量。能量通过实施、运作、转化体现为能力，这就是人的力量。

2）资源

什么是资源？针对目标所需，一切可利用的、创造和再创造利益的物，以及物与物之间的关系，便是可用的资源。资源发挥的作用随着其质量的变化而变化。资源的目标针对性非常强，若目标不准确，那么资源会变成垃圾或者废料。

3）人力资源

人力资源是指在一个国家或者地区中，处于劳动年龄、未到劳动年龄和超过劳动年龄但具有劳动能力的人口之和。人力资源也是指一定时期内组织中的人所拥有的能够被企业所用，且对价值创造起贡献作用的教育、能力、技能、经验、体力等的总称。

4．产品或可交付的服务

服务环境的第四个要素是企业的产品或者可交付的服务。企业的产品或者可交付的服务既可以指企业制造或者经销的诸如家具之类的有形产品，也可以指可提供给客户的服务，如消毒杀虫服务等。在以上任何一种情况中，不管是从数量上还是从质量上来说，都可能存在客户是否满意的问题。如果客户得到了他们想要的服务，而且得到的服务达到了他们的期望值，那他们就会表现得很高兴。反之，如果客户感觉得到的是劣质产品，或者得到的服务不到位，他们就会对企业不满意，从而会寻求其他公司的服务。如此一来，企业的形象在客户心中就会大打折扣，甚至以后都不会再光顾了。

5．交付系统

交付系统是服务环境的第五个要素。交付系统是指用什么方法来交付企业的产品或者服务。为了确定具体的交付系统，企业必须首先考虑以下因素。

1）行业标准

所谓行业标准就是根据《中华人民共和国标准化法》的规定，由我国各主管部、委（局）批准发布，在该部门范围内统一使用的标准。例如，机械、电子、建筑、化工、冶金、轻工、纺织、交通、能源、农业、林业、水利等行业，都制定有行业标准。行业标准现在的竞争形势怎样呢？企业的现行交付标准与竞争对手的交付标准是否一致呢？

2）客户期望

客户期望在一个特定的时间内可用特定的方式发生交付吗？有选择的余地吗？

3）实际能力

企业或者行业内部现有的交付系统允许多种交付方式吗？

4）成本大小

在客户可承受的价格之内，会增加企业的产品或者服务一部分技术上的成本吗？如果这个成本作为额外的费用，客户会愿意接受吗？

5）现行和预期的要求

现今存在的交付方法，如邮件、电话、面谈，能满足客户的需求吗？将来的客户愿意接受这些交付方法吗？

6．服务

服务环境的第六个要素是服务。服务是指组织内部所有员工向客户销售企业的产品或者服务的方式。

> 思考：对于客户环境中的人力资源，你认为如何把握？请举例说明。

7.1.4 客户服务和消费行为

1. 客户消费行为的动机

客户的消费行为是影响企业制定战略，尤其是营销战略的重要因素。企业要通过客户服务来取悦自己的客户，让客户感到满意，并最终形成忠诚客户。这就要求企业能够充分了解自己的客户和客户的消费行为，因此对客户消费行为的分析就显得尤为重要了。

所谓消费行为的动机，是指推动人进行活动的内部原动力，即激励人行为的原因。可见，客户消费行为的动机是一种内在的心理状态，不容易被直接观察到或者被直接测量出来，但是它可以根据人们长期的行为表现或者自我陈述加以了解和归纳。

经典营销理论中的马斯洛的需求层次理论被广泛应用，这种理论的构成依据以下三个基本的假设。

（1）人们在生活过程中有着不同的需求，只有未满足的需求才能够影响人们的行为。

（2）人的需求按重要性可以排成一定的层次，从基本的生理需求到复杂的自我实现需求。

（3）当人的某一级需求得到最低限度的满足后，才会追求更高级的需求。

根据以上这三个基本的假设，马斯洛将人的需求分为五个层次，即生理需求、安定需求、社交需求、尊重需求和自我实现需求，如图7-3所示。

从图7-3可知，这五个层次的需求是逐层升高的。其中，生理需求是人们为了维持生命而所需要的最低的需求，例如，人们每天需要吃饭、睡觉、吸收新鲜空气等；第二层和第三层也是属于低层次的需求；而第四层和第五层则是高层次的需求。当然，人们在日常生活中的需求并不是单一层次的，而是多层次的，也就是说，在每一个层次上都有自己的需求，

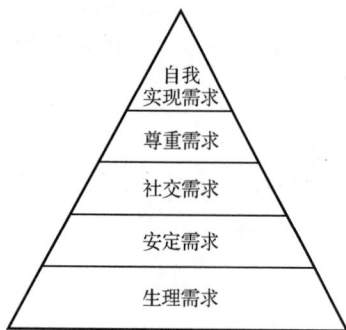

图7-3 马斯洛的需求层次理论

但由于种种条件的限制，可能这多种需求只得到了部分的实现和满足。例如，在蓝领阶层中，80%的人有生理的需求，60%的人有安全的需求，30%的人有社交的需求，20%的人有尊重的需求，只有10%的人有自我实现的需求。白领阶层的需求情况刚好与蓝领阶层的需求情况相反，可见不同阶层的人的需求是不同的。

2. 网络时代客户消费行为的特点

当前，网络的普及使人们改变了原有的生活方式，网络给人们营造了一个虚拟的生活空间。在这个虚拟的世界里，人们的消费需求发生了很大的改变，出现了新的需求倾向和特点。

1）兴趣

在这个网络时代，每个人都有自己的兴趣爱好，人们正是根据自己的需求在现实生活中做出某种选择的。这种兴趣来源于人们的好奇心和求知欲。

2）聚集

网络给人们一个不受时间、地点、空间等限制的聚集场所，在这里可以随时找到机会加入一个个网上社团。通过网络聚集起来的群体之间是极为民主的，群体中的成员之间都是平等的，每个成员都有独立发表自己言论的权利，也有与别人争论的权利。在现实社会中，经常处于紧张状态的人们渴望在网络这个虚拟的社会中得到放松。

3）交流

聚集起来的网民自然有交流的需求，这恰恰也是人们最基本的需求之一。这种交流不仅仅是人们之间生活经历的述说，更包括情感的沟通和信息的传递。

这就要求企业在电子商务时代从事客户服务时，一方面要了解客户的基本需求层次，另一方面也要考虑网络时代所带来的新需求；既要满足客户的基本需求，又要调动客户的兴趣；还要利用网络营造的和谐氛围和网络丰富的信息资源来聚集客户群体，通过完善的信息检索手段满足人们交流的需求。

3．网络时代客户消费行为的动机

在网络环境下，人们有了新的消费需求倾向，在拥有消费需求之后，就会随之产生消费动机。概括起来，网络时代客户消费行为的动机可分为以下几类。

1）求实消费动机

求实消费动机源于人们对于产品实际功用的需求。人们希望通过购买得到产品，以满足自己对于某种功效的需求。例如，买汽车是为了旅游方便；买空调是为了实现制冷、降温等。人们希望物有所值，能够用较低的价格购买到高品质的产品，并注重产品的吸引力。

2）求新消费动机

求新消费动机源于人们的好奇心。人们对于一些新产品抱有一种奇特的感情，希望尝试一下，而不在乎自己是不是真的需要这种产品。人们的这种"求新""猎奇"的心理给了很多企业一些机会。这些企业不断地推出新产品吸引人们的惠顾，并通过他们的尝试向其他客户进行宣传，以期大面积占领市场。在这种情况下，这种消费动机的客户实际上扮演了"最先吃螃蟹"的角色。

3）求美消费动机

求美消费动机源于一些年轻女性。这些年轻女性多追求产品美丽的外包装，尤其是一些装饰品，而产品的质量和价格则不是影响她们消费的主要因素。

4）求便消费动机

求便消费动机源于服务行业。人们购买某些产品和享受某种服务就是为了方便自己的生活，例如，购买洗碗机、吸尘器等家用电器干家务，雇用小时工打扫房屋，到洗衣房清洗衣服等。于是，那些贴近生活需要、方便操作的产品和服务就能够引起这种客户的兴趣。

5）求廉消费动机

求廉消费动机源于生活水平较低的客户。价格才是影响这类客户消费的最主要因素。这类客户消费动机就是"图便宜"，而不太在乎产品的质量是否良好，功能是否齐全。那么打折产品和"大排档"的服务也许对这类客户更有吸引力。

6）求名消费动机

求名消费动机源于收入较高的客户。这类客户追求的是产品的品牌。对他们而言，品牌就代表着产品的质量，甚至代表了他们的身份。在这个消费群体中，年轻白领、明星、大老板等占到很大的比例。

4．行为风格的重要性

在客户服务中，要根据以上客户消费行为的动机来调整自己的行为风格，更好地为客户服务。

行为风格是一种可见的行为趋势。作为一名客户专业服务人员，要充分了解人类行为风格的特点及差异性。当你更加清晰地认识到自己与客户完全不同的行为特点时，就能更好地建立和维护与客户的关系。专业客户服务人员首先应该学会自我认识，这是服务客户的一个起点。为了达到这个目的，必须从自身的行为方式与所观察到的别人的行为方式中找出一些共同点。

与他人成功交往的关键是了解自身的行为风格。某些人常常喜欢将自己的信念、价值观、态度和需求强加给他人，这导致了大家都变得沮丧和失望。在服务客户过程中，应该充分认识到他人的做事风格与自己存在差异，这个差异并不意味着他人的行为就是错误的，双方之间的关系是在接受彼此的行为特点的基础上建立起来的。在客户服务中，要面对太多的客户，这些客户不可能全部按照自己所希望的方式去处理问题，所以学会适应对方是至关重要的。

5．行为风格的概念

行为风格是自己与他人在为人处世中所表现出来的行为方式，是一种可见的行为趋势（你所看到的或者所经历过的行为）。作为一名专业客户服务人员，须要理解每个人的行为风格都是存在差异的。

一个人从呱呱坠地的那个时刻开始，成长中所有的经历不断累积，形成了自身鲜明的个性特点。例如，如果一个人在孩童时代就接触到各种形形色色的人，也经常被父母带着去一些人际关系融洽的社交场合，那么在这种环境下成长的人一般在成人之后，在工作中就会与他人相处融洽。反之，如果一个人在孩童时期就倍感孤独，总是一个人静静地待着，那么他成人之后也许会在与人交往方面产生一定的困难。

你有没有经历过与某人在一起感到非常不适，或者某人使你感觉到有一种急切的压迫感？如果有，你可能已经受到行为风格的影响。作为一名专业客户服务人员，要了解每个人的行为都是存在差异的，或者茫茫人海中只有某个人的行为恰巧与你相同。由于这个原因，应该致力于了解每个客户的需求和期望值，不断为他们提供优质的服务，而不是只为那些你

不反感的人提供服务。

由于自身存在着很多行为偏好，所以客户服务人员也许会将这些行为偏好强加到其他人身上。如果客户服务人员采取这样的行为方式，就有可能导致客户恼怒、退订单，甚至发生彼此决裂。因此，应该对自身的行为偏好有一个充分的了解。

6．行为风格解析

客户服务环境中的每次交流都对服务的成功有潜在的促进作用。每个人都应该扬长避短，让每次交流都顺畅无阻。通过自我评估调查问卷，便可以发现自身在不同情形下的行为特点。能够全面了解自身的行为风格偏好的客户服务人员可以更好地理解客户。因为客户也和服务人员一样，存在着很多的行为风格偏好。通过了解这些行为特点，客户服务人员可以提高自身的交流能力，建立起巩固的人际关系，并把最优质的服务带给客户。

在 20 世纪初期，出现了许多自我评估调查问卷和行为风格方面的研究著作。精神病学家 Carl Jung 和其他学者在行为风格方面开创先河。Carl Jung 致力于探索人类的个性特点和行为方式，并把人的行为划分成两种"态度"（内向和外向）和四种"功能"（思考、情感、感官、直觉）。这些态度和功能随意搭配形成八种心理类型，这些类型很好地概括和描述了人类的行为特点。

Carl Jung 的综合研究包括大量的、附加的研究成果，以及大量行为风格、自我评估调查问卷和模型。这些综合研究都很好地解释了个人行为的特点。时下流行的调查问卷有麦尔斯-布雷格性格测验（Myers-Briggs Type Indicator，MBTI）、个人剖析系统（Personal Profile System，PPS）和社会风格剖析（Social Styles Profile，SSP）。

> 思考：你能说出客户服务与消费行为之间的联系吗？请举例说明。

7.2　个性化服务

7.2.1　个性化服务分析

1．个性与个性化服务

个性是稀缺资源。当我们说一个人、一个互联网站点或者一种服务有个性的时候，我们的意思常常是这个人、这个互联网站点或者这种服务与众不同、相当特别、令人神往。

个性是一个真实的人的真实外在形式。个性化服务是一种真实的服务的最高表现形式。在网络环境下，个性化服务是一种网络信息服务的方式。这种服务方式的实现主要根据客户的设定，借助于计算机及网络技术，对信息资源进行收集、整理和分类，向客户提供和推荐

相关信息，以满足客户对信息的需求。

许多人强调的个性化服务是指针对个人的、可以由个人定制的服务。个性化服务的方式和内容都必须是个性化的（针对个人的）。如果一项服务的内容仍然是非个性化的、大生产的，或者规格、标准统一的，那么就不能将这项服务称为个性化服务。

要进行个性化服务，不能忽视以下几个问题。

（1）你提供的服务有个性吗？

（2）个性化服务进入市场的成本高吗？其壁垒严实吗？

（3）人人都可以提供个性化服务吗？

（4）你提供的服务是真实的服务吗？

（5）服务的具体内容是什么？

（6）你的个性化服务的个性表现在哪里？

（7）你的个性化服务是形式的还是内容的？

（8）个性化服务形式是你独有的吗？

（9）个性化服务内容是你原创的吗？

（10）你的个性化服务形式是舶来的而其内容是他人的吗？

（11）你的字典中的个性化服务怎么解释？

（12）什么是网友喜欢的个性化服务？

对于个性化服务，首先需要的是个性。在个性之上，才有个性化服务。如果服务没有个性化的内容与形式，那么就不是个性化服务了。

2．网络个性化服务

1）网络个性化服务的内容

网络个性化服务包括以下三方面内容。

（1）服务时空个性化：在人们希望的时间和希望的地点得到服务。

（2）服务形式个性化：能根据个人爱好或者特点来进行服务。

（3）服务内容个性化：服务内容不再是千篇一律、千人一面的，而是各取所需、各得其所的。

伴随个性化服务，会出现相应的问题。首先是隐私问题，个人的需求、信息提供者掌握的个人偏好和倾向，这些都是一笔巨大的财富。大多数人不愿公开自己的"绝对隐私"。因此，企业在提供个性化服务时，必须注意保护客户的一些隐私信息，更不能将这些隐私信息进行公开或者出卖。侵犯客户的隐私信息，不但会招致客户的反对，而且可能导致客户的抗诉甚至报复。其次，提供的个性化服务应是客户真正需要的。另外，个性化服务还涉及许多技术问题，客户要做到无论何时、何地都可以接收信息，而且接收的信息是客户需要和选择的。

2）网络个性化的信息服务

网站是一种影响面广、客户数量巨大的市场营销工具。伴随着客户范围和数量的"无限"增大，客户在语言、文化背景、消费水平、经济环境和意识形态，直至每个客户具体的需求水平等方面存在的差异就变成一个非常突出的问题了。于是，怎样充分发挥互联网在动态交

互方面的优势，尽量满足不同客户的不同需求，就成为定制服务产生市场的动因。

3）网络个性化信息服务应注意的问题

网络个性化服务是一种非常有效的网络营销策略，但网络个性化服务是一个系统性工作，它要从方式上、内容上、技术上和资金上进行系统规划和配合，否则个性化服务是很难实现的。对于一般网站，提供个性化服务要注意下面几个问题。

（1）个性化服务是众多网站经营手段中的一种。它是否适合被应用于网站或者网站的哪个环节上，都要根据具体情况具体分析。

（2）应用个性化服务首先要做的是细分市场，细分目标群体，同时准确地确定不同群体的需求特点。这几个因素决定着个性化服务的具体方式，也决定着个性化服务的信息内容。

（3）随着市场细分程度的提高，投入个性化服务中的成本会相应提高，而且对网站的技术要求更高，因此网站经营者要量力而行。

7.2.2　积极有效的语言交流技巧

客户服务人员的形象代表着企业的形象，客户将根据客户服务人员的一言一行做出反应。作为一名专业客户服务人员，工作性质就是在一线为客户提供优质的服务，而客户服务工作将直接影响企业的“生死存亡”。客户服务人员的精神面貌、行事方式和交流能力能够直接反映出一个企业对其客户的重视程度。基于以上原因，就要不断地为客户创造出一个积极、专业的客户服务人员的形象。不管是客户上门咨询，还是对客户进行拜访，客户服务人员在与客户的交流中都要充分表现出对客户的友好和尊重，使企业形象在客户心目中留下良好的印象。

1．有效交流的重要性

与客户交流的方式是和客户实施沟通的一个关键因素。可以向身边的熟人打听自己是如何与他们进行交往的，从他们的意见中能够最直接地反映出自己与他人的交流方式及交流习惯。另外，还可以向客户或者同事提出以下几个问题。

（1）我说话时时常微笑吗？

（2）我说话时会经常使用肢体语言吗？

（3）我说话时语气生硬吗？

（4）我说话时有什么习惯动作吗？

（5）我说话时给人的整体感觉如何？

（6）我说话时的口头禅是什么？

（7）我说话时的语调如何？

（8）你是如何觉察出我的心情变化的？

你通过对上述问题的分析，就能很快进步，并会经常提醒自己应该注意什么，从而使自己成为客户心目中最受欢迎的客户服务人员。

2．确保与客户进行双向交流

双向交流是由发送者和接收者双方配合完成的，发送者和接收者这两个因素在交流的过

程中起了重要的作用。交流过程的每个环节都要确保信息以最佳途径准确无误地传递。

专业客户服务人员必须确保与客户的交流没有任何障碍，并把有效的信息及时传递给客户。如果完成了这个重要的职责和使命，将有助于客户服务人员提高工作效率，赢得客户对公司的信任，并出色地完成服务工作。为了达到这个目的，必须首先了解双向交流中的每个要素及其重要性。双向交流模式如图 7-4 所示。

1）环境

环境是指发送或者接收信息的环境，包括办公室、商店、团体、个人等。环境将直接影响信息的有效传递。

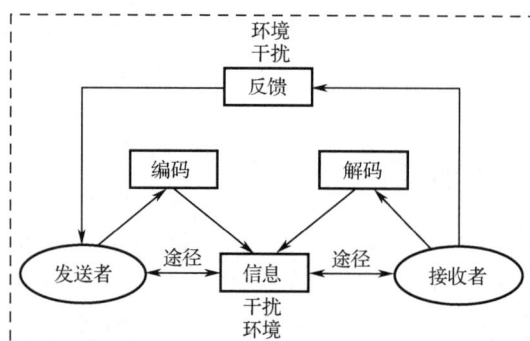

图 7-4　双向交流模式

2）发送者

发送者是指信息的发出人，即主动把信息发送给客户的客户服务人员。反之，客户也对客户服务人员传递的信息经过吸收、消化后反馈回来。

3）接收者

接收者是指信息的接收人。最初，客户服务人员也许是客户的信息接收人，然而一旦向客户的反应做出反馈，客户服务人员就成了信息的发送者。也就是说，信息的发送者与信息的接收者是双向的。

4）信息

信息是指数据经过加工处理后得到的一种资料，这种资料对人们是有用的，它会影响人们的行为。信息就是客户服务人员或者客户需要传达的中心思想。

5）途径

途径是指传递信息的方式，如打电话、亲自拜访、电子邮件、短信、网络联络等途径。

6）编码

编码是指客户服务人员把所要传递的信息转换成客户能接收、能理解的一种形式。如果客户服务人员不清楚客户理解信息的能力就有可能导致信息被误解或者不被理解。

7）解码

解码是指客户服务人员或者客户在接收到信息后用自己习惯的方式去理解含义。由于不

同的信息解码方式或者外部干扰的存在，被接收到的信息就不一定是原本的意义了。

8）反馈

反馈是指接收到信息的客户经过自己的解码理解消化后，给发送者传递的一种信息，这种信息称为反馈。反馈是双向交流模式中最为关键的因素。如果缺少了反馈，那么无论是接收者还是发送者，都只是在唱"独角戏"。

9）干扰

干扰是指影响信息正常传递的因素，包括生理因素和心理因素，如对事物的关注程度、信息是否清晰和易懂、传达信息的音高或者环境因素等，都能影响信息的准确接收。

3. 避免使用负面语言

在与客户交流的过程中，尽量使用积极的词汇，避免使用一些负面的、消极的词汇和语句。因为客户服务人员的不慎言行会降低客户对企业的忠诚度，客户可能因为客户服务人员的措辞不当而对企业感到失望；反之，如果措辞得当，自然会获得客户的好评。

如果客户服务人员使用了一些负面的词汇和语句，也许会引起客户的反感，招来客户的投诉，甚至有可能摧毁辛苦建立起来的客户关系。客户不想听客户服务人员唠唠叨叨地讲能够为客户做些什么，他们想知道的是如何满足他们的需求或者预期值。客户服务人员可以把传递信息的重点放在如何有效地与客户合作和让客户满意上，向客户表明真诚和敬业精神。不能使用含混不清的词汇或者不常用的专门术语，尽量避免使用诸如"我不确定""我尽力而为""我考虑考虑""等我向领导汇报"……这样的回答，而应该自信地告诉客户"我会给您一个满意的答案……"，或者"我可以做得很好，请您放心……"，或者"我一定能办好的……"。因此在与客户交流的过程中，尽量慎用负面效应的语言。负面、消极的词汇和语句一览表如表 7-1 所示。

表 7-1　负面、消极的词汇和语句一览表

负面、消极的词汇和语句	负面、消极的词汇和语句
你不明白	你没有理解我的意思
我不得不……	等几秒钟
我们不能……	我们公司有规定，不能……
这不是我的工作范围，我不能……	你说的话没有道理
你必须……	你应该……
你马上……	你必须回答我……
你不得不……	你需要做的是……
你为什么不……	我不知道
你错了	你没有在听我说
听我说	我从来没有说过……
我肯定地说，你……	依我看……
你的问题在哪里？	"问题"这个词
你明白了吗？	你有没有这种意识？

负面、消极的词汇和语句	负面、消极的词汇和语句
"但是"这个词	全局性词汇（如总是、从不和、没有人等）
"不"这个词	亲昵的词（如甜心、宝贝、亲爱的）
表示亵渎或者粗俗的词	表示不愿意的词

4．使用积极正面的语言

使用负面的词汇和词组会引起客户的反感，而使用正面、积极的词汇和词组能获得客户的好感。正面、积极的词汇和语句一览表如表 7-2 所示。通过使用这些正面、积极的词汇和词组，有助于巩固与客户的关系。

表 7-2　正面、积极的词汇和语句一览表

正面、积极的词汇和语句	正面、积极的词汇和语句
请	我可以……
谢谢	您有没有考虑过……
我能或者我会……	对不起（我为……感到抱歉）
我怎样才能帮助您呢？	然而，和或者仍（避免提及"但是"）
我错了	这是我（我们）的错
我能了解您的感受	您是否介意……
情况、争论的要点和所关切的事（避免提"问题"）	您怎么认为？
经常、许多次和一些（避免全局的词汇的使用）	我欣赏……
您是对的	客户与名字一一对应，用名字来称呼客户
您慢走，欢迎常来我们公司	欢迎您的到来
请问，我能帮您做点什么吗？	这边请……
请慢慢来，小心路滑	不要急，慢慢讲
我会很认真地听您……	我会很认真地为您办好的……
请放心，我一定……	请坐下慢慢说……

1）真诚、热情地问候客户

当客户一走进公司时，客户服务人员就应热情地上前迎接，脸上带着微笑，用发自内心的、最诚挚的问候，而不是机械性地说一句"欢迎光临……"，也可以用公司所规定的方式去跟客户热情地打招呼："早上好或者下午好、欢迎来到……、我是……、我能帮助您做点什么？"甚至在电话里，客户服务人员也应该保持微笑。因为笑声也能向客户传达热情的问候，对方可以从笑声中感觉到客户服务人员的友好真挚，让客户心情舒畅，接下去的工作就好开展了。

2）在语言中时刻体现以客为本

许多客户服务人员都错误地把自己当成与客户交流中的主导因素。但事实上，客户所传达的信息才是真正起主导作用的。

3）仔细聆听和及时反馈

聆听是语言双向交流中的关键因素。客户服务人员的聆听技巧和反馈能力将决定双方谈

话的发展方向。在与客户的谈话过程中，一旦客户发现客户服务人员没有专心聆听他说话，他的态度马上就会 180°地大转弯，从友好亲切立即变成满脸怒气；如果觉得在聆听自己的说话，客户会很配合客户服务人员的工作。

> 思考：个性化服务的真正含义是什么？为什么说 21 世纪竞争的焦点是服务？请举例说明。

7.2.3　处理客户服务中的难题

1．棘手的客户

一提到棘手的客户，可能就会联想到那些有抵触情绪的、粗鲁的、怒气冲冲的、满腹牢骚的和盛气凌人的客户，这些客户都是客户服务人员不得不面对的服务对象，但他们仅仅是一部分潜在的棘手客户。如果客户服务人员具备了高超的沟通技巧、积极的服务态度，并能耐心地对待客户，拥有帮助客户解决问题的意愿，就能为客户提供满意的服务。

有时，客户服务人员还会遇到这样一些客户，他们具有下面所描述的一项或几项特征。

（1）对于企业的产品和客户服务人员的服务公司的政策缺乏了解。

（2）不满意企业的产品或者客户服务人员的服务。

（3）要求苛刻。

（4）说话没完没了。

（5）有特殊的要求。

（6）语言沟通困难。

（7）年纪大，需要额外的帮助。

（8）身体残疾。

（9）不讲道理，很自私。

（10）要求不切实际。

以上列出的每种类型的客户都不好应付，能否处理好与他们的关系取决于客户服务人员的知识、经验和能力。要想服务好各种类型的客户，关键的一点在于，要将每个人都看成一个特殊的个体，避免根据客户的行为特征将他们定型，并对同一组的客户使用相同的处理方式。如果用一成不变的看法来看待每一位，可能会损害企业与客户之间的关系。

要注意观察形势和发现问题，这将是成功服务客户的一个非常重要的因素。当面对客户服务中的难题时，很重要的一点在于，要将客户和问题区分开来，即使不太理解或者不赞同某些人的行为，但不管怎样，他或者她仍然是客户。要和客户建立一种良好的关系，如果必要的话，可以求助于同事，或者将问题反映给部门的相关管理人员。作为客户服务人员，所遇到的问题都来自客户的需求和期望。

2．与难相处的客户共事

当面对难相处的客户时，客户服务人员须要表现得沉着、专业。大部分客户在和公司接触时，他们的头脑中已经存在了某种产品或者服务类型。如果客户服务人员采取积极的、愉快的、专业的方式为客户服务，则大部分客户会乐意接受服务的。还有一些客户，由于受他们的生活方式、态度、个人习惯或者背景等因素的影响，可能会给客户服务人员造成烦扰或者使客户服务人员付出额外的努力。这时，客户服务人员应当尽最大的努力为他们服务。在应对棘手的客户时，客户服务人员应当保持冷静、专业。下面介绍几种客户的类型及处理的方法。

1）不满意的客户

当由于种种原因使客户对客户服务人员或者企业不满意时，客户服务人员必须想尽办法使客户开心，可以尝试以下几种策略。

（1）聆听。客户服务人员要积极地去聆听客户的诉说。当一些客户心烦意乱时，他们想要的就是有人乐意去聆听他们的诉说。

（2）微笑。当客户服务人员聆听客户的诉说时，必须始终面带微笑，并可使用积极的非语言性暗示（如点头，开放式的、无威胁性的身体姿势，微笑），以及插入一些辅助语言。通过这些积极的非语言性暗示，客户服务人员从心理上或许和客户靠得更近了。人们一般不会去攻击一个"朋友"、一个熟人、一个设法为他或者她提供帮助的人。

（3）不要寻找借口。在一般情况下，客户对未能得到他们需要的产品、服务的原因并不感兴趣，他们仅仅要求事情能以对他们有利的方式得到解决。客户服务人员要寻找纠正错误的方法而不是掩盖错误。需要注意的是，如果客户服务人员的表现很被动，会造成一部分问题得不到解决。

（4）要富于同情心。当揭示问题的原因时，客户服务人员首先要设法做到热情、有同情心和感同身受，然后就能够试着及时地、恰当地为客户服务。客户服务人员经常采用一种改善客户在心烦意乱、有挫折感（不是真正的生气）时的情绪的方法，将这种方法称为"感受、理解、建议"策略。

2）犹豫不决的客户

犹豫不决的客户可能会占用客户服务人员大量的时间，同时降低客户服务人员做事的效率，或者妨碍客户服务人员服务其他的客户，此时客户服务人员可以采取以下几种策略。

（1）保持耐心。要记住，尽管那些犹豫不决的客户很让人心烦，但是他们仍然是客户。客户服务人员要像问候和帮助其他客户一样来对待他们。如果客户拒绝客户服务人员的帮助或者仅是随便到处浏览一下，那么客户服务人员要向客户说明会在哪里找到自己，同时要注意客户需要帮助时发出的信号。

（2）询问开放式的问题。客户服务人员可以试着尽可能获取足够的客户背景信息，而且收集的信息越多，就越能判断形势，从而确定客户的需要并施以帮助。

（3）积极聆听。客户服务人员要关注暗示的语言和非语言信息，以确定客户的情绪、顾虑和兴趣。

（4）建议其他的选择。客户服务人员可以提供有助于客户做出决定及减少客户忧虑的选择方案。如果客户服务人员能明确地说明产品有保证或者可以退换，可以使客户更加放心地做出决定。

3）愤怒的客户

在与愤怒的客户相处时，客户服务人员要谨慎，而且必须在超越情感的层次去挖掘客户愤怒的根源。客户服务人员只有寻找到客户愤怒的根源，才有可能说服他，并有效地为他服务。在客户服务人员服务于一位愤怒的客户时，通常可以采取以下几种策略。

（1）表现积极。告诉客户自己能做什么而不是不能做什么。如果说"我们公司的政策不允许我们给您退款"，那么客户一定会更生气。反之，如果说"我们可以给您一张代金券，它可以在这个城市里本公司所属的 12 个分店里任意使用"，就有可能稳住客户的情绪。

（2）使客户放心。客户服务人员向客户表明明白其生气的原因，同时愿意帮忙为其解决问题，并使用下面的语言减轻客户的不安："我会尽力帮助您解决这个问题""我可以向您保证这件事情会在一个星期内得到解决""您放心，我会优先考虑这个问题"。

（3）确定原因。客户服务人员通过询问、倾听、反馈、分析信息等综合方法，试着去确定问题的原因。客户可能仅仅是误解了客户服务人员所说的话，在这种情况下，只要澄清即可，可以试着说："这件事可能有一些混乱，我可以解释一下吗？"或者说"我说的话您似乎不太清楚，我能解释一下吗？"

（4）磋商解决方法。客户服务人员要设法从客户那里找到解决问题的方法。如果客户的建议很现实而且可行，就将其付诸实践，或者协商其他的方法。客户服务人员通过运用客户的建议，便可能获得客户的一致认可，即使以后有什么问题发生，客户也不太会抱怨，因为这是客户自己的想法。

3．正确处理客户抱怨以留住核心客户

客户有抱怨、能向客户服务人员投诉不但不是一件坏事，而且对企业改进生产经营管理、促进产品开发创新、增强企业竞争力有重要的意义。如何正确处理客户抱怨以留住核心客户呢？下面介绍几种方法。

1）树立"客户永远正确"的观念

树立"客户永远正确"的观念后，对客户服务人员来说，可以用平和的心态去处理客户的抱怨。在面对客户抱怨时，客户服务人员必须时刻保持微笑，站在客户的立场上去思考问题，认真倾听客户的抱怨，这样才能减少客户的怒气，找出问题所在。

2）建立统一的投诉管理程序，为客户投诉提供便利条件

客户服务人员必须指定明确的产品和服务标准及补救措施，使客户明确自己投诉的真正理由，利用各种技术支持，引导和方便客户投诉。客户投诉的渠道应该方便、省时、省力，尽可能减少客户花费在投诉上的时间、精力和金钱。

3）加强对客户服务人员的培训和授权

客户对一个企业的印象好坏往往取决于他对所遇到的客户服务人员的切身感受。客户是

否再次光顾，在很大程度上取决于客户服务人员能否让他满意而归。因此，企业必须对客户服务人员进行系统性的专业培训和礼仪培训，以提高其解决客户问题的能力。

4）及时处理客户投诉

企业必须对客户的投诉做出快速反应，最好将问题迅速解决或者至少表示有解决的诚意。拖延时间只会使客户抱怨的情绪越来越强烈，使客户感到自己没有受到足够的重视且客户满意度急剧下降。因此，公司应迅速调查事实，找出问题所在，积极主动与客户沟通，在协商一致的前提下，寻求双方都满意的解决方式，最终使客户得到满意的处理结果。

7.2.4　客户服务的常用策略

留住客户就是留住利润。每个企业都为能留住客户而绞尽脑汁、用尽心思。反之，客户也存在相同的困境，因为上百万网页上的几十种可选项导致客户的信息严重超载。网络技术能让客户很容易地去搜寻、比较所需的信息，但是客户最终还是要找到自己真正的需求，这些过多的信息能把客户弄糊涂了。这也意味着，客户除了找著名的品牌和具有良好信誉的产品之外，还会去找那些有价值的经验、有用的对比信息，以及购物简单、容易、方便、实惠的商家和方法。

对于客户的流失问题，很多企业都"归罪"于客户的挑剔、竞争对手的"不择手段"或者其他的外部原因，但很少能反省自己的过失与错误。无论怎么样，只要客户流失了，企业就有责任采取改进措施来补救，而不是抱怨。下面介绍几种客户服务的常用策略。

1. 参与性服务策略

参与性服务策略是指企业所提供的产品或者服务不再只局限于既定统一的产品，而是让客户利用网络参与产品的设计，获得更加贴近自己兴趣、高度满意的个性化产品。在电子商务环境下，人们对产品的需求更加个性化。

首先企业提供产品的通用模型，客户在此基础上提出自己的要求；然后企业在其要求下生产产品。这样一方面可以提高客户对产品的满意度；另一方面可以节省设计费用。同时，如果有许多客户对产品的某一方面提出了相同或者类似的要求，企业以后可以把这一部分标准化，以提高生产率。需要注意的是，客户的自由选择是有范围的，它依不同产品的特点而有所不同。对于一般的生活消费品，可以根据客户自己的选择生产产品（而药品等有严格技术标准的产品则不能由客户自行选择）。企业要根据自己产品的性质，在系统开发时就考虑好可以给予客户的自由度。

2. 追踪性服务策略

追踪性服务策略是指企业对所有的客户提供追踪服务，而不再仅仅限定某一时间和区间。在电子商务环境下，企业通过对客户建档和网络的强大优势，可以对客户提供终身的售后服务。良好的售后服务永远是留住客户的最好方法。在越来越激烈的市场竞争中，再也不能认为产品卖出去就万事大吉了，即使超过了保修期（在电子商务的环境下，有些产品如软件的升级，已经不再有保修期的概念了）也是如此。例如，如果企业对其开发的某种软件进

行版本升级，那么根据客户档案记录，企业系统自动向所有曾经购买本软件的客户发送一封 E-mail，向其介绍新版本软件与原有版本的优点，并说明版本的升级方法。在电子商务环境下，对客户的服务不再是当客户提出某种要求时企业的被动反应，而是企业积极地为客户着想，这样才能使其真正体会到"上帝"的感觉。当然，企业实施的这些服务也并非都是免费的。例如，某些公司对涉及产品的外形和颜色等服务是免费的，而涉及产品技术方面的服务就是有偿的。企业可以根据本企业所提供的产品或者服务性质，在网站系统设计阶段就划分好免费与有偿的标准。

3．满意性服务策略

满意性服务策略是指企业提高客户的满意度，以留住核心的客户，只有客户对产品和服务感到满意，企业才有留下客户的可能。因此，提高客户的满意度是留住客户的前提条件。下面介绍几种满意性服务策略。

1）产品满意

客户在接受服务时，最先考虑的是基本产品，包括产品的功能、质量、价格、包装、设计等因素。要使客户满意，就必须以客户的消费需要、审美情趣、价值观念等为导向，在充分了解客户的需要及变化的基础上进行产品的开发，让客户参与到产品的开发甚至生产流程中去，尤其是在客户的需要日趋多样化和个性化的情况下，更是如此。

2）服务满意

在生产领域里，企业竞争已表现为服务竞争。研究表明，在服务、产品和价格三个要素中，服务已成为影响客户忠诚的第一要素。企业失去的客户中有 68％是因为对服务质量不满意所导致的。决定服务满意度的一般性要素有销售人员的服务态度、送货的及时性和准确性、提供产品所需知识技能的适合性、购物环境的舒适和便利性等。企业要提高客户对服务的满意度，不仅要满足客户的一般性要求，还要做到为客户提供人性化服务。客户服务人员通过与客户的语言交流或者非语言交流，让客户感觉到某种服务令人愉悦并大有裨益。企业为客户提供附加服务，当企业的服务超越客户的期望时，就会提高客户的满意度。

3）理念满意

理念满意是最高层次的客户满意，它涉及企业是否得到社会普遍认同的、体现企业自身个性特征的、促使并保持企业正常运作及长足发展而构建的反映整个企业界明确的经营意识的价值体系，也涉及企业在客户心目中的形象问题。要树立良好的企业形象，一方面，企业内部要形成一种优秀的企业文化，能激励企业员工为实现企业目标而共同努力；另一方面，要处理好与社会、公众的关系，增强社会责任感，坚决不做任何不合法、不道德、不健康和违背社会规范的市场行为，在生产和经营中注意兼顾客户、企业和社会三者的利益，做一个遵纪守法、具有高度社会责任感的企业，以赢得客户的认同和信赖。

4．情感性服务策略

情感性服务策略是指企业在互联网上实现对客户的情感服务。在电子商务环境下，客户往往在互联网上与企业进行业务往来，企业人员与客户的直接接触变得很少，这样企业主动与客户进行情感沟通就显得更加重要。

在电子商务环境下，企业与客户进行情感沟通时，还要充分利用网络信息技术。例如，在客户的生日、结婚纪念日等重要日子，由系统自动给客户发送贺卡，以表示企业对客户的祝贺，也可以在发送贺卡的同时向客户推荐企业的新产品，这样客户将不会忘记这个企业，而且会更加频繁地浏览企业的网页，这样无形之中就可以留住客户。当然，企业在采取该策略时还要注意一个问题：并不是向所有的客户都泛泛地发出各种贺卡或者推荐产品。如果对系统数据库中的所有客户都采取同样的策略，客户将感受不到企业对他的特殊重视，对企业也没有什么益处。

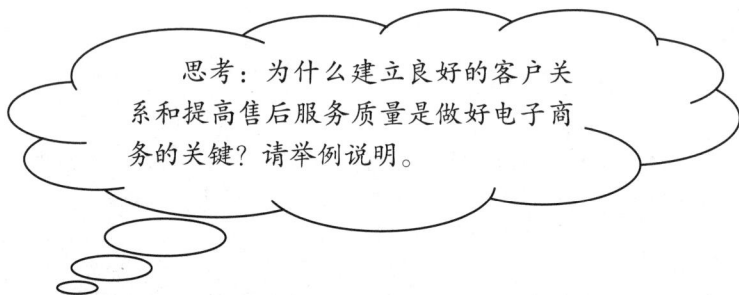

> 思考：为什么建立良好的客户关系和提高售后服务质量是做好电子商务的关键？请举例说明。

实训七 客户满意就是我最大的心愿

【实训目的】

通过本次实训，使学生真正了解客户服务的内涵和在现实生活中的重要性，掌握客户服务过程中的方法和技巧，学会在现实客户服务中因人而异、灵活服务客户的理论。

【实训要求】

（1）了解客户服务的过程。
（2）熟悉客户服务的概念。
（3）学会处理某一件事的方法和技巧。

【实训内容及实训步骤】

【操作一】零售客户服务

1．情景描述

在某个海参专卖店（简称"仰世"店），一位面带微笑的销售员正在向一位老人介绍海参，可那位老人似乎并没有被销售员的详细介绍所打动。老人说，他刚才在某个海参店也看

了许多海参，这些海参从外观上看没有什么区别，"仰世"店里的其中一种海参稍贵了一点，不知道是不是因为质量的原因。听了老人的话，"仰世"店的那位销售员笑了，她依旧不急不躁地说："买东西一定要货比三家，以质论价，尤其是买海参。海参不能只看外表，如产地、干湿程度等都会影响海参的价格，而'仰世'海参向来是以质量为保障的。"说完，这位销售员顺手从一个柜子里拿出了一把锤子，只见她又拿起一个海参放在一块木板上，猛地一锤子就砸了下去，只听"啪"的一声脆响，海参断成了两截。她拿起断开的海参，走到那位老人跟前说："大爷，您看这断面多光滑，肉多厚啊！这就是'仰世'海参！"老人接过断成两截的海参说："孩子，这你就不懂了吧，这不是肉，是胶质蛋白，你那一锤子砸下去的时候我就听到了，这海参确实够干，不含水分，给我称两斤（1 斤=0.5 千克）。"此时，"仰世"店的这位销售员并没有急于去给老人称海参，而是开始从盛满海参的容器里一个一个地挑选起海参来。一边挑选一边给老人介绍什么样的海参没有沙，营养价值更高。足足挑选了十几分钟，才为老人选出了两斤海参。送老人出门时，销售员随手拿出一瓶矿泉水递给了老人："大爷，天热您多喝点水，您回去后，如果海参发不好，再给我打电话。"

2．问题
（1）刚才销售员为什么要砸海参？
（2）换位思考：如果是你去买海参，你希望销售员怎样接待你？
（3）换位思考：如果你是销售员，应该怎样对待客户？

3．实训
每 6 个人一组，分别扮演销售员和客户，重演以上情景。

【操作二】客户服务管理

1．情景描述
某饭店是一家接待商务客人的饭店。最近，这家饭店的一些老客户反映，由于新改装的茶叶袋比较大，因此饭店客房里盛装茶叶袋的茶叶缸的盖子盖不上。客房部经理在查房时也发现了这个问题，并通报了采购部经理。但是过了 3 个月，这个问题仍没有解决。饭店经理知道了这件事，找来客房部经理和采购部经理了解情况。客房部经理说："这件事我已经告诉采购部经理了。"采购部经理说："这件事我已经告诉供货商了。"类似的问题在这家饭店多次发生。

2．问题
（1）请你用客户服务理论去分析这件事。
（2）换位思考：如果你是客房部经理，你应该如何处理此事？
（3）换位思考：如果你是销售部经理，你应该如何处理此事？

3．实训
每 6 个人一组，分别扮演客房部经理、销售部经理和客户，重演以上情景。

4. 参考分析

从情景描述中可以很明显地看到，这是由于饭店相关部门对客户的反映情况采取独立的应对方式造成的，但是由于部门界限的存在，这些不同的业务功能往往很难以协调一致的方式将注意力集中在客户的抱怨上。为此，企业各部门必须相互合作、共同设计和执行有竞争力的客户价值传递系统，以满足客户的需要，在客户满意方面做好工作，并由此进一步加强客户的美誉度和诚信度。饭店相关部门应该针对客户的抱怨，对存在的问题进行原因分析，并及时采取纠正措施。正确的做法应该是：采购部经理在接到情况反馈后，立即检查新改装的茶叶库存情况，根据日消耗量计算库存使用时间，在重新订购和货运时间允许的情况下，将订货要求告诉供货商，以保证为客人提供的茶叶满足要求。而客房部经理也不应该仅仅将情况反馈给采购部就不再管了，而应积极与采购部沟通，及早解决问题。

这个简单的饭店案例折射出了一个很普遍的客户服务管理中的问题。随着经济的发展和生活水平的提高，人们不再满足于基本的生活需要，而是更加注重具有情趣化和个性化的产品和服务。具有一定战略眼光的企业越来越重视客户的兴趣和感受，并时刻关注客户需求的变化，及时与客户沟通，并迅速采取相应的市场行动，以满足不断变化的消费需求。为了给客户提供更好的服务，企业就要做很多努力来满足客户的需求，从而使企业在风云变幻的市场中有立足之地。

首先，现在很多企业的各个部门在处理事情时都是从自己的部门利益出发的，一个企业内部的各个部门好像是"独立"的。但是所有好企业的每个部门应该紧密团结在一起，处理各种事务，其目标应该是一致的，从而使整个企业的效益最大化。面对客户的抱怨，这个部门认为这是另外一个部门的事，另外一个部门又会认为这不是他们部门的事，这样推来推去的，费了很多劲，到最后问题没能解决，却使客户牢骚满腹，给客户带来很多麻烦，企业可能因此会减少一个客户，同时也会使企业的形象大打折扣！

其次，在企业各个部门紧紧团结在一起，为实现企业的效益最大化而奋斗的前提下，每个企业都应该利用现代化的科学技术，建立有关客户资料的数据库，让企业各个层面的管理者并发现客户需求的变化，并迅速做出相应的反应来满足客户的需求，让各个部门的管理人员把客户的不满和抱怨反映到数据库上，使企业的每个部门都能在第一时间掌握情况，并协同各个部门一起来处理问题。

最后，还有无数的客户对获得的服务感到失望，虽保持沉默，但是他们可能永远不是这家企业的回头客了！这对于一家企业来说是何等大的损失啊！所以，企业很有必要定期组织一些有实质意义的关于服务质量的问卷调查。由于服务的无形性和时间性，如果得不到来自客户的反馈，任何服务承诺都是企业主管的一种善良愿望。通过对客户的问卷调查来反映当前服务中存在的主要问题，并非旨在使客户的抱怨降至最低，而是尽可能多地让客户有良好的条件与渠道来提出真实意见，以使企业知道在哪些方面急需采取行动，最终使失望的客户获得满意。在科学抽样基础上进行的客户满意度调查，就是一种对服务质量进行评估的效果显著的管理方法。

如果一家企业能做到以上三点，至少在客户服务这方面是不存在问题的。21 世纪，企业经营应以满足客户的需求和获得经济利益为中心，绝不能把提供的服务当成促销的手段，而

是要超越产品销售本身，以赢得顾客百分之百的满意。实现这一目标最主要的是要有一个崇高的企业精神，有一个真诚为客户服务的理念。在市场竞争环境中，只有满足客户的需求才有效益。因此，企业要通过满足客户的需求，用高质量的服务产生更高的效益，要把客户放在应有的重要位置上，将服务客户看作企业的一项长期战略投资。

【操作三】银行客户服务

1．情景描述

某年 11 月 2 日，陈先生到"平易支行"取款机上准备取 1000 元人民币，正操作时，手机响了，陈先生见取款机吐出了银行卡，赶忙取出银行卡，转身离开取款机屏风来接电话。等电话打完后，再次取款时，陈先生发现与他熟悉的开户行取款机的操作略有不同，这台取款机是先吐银行卡，后出钞票，而且他的银行卡上已经减少了 1000 元人民币。这时，他赶紧询问这家支行的员工。

陈先生："我没取到钱，可银行卡上少了 1000 元人民币，是不是这台机器有毛病啊？"

员工："你是怎么操作的？取了银行卡有没有等一下再离开。"

陈先生："吐银行卡时，未出钞票啊，我就接了一个电话。"

员工："可能被后面取款的人拿走了。我们这台机器有时反应慢，特别是业务高峰时期。告诉你吧，我们行的系统早就落后了，该换代了。这台老爷机早该报废了，唉！我们行有毛病的地方多着呢。"

陈先生："我的 1000 元人民币怎么办？"

员工："谁叫你不等一下再离开，自认倒霉吧！"

2．问题

（1）请你用客户服务理论去分析这件事。

（2）如果你是支行经理，应把这样的员工放在哪个部门呢？

（3）换位思考：如果你是员工，你应该如何处理此事？

（4）换位思考：如果你是陈先生，你应该如何处理此事？

3．实训

每 6 个人一组，分别扮演支行经理、员工和客户，重演以上情景。

4．参考分析

其实员工可以做得更好。

陈先生："我没取到钱，可银行卡上少了 1000 元人民币，是不是这台机器有毛病啊？"

员工："您先别着急，我们对取款情况都有实时录像，请把当时的情况跟我们讲一下，好吗？"

陈先生："吐银行卡时，未出钞票啊，我就接了一个电话。"

员工："请跟我们一起看一下回放录像，好吗？看看是什么原因。"

原来在陈先生取银行卡转身来接电话的瞬间，钞票已吐出，而他后面一个矮个子青年便随手取走了这 1000 元人民币。

员工："每个行的取款机的吐银行卡和出钞票的方式可能略有不同，请按屏幕提示进行操作。不过，我们会将您失款的情况上报，请留下联系电话，有情况我们立即与您联系。"

陈先生："好吧！谢谢您提醒。"

从案例中可以看出，当客户有紧急要求时，是及时帮客户解决问题，还是向客户"自曝家丑"，是企业文化和员工素质的一个体现。因为不同的处理方法，可能导致客户对一家银行产生截然不同的感受。客户一般容易相信内部员工对本机构的负面评价，尤其是第一次上门的客户，会觉得这家银行"真的"不行。

要想客户认同你的银行，首先自己要认同这个银行，确保从自己口中说出正面的言语，正面的言语会转化为积极的力量！

【操作四】饭店客户服务

1．情景描述

某年 8 月 19 日，正值旅游高峰时节，四海宾朋云集东湖。在这大好时机下，南方大酒店也是宾客盈门。晚上，为解除一天的劳累，客人纷纷来到了南方大酒店做桑拿。面对如此多的客人，南方大酒店桑拿部真有点应接不暇，服务员疾走如飞，技师们忙得连轴转，但服务上不到位的问题还是出来了。有四位做足道的客人因不能及时享受到服务，而找到了山峰主管投诉。此时，山峰主管也正忙得团团转，但他多方协调处理，陆续派技师前去服务，并且诚恳地对客人讲："今天，因为我工作失误，没有按我们的承诺在规定的时间内为您提供服务，所以今天您所有的消费由我个人承担。"随后，山峰主管又对收银台做了细致的安排交代。

客人消费结束回房间后，打电话给桑拿部，让服务员一定拿账单给他来结账。这时，山峰主管来到客人房间，客人开门就讲："小山，今天就冲你如此用心工作，如此诚信，如此敢承担责任，今天的账我一定要结。并且，不挂账，不打折，否则，我于心不忍。"客人说完，便掏出 500 元人民币现金付款。以后，这位客人成了南方大酒店桑拿部的忠诚客户。

2．问题

（1）请你用客户服务理论去分析这件事。

（2）换位思考：如果你是山峰主管，你会如何处理此事？

（3）换位思考：如果你是客户，你会如何处理此事？

3．实训

每 6 个人一组，分别扮演山峰主管和客户，重演以上情景。

4．参考分析

从以上服务实例中，我们也会深刻体会到细节服务的真谛。

（1）服务创新无止境，尤其是细节服务更是取之不尽，用之不竭，只要广大员工善于学习、勤于探索、细心观察，类似的细节服务一定可以源源不断地被发明、创造出来。

（2）细节服务来源于广大基层员工，细节服务的原动力来自员工对客人真挚的关心和奉

献，来自"全心全意为客人服务"的精神。

（3）细节服务是酒店克敌制胜的法宝。目前，酒店业的竞争已趋白热化，企业要想在竞争中立于不败之地，就必须深挖细节服务，在客人的惊喜和感动中，培养忠诚客户，培育客源市场。

【实训提醒】

对于具体每组的实训，会因人、因事而异，不要照搬，要用理论去指导实践，每一位学生以不同的角色去体验。

通过以上实训可以得到下面的结论。

（1）满意的员工造就满意的客户服务。

（2）服务就是为客户创造价值。

（3）客户服务要以客户需求为导向。

（4）客户的力量是万万不可忽视的。

【实训思考】

（1）在实训中，用到了哪些客户服务理论知识？

（2）你在实际生活中遇到过哪些客户服务的案例？请举例。

（3）你认为要做好客户服务工作，最关键的是什么？为什么？

（4）作为一名学生，你认为这种实训会给你带来什么实际的帮助？为什么？

【实训报告】

1. 实训过程

目的要求：

实训内容：

实训步骤：

输入：

输出：

2. 实训结果

（1）阅读完情景描述后，填写数据登记表（见表 7-3）

表 7-3　数据登记表

题　　目	中 心 思 想	客户服务理论

（2）填写实训结果分析登记表（见表7-4）

表7-4　实训结果分析登记表

题　　目	客户服务人员	客　　户

3．总结

通过实训，总结自己掌握相关知识的程度，分析实训中出错原因，并提出改进措施。

习题七

一、填空题

1．真正的客户服务是根据客户_____使他_____，而最终客户会感到受到_____，他会把这种_____，成为企业的_____客户。

2．客户服务是指为了能够使企业与客户之间形成一种_____的互动，企业所能做的一切工作。每位客户从_____这家公司，就开始享受_____，到最终他带来_____客户，在这整个过程中，整个公司所能做的_____都叫客户服务工作。

3．当客户感到企业的_____就是为_____服务、满足他们的_____需求时，企业就获得了竞争的优势，这种优势称为_____。

4．"客户"的概念是在_____中产生的，是指_____的主体，而其_____价值是因为要获得其_____价值，即有相应需求要满足。

5．服务环境的第三个要素是人力资源，其中，人力是_____的简称，是由_____和体力两种天生的原本因素组成的。资源是针对目标所需，一切可_____的、_____和再创造效益的物和_____与_____之间的关系，便是可用的资源。

6．马斯洛将人的需求分为_____需求、_____需求、_____需求、尊重需求和_____需求，其中_____需求是最低需求。

7．当前，网络的普及使人们改变了原有的生活方式，网络给人们营造了一个_____的生活空间，出现了新的需求倾向和_____、_____、_____的特点。

8．网络时代客户消费行为的动机有_____、_____、求美消费动机、_____、_____、_____。

9．行为风格是一种_____的行为趋势，对_____行为风格的了解能够促使服务人员更

好地_____的行为特点，_____与客户的关系。

10．网络个性化服务内容，包括_____个性化、_____个性化、_____个性化。

二、判断题（正确的打"√"，错误的打"×"）

1．客户服务定义为企业与客户交互信息的一个完整的过程，包括听取客户的问题和要求。（　　　）

2．真正的客户服务是根据客户本人的喜好使他满意，而最终客户会感到受到重视，他会把这种好感铭刻于心，成为企业的忠诚客户。（　　　）

3．今天，客户服务应用水平和知识实施能力是"启蒙时期"。（　　　）

4．客户的消费行为还不能成为影响企业制定战略尤其是营销战略的重要因素。（　　　）

5．当前，网络的普及使人们改变了原有的生活方式，网络给人们营造了一个虚拟的生活空间。在这个虚拟的世界里，人们的消费需求也有了很大的改变，出现了新的需求倾向和特点。（　　　）

三、思考题

1．简述客户服务的含义。

2．简述服务个性的含义。

3．简述如何创造企业客户服务的个性。

4．简述客户服务运作的工作流程。

5．简述客户服务环境中的人力资源的含义。

6．简述客户服务环境中的组织文化的含义。

7．简述马斯洛的需求层次理论的含义。

8．简述网络时代客户消费行为的特点。

9．简述行为风格的重要性。

10．什么是个性化？

11．什么是个性化服务？个性化服务有哪些特点？

12．简述有效交流的重要性。

13．在与客户交流的过程中，使用负面语言会给企业带来什么负面影响？为什么？

14．简述如何应对棘手的客户。

15．简述客户服务的常用策略。

第8章

移动电子商务

8.1　移动商务简述

8.1.1　移动商务的概念

移动商务作为新兴事物，不同的学者和专家给出了若干不同的定义。一般可以认为移动商务是由电子商务的概念衍生出来的。现在的电子商务以 PC 为主要界面，是"有线的电子商务"；而移动商务是指那些依托移动通信网络，使用手机、掌上电脑、笔记本电脑等移动通信终端和设备，进行各种商业信息交互而实现的各类商务活动。移动电子商务的应用范围包罗万象，如在线交易、企业应用、获取信息和娱乐消费等，这些服务将会受到客户广泛的欢迎。通过移动电子商务，客户可随时随地获取所需的服务、信息和娱乐。

无线技术的使用以其所提供的移动性和便携性等优越条件，扩展了传统电子商务的作用范围。因此，移动商务有时也称为移动电子商务，可以被看成弥补固定式有线电子商务的许多不足的一种灵活的解决方案。基于无线的网络基础结构及支持这种结构的便携式移动技术增加了商业系统领域内的灵活性和移动性。迄今为止，无线远程通信网络商业化的应用已经成为便携式设备（如 PDA 和特殊的移动电话）访问移动 Internet 的功能。但是，移动 Internet 只是移动电子商务世界中许多应用中的一种。类似地，移动电话已经被看成无线世界中的主要设备。移动商务环境的主要组件如图 8-1 所示。

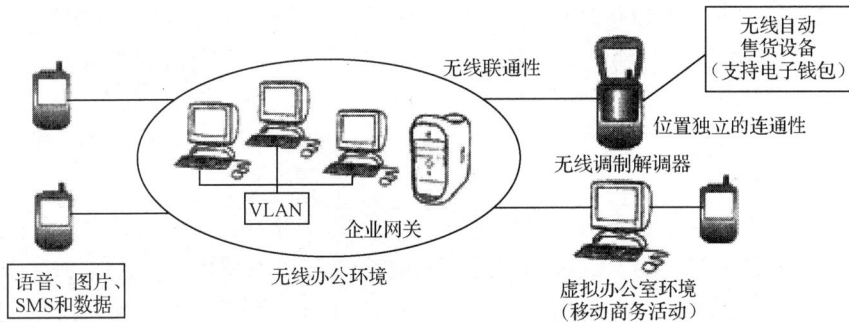

图 8-1　移动商务环境的主要组件

8.1.2　移动商务的基本技术

科学技术的不断发展为移动电子商务的发展提供了坚实的基础。目前，实现移动电子商务的技术主要有以下几种。

1．无线应用协议

无线应用协议是开展移动电子商务的核心技术之一。通过 WAP，手机可以随时随地、方便、快捷地接入 Internet，是真正实现不受时间和地域约束的移动电子商务。WAP 是一种通信协议，它的提出和发展是基于在移动中接入 Internet 的需要。WAP 提供了一套开放、统一的技术平台，用户使用移动设备很容易访问和获取以统一内容格式表示的 Internet 或者企业内部网信息和各种服务。它定义了一套软硬件的接口，可以使人们像使用 PC 一样使用移动

电话收发电子邮件及浏览网页。同时，WAP 提供了一种应用开发和运行环境，能够支持当前最流行的嵌入式操作系统。WAP 可以支持目前使用的绝大多数无线设备，包括移动电话、双向无线电通信设备等。在传输网络上，WAP 可以支持目前的各种移动网络，如 GSM、CDMA、PHS 等，也可以支持第三代移动通信系统。目前，许多电信公司已经推出了多种 WAP 产品，包括 WAP 网关、应用开发工具和 WAP 手机，向用户提供网上资信、机票订购、游戏、购物等服务。

2．移动 IP 技术

移动 IP 技术是通过在网络层改变 IP，从而实现移动计算机在 Internet 中的无缝漫游。移动 IP 技术使得节点在从一条链路切换到另一条链路上时，无须改变它的 IP 地址，也不必中断正在进行的通信。移动 IP 技术在一定程度上能够很好地支持移动电子商务的应用，但是目前也面临一些问题，如移动主机的安全性和功耗等问题。

3．"蓝牙"技术

"蓝牙"（Bluetooth）技术是由爱立信公司、IBM 公司、诺基亚公司、英特尔公司和东芝公司共同推出的一项短程无线连接标准，旨在取代有线连接，实现数字设备间的无线互联，以确保大多数常见的计算机和通信设备之间进行通信。"蓝牙"作为一种低成本、低功率、小范围的无线通信技术，可以使移动电话、个人计算机、便携式计算机、打印机及其他计算机设备在短距离内无须线缆即可进行通信。例如，使用移动电话在自动售货机处进行支付，这是实现无线电子钱包的一项关键技术。

4．通用分组无线业务

在传统的 GSM 网中，用户除通话以外最高只能以 9.6KB/s 的传输速率进行数据通信，如 Fax、E-mail 和 FTP 等，这种速率只能用于传送文本和静态图像，但无法满足传送活动视频的需求。通用分组无线业务（GPRS）突破了 GSM 网只能提供电路交换的思维定式，将分组交换模式引入了 GSM 网中。它仅仅通过增加相应的功能实体和对现有的基站系统进行部分改造来实现分组交换，从而提高资源的利用率。GPRS 能快速建立连接，适用于频繁传送小数据量业务或者非频繁传送大数据量业务。

5．移动定位系统

移动电子商务的主要应用领域之一就是基于位置的业务。例如，它能够向旅游者和外出办公的公司员工提供当地新闻、天气及旅馆等信息。这项技术将会为本地旅游业、零售业、娱乐业和餐饮业的发展带来巨大商机。

8.1.3 移动商务的商业模式

移动商务是指借助移动技术，通过移动网络向用户提供内容和服务，并从中获得利润的商务活动。商务活动中不同的参与者、服务内容和利润来源的组合就形成了不同的商务模式。移动商务的主要商务模式包括通信模式、广告模式、信息服务模式、移动销售模式和移动工

作者支持服务模式等。

1．通信模式

移动通信是移动终端用户的基本要求，也是移动商务中最早出现、最普遍的服务。无线网络运营商为用户提供移动通信服务，而移动客户向网络运营商缴纳使用费，这样就形成了无线网络运营商通过语言和短信服务获取利润的商务模式。

这种商务模式的主要参与者就是无线网络运营商和移动客户，如图 8-2 所示。它的主要服务是语言和短信服务，主要的利润来源是移动客户缴纳的使用费。

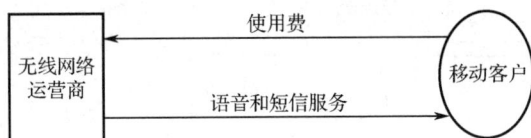

图 8-2　通信模式

2．广告模式

广告是电子商务的重要利润来源，至今仍然是内容提供商赚取高额利润的有效途径。但是由于移动设备的屏幕小，与有线网络相比就需要目的性更强的广告。广告模式如图 8-3 所示。从图 8-3 中可以看出，这种商务模式涉及广告客户、内容提供商、无线网络运营商和移动客户。当然，在广告模式运营过程中还涉及一些中间商，如无线广告代理商、内容集成商、移动门户网站和无线网络接入商等。

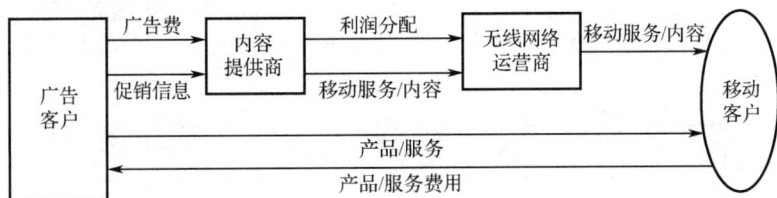

图 8-3　广告模式

在广告模式中，从表面上看，虽然广告客户支付给内容提供商一定的费用，内容提供商再与无线网络运营商之间进行利润分配，但实际上，移动客户才是利润的来源，移动客户通过购买产品/服务将利润过渡给广告客户，而广告客户只是将其获得利润的一部分以广告费的形式付给内容提供商。内容提供商通过将推销信息添加到发给移动客户的内容和服务中，获得广告费。而无线网络运营商通过为内容提供商提供无线传输服务而获得通信费或者利润分成。

3．信息服务模式

移动商务中的信息服务模式主要包括各种实时信息服务（如新闻、天气、股票信息等）、各种基于位置的信息服务（如移动客户附近的酒店信息、娱乐场所信息、加油站位置信息等），以及各种紧急信息服务。

在信息服务模式中，参与者主要是内容提供商、无线网络运营商和移动客户；主要的服

务是信息服务；主要的利润来源是移动客户缴纳的服务预订费。如图 8-4 所示，内容提供商通过无线网络运营商向移动客户提供各种信息服务；移动客户通过缴纳一定的预订费获得这些服务；无线网络运营商通过传输信息而获得通信费。另外，根据与内容提供商签订协议的情况，无线网络运营商还会以佣金的形式获得内容提供商的利润分成。

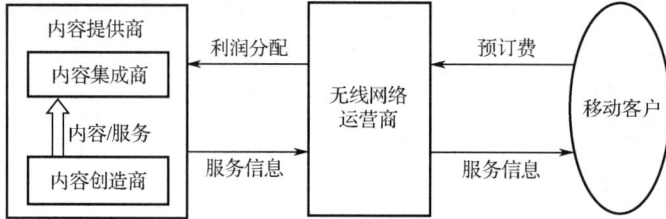

图 8-4　信息服务模式

4．移动销售模式

自 Internet 诞生以来，就被视为销售渠道之一，通过建立网上商店等形式可以降低销售成本。同样，无线网络也具有同样的功能，并开始成为产品/服务的另一种销售渠道。而且无线网络技术和终端设备的特性决定了这种销售模式具有不同于有线网络销售方式的特性。如图 8-5 所示，在移动销售模式中，参与者主要有内容提供商、门户或者接入服务提供商、无线网络运营商、支持性服务提供商（第三方服务）和移动客户。

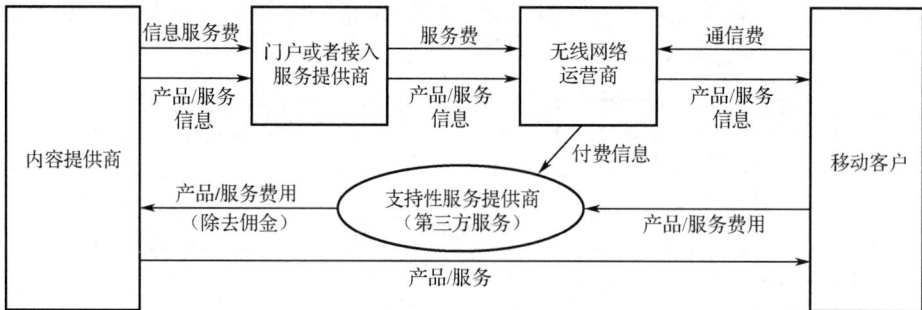

图 8-5　移动销售模式

从图 8-5 中可以看出，内容提供商要向门户或者接入服务提供商缴纳信息服务费，这种费用可以根据信息流量或者时间长度缴纳，也可以根据访问次数缴纳，或者按月、年付费等。而门户或者接入服务提供商与无线网络运营商之间的付费方式则大多根据带宽的大小，按月、年付费，当然也有根据提供信息的数量多少来付费（如按照提供多少千字节的信息付费）。有时移动客户还要向无线网络运营商提供通信费（产品/服务信息不是免费提供的情况）。第三方服务获得佣金的方式则可以根据交易次数收取（如每次收取一定额度的交易费），也可以根据交易金额收取（收取交易金额的一定比例）。

移动客户是利润的主要来源；内容提供商通过向移动客户销售产品获得利润；门户或者接入服务提供商通过向内容提供商提供无线网络接入获得信息服务费；无线网络运营商通过向门户或者接入服务提供商提供信息服务获得服务费，有时还会获得移动客户支付的通信

费；而第三方服务（如信用卡公司、银行、无线网络运营商等）则通过向内容提供商提供服务支持（付费支持）而获得佣金。

5．移动工作者支持服务模式

移动商务可以作为企业降低成本、提高客户满意度的手段。移动商务典型的应用包括移动支付、移动交易和移动订票等。无线网络的出现不仅能够帮助企业削减分支机构、呼叫中心、售票亭和柜台的人员数量，还有很多其他方面的作用，例如，减少传统商务模式的中间层，缩短供销链，增进企业与客户之间的亲密感等。一个比较常见的例子就是航空公司无须旅行社介入，而是通过移动网络直接把票卖给客户。

企业运营过程的移动支持主要包括移动资产管理、移动供应链管理、移动销售支持系统（售货员可以通过该系统访问企业后台数据库以检查产品的可用性，进而与客户达成更合适的发货日期）等，这个过程能够大大提高企业的生产力。

在企业移动支持中，最重要的一项就是对移动工作者提供支持服务系统。这个系统的建立能够大大提高移动工作者的工作效率。如图 8-6 所示，在移动工作者支持服务模式中，包括企业（内容提供商）、无线网络运营商和移动工作者。无线网络运营商通过向企业的移动工作者提供移动支持服务获得服务费用；移动工作者则是移动服务支持的对象；而企业则充当类似于内容提供商的角色。但不同的是，这里的内容提供商并不会直接从移动工作者那里获得产品/服务费用，而是借助于移动工作者工作效率的提高，以及客户满意度和忠诚度的提高，进而提高经营效率的方式获得回报的。

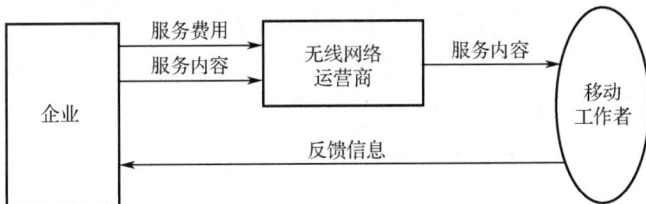

图 8-6　移动工作者支持服务模式

思考：你使用过手机购物吗？收到过手机广告信息吗？请举例说明。

8.2　移动电子支付

8.2.1　移动电子支付概述

1．移动电子支付的概念

所谓移动电子支付，就是指允许客户使用其移动终端（通常是手机）对所消费的产品/

服务进行账务支付的一种服务方式。移动电子支付被更准确地定义为：以手机、PDA等移动终端为工具，通过移动通信网络，实现资金由支付方转移到受付方的支付方式。

单位/个人通过移动设备、互联网、近距离传感设备直接/间接向银行金融机构发送支付指令并产生货币支付与资金转移行为，从而实现移动电子支付功能。移动电子支付使终端设备、互联网、应用提供商及金融机构相融合，为客户提供货币支付、缴费等金融业务。

2．移动电子支付的方式

移动电子支付的方式目前有以下几种。

1）手机钱包

手机钱包也称为小额移动支付。该方式实施较容易，是目前国外较普遍采用的方式。手机钱包的特点是以客户的话费账户或者关联客户的银行卡账户的移动运营商为主进行的消费购物活动。例如，客户可以通过拨打可口可乐机或者地铁售票机上的特定号码，根据提示信息，按键选货，自动购买所需产品，购货成功后，客户可收到一条确认信息，所购货款会自动从话费中扣除。

2）手机银行

手机银行是指通过移动通信网络，将客户的手机连接至银行，通过手机界面直接完成各种金融理财业务。手机银行可以说是移动通信网上的一项电子商务业务。客户使用装有银行密钥的大容量SIM卡，即STM卡，通过移动电话的短消息系统（SMS）进行操作，将客户有关银行账户、个人密码、业务代理、交易金额等信息送至相关银行，由银行处理后将结果返回至手机，从而完成手机银行的服务。手机银行使用户足不出户通过手机就能完成由银行代受的电话费、水电费、煤气费、有线电视费等服务，并可查询账户余额和股票、外汇信息，完成转账、股票交易、外汇交易及其他银行业务。

3）手机支付

手机支付是在移动运营商和商业银行间加入了第三方（如中国银联）的支付方式。这种通过第三方构筑的转接平台，和上述两种点对点的业务模式不同，它可以实施"一点接入，多点服务"的功能。手机支付具有查询、缴费、消费、转账等主要业务项目。由于有第三方的介入，银行和电信运营商间在技术、业务等方面更易协调。手机支付被认为比前两种方式更具有发展前途。

3．移动电子支付的特点

（1）支付灵活便捷。客户只要申请了移动电子支付功能，便可足不出户完成整个支付与结算过程，不受时间、空间限制，随时、随地地完成支付。

（2）交易时间成本低，可以减少往返银行的交通时间和支付处理时间。

（3）每台移动电子支付的机器中都配置一张加密卡，这样移动电子支付就比网银支付方式更安全。

（4）利于调整价值链，优化产业资源布局。移动电子支付不仅可以为移动运营商带来增

值收益，也可以为金融系统带来中间业务收入。

8.2.2　移动电子支付系统架构

移动电子支付从本质上讲就是指买方为了获取卖方的某种产品/服务，通过电子化的渠道，将买方的资金安全地转移给卖方的商业行为。移动电子支付系统的核心是账户间资金的安全转移，因此，移动电子支付系统架构应该围绕账户体系，结合移动电子支付的基本特点进行构建，如图 8-7 所示。

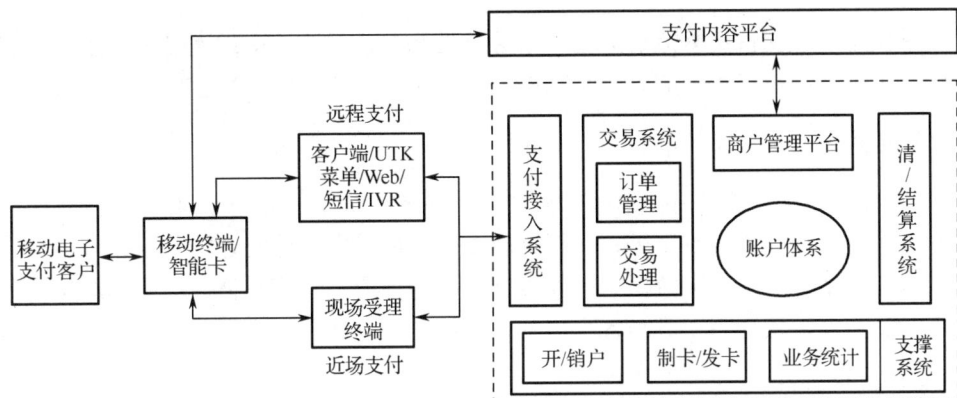

图 8-7　移动电子支付系统架构

移动电子支付系统架构以账户体系为核心，由移动终端/智能卡、客户端/ UTK 菜单/Web/短信/IVR、现场受理终端、支付接入系统、交易系统、账户体系、清/结算系统、支付内容平台、商户管理平台、支撑系统等部分组成。

1．移动终端/智能卡

移动终端/智能卡是指移动支付客户持有的设备，主要包括手机、PDA、移动 PC、RFID 智能卡等设备。客户使用移动终端/智能卡完成支付业务。移动支付与其他支付方式的不同之处在于其生成及获取支付信息的源头是移动终端。

2．客户端/UTK 菜单/Web/短信/IVR

在远程支付中，客户通过手机上的支付客户端、智能卡上的 UTK 菜单、Web、短信、IVR 等方式实现产品选购、订单支付等功能。

3．现场受理终端

在近场支付模式下，客户在商户的经营场所（超市、商场等）内选定产品后，或者在乘坐公交车、观看电影时，持带有 RFID 功能的移动终端/智能卡，通过现场受理终端进行刷卡，完成支付和认证功能。

4．支付接入系统

客户通过移动终端/智能卡接入移动电子支付平台的统一入口，完成支付环节的处理。支付接入系统作为用户设备和平台的一道安全屏障，保障了移动电子支付平台和账户资金的安全。支付接入系统主要包括近场支付的POSP接入平台、远程支付的Web门户服务器、短信接入服务器、IVR语音接入服务器。

5．交易系统

交易系统是完成支付交易流程的基本事务处理系统，并通过接收支付接入系统的支付请求，完成订单处理和账户资金的流转等功能。

6．清/结算系统

清/结算系统主要完成交易订单的对账和资金清/结算功能。其中，对账包括与商户应用系统的对账、与金融机构的对账等。结算管理模块根据指定的分成方案和结算规则对交易日志进行结算，产生相应的结算数据。结算数据包括与商户的结算数据、与银行的结算数据，根据这些结算数据，运营商完成与各个部分之间的资金划拨。

7．支付内容平台

支付内容平台是在支付过程中提供内容/服务的系统，不局限于无线通信渠道。例如，客户可以通过PC、互联网渠道使用支付内容平台的服务。提供支付内容平台的机构可以是商城、B2C商户、专营的第三方公司、校企服务公司、便民服务公司、公交公司等。

8．商户管理门户

商户管理门户是支付内容提供商接入移动电子支付平台的统一入口，也是商户访问移动电子支付平台的统一门户。通过该门户，商户可以完成管理账户、查询交易订单、申请支付接入等功能。

9．支撑系统

支撑系统主要包括客户的开/销户管理、RFID智能卡的制卡/发卡、业务统计等功能。

8.2.3 移动电子支付交易流程

1．远程支付流程

在远程支付模式中，由于客户与商家非面对面接触，客户要使用移动终端的客户端等接入方式在支付内容平台选购产品/服务，确认付款时，通过无线通信网络，与支付内容平台进行交互，由支付交易系统完成交易处理。远程支付流程如图8-8所示。

远程支付流程说明如下。

（1）客户通过移动终端的客户端在支付内容平台订购产品/服务。

（2）支付内容平台向支付交易系统提交订单。

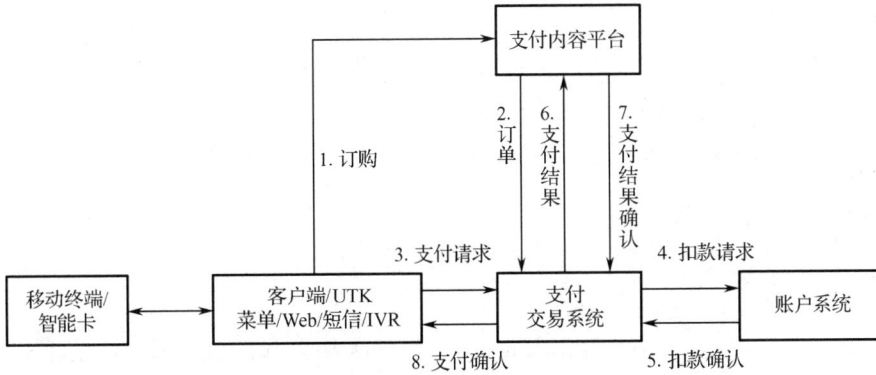

图 8-8　远程支付流程

（3）客户通过移动终端的客户端向支付交易系统发起支付请求。

（4）支付交易系统接收客户支付请求，检查客户的订单信息，向账户系统发起扣款请求。

（5）账户系统接收扣款请求，并对客户账户信息进行鉴权，鉴权通过后，完成转账付款，并发送扣款确认信息给支付交易系统。

（6）支付交易系统将支付结果通知支付内容平台。

（7）支付内容平台向支付交易系统返回支付结果确认的应答。

（8）支付交易系统向客户端发送支付确认信息，完成交易流程。

2．近场支付流程

近场支付（联机消费）是客户使用移动终端/智能卡，通过现场受理终端接入移动支付平台，在本地或者接入收单网络完成支付过程的支付方式。近场支付流程如图 8-9 所示。

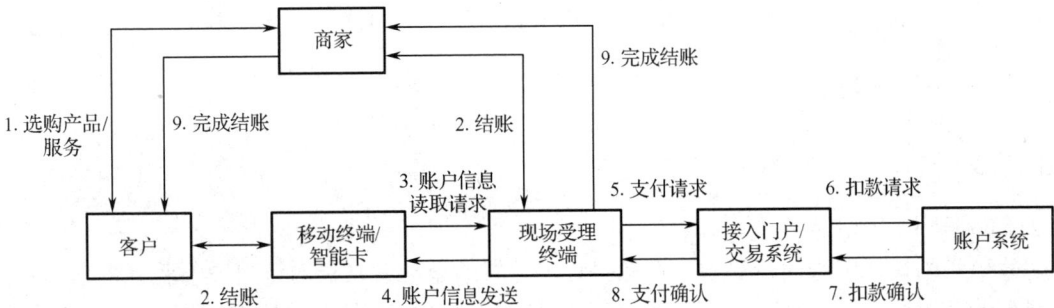

图 8-9　近场支付流程

近场支付（联机消费）流程说明如下。

（1）客户在商家店内选择产品/服务。

（2）客户到商家收银台结账。

（3）商家在现场受理终端（POS）上输入消费金额，通过近场通信技术，向移动终端/智能卡发起账户信息读取请求。

（4）移动终端/智能卡将账户信息发送给现场受理终端。

（5）现场受理终端发送支付请求指令给交易系统。

（6）交易系统发送账户扣款请求给账户系统。

（7）账户系统收到扣款请求后，进行客户账户鉴权，返回扣款确认信息。

（8）交易系统返回支付确认信息给现场受理终端。

（9）完成结账过程。

8.2.4 WPKI 体系

1．WPKI 的概念

WPKI（Wireless Public Key Infrastructure）即"无线公开密钥体系"，是将互联网电子商务中 PKI（Public Key Infrastructure）安全机制引入无线网络环境中的一套遵循既定标准的密钥及证书管理平台体系。它能为移动运营商的不同无线网络上的各种应用提供加密和数字签名等密码安全服务。

WPKI 并不是一个全新的 PKI 标准，它是传统的 PKI 技术应用于无线环境的优化扩展。它同样采用证书管理公钥，通过第三方的可信任机构——认证中心（CA）验证客户的身份，从而实现信息的安全传输。PKI 技术是利用公钥理论和技术建立的提供信息安全服务的基础设施，是国际公认的互联网电子商务的安全认证机制，是利用现代密码学中的公钥密码技术在开放的 Internet 网络环境中提供数据加密及数字签名服务的统一技术框架。

公钥是目前应用最广泛的一种加密体制，在这一体系中，加密密钥与解密密钥各不相同，发送信息的人利用接收者的公钥发送加密信息，接收者再利用自己专有的私钥进行解密。这种方式既保证了信息的机密性，又能保证信息具有不可抵赖性。目前，公钥体系广泛地用于 CA 认证、数字签名和密钥交换等领域。

与 PKI 系统相似，一个完整的 WPKI 系统必须具有 PKI 客户端、注册机构（RA）、认证中心（CA）、数字证书库及应用接口等基本构成部分，其构建也将围绕着这几部分进行。

1）认证中心（CA）

CA 系统是 PKI 的信任基础，负责分发和验证数字证书，规定证书的有效期，发布证书废除列表（CRL）。

2）注册机构（RA）

RA 作为认证中心的校验者，在数字证书分发给请求者之前对证书进行验证。它捕获并认证客户的身份，向 CA 提出证书请求。认证的处理质量决定了证书中被设定的信任级别。

3）智能卡

智能卡就是通过将具有存储、加密及数据处理能力的集成电路芯片镶嵌于塑料基片中而制成的。它具有体积小、难于破解等特点，在生产过程、访问控制方面有很强的安全保障。很多需要客户端认证的应用都可以使用智能卡来实现。智能卡非常适用于存储移动电子商务密钥及相关数字证书。智能卡载有持卡人的数字证书、私钥及加密签名模块，从而能实现移动电子商务中的身份识别和信息加密传输。

4）数字证书库

数字证书库用于存储已签发的数字证书及公钥，客户可由此获得所需的其他客户的证书及公钥。

5）应用接口

一个完整的 WPKI 系统必须提供良好的应用接口系统，使各种各样的应用能够以安全、一致、可信的方式与 WPKI 系统交互，确保安全网络环境的完整性和易用性。

6）加密算法

智能卡的加密算法越复杂、密钥越长，则其安全性就越高，但该系统执行运算所需的时间也越长，对芯片计算能力的要求也越高。所以，支持 RSA 算法的智能卡通常需要高性能的具有协处理器的芯片。而错误检测和纠正技术使用较短的密钥就可以达到和 RSA 算法相同的加密强度。由于智能卡在 CPU 处理能力和 RAM 大小的限制，因而采用一种运算量小同时能提供高加密强度的公钥密码体制对在智能卡上实现数字签名应用是至关重要的。

目前，国际上很多国家都在研究 WPKI 技术，美国、日本和欧洲各国都已发展出自己的信息安全技术和产业，WPKI 领域的主流体系有：WAP FORUM 制定的 WAP PKI；日本 NTT 的 I-MODE 的安全体系；美国 PALM 公司的安全体系。这些组织的 WPKI 体系均具备自己完整的协议体系，并且已经在无线数据业务中得到实际应用。

2．WPKI 系统应用

WPKI 系统的主要功能是为基于移动网络的各类移动终端客户、移动数据服务提供商的业务系统提供基于 WPKI 的各种安全服务。WPKI 系统架构如图 8-10 所示。

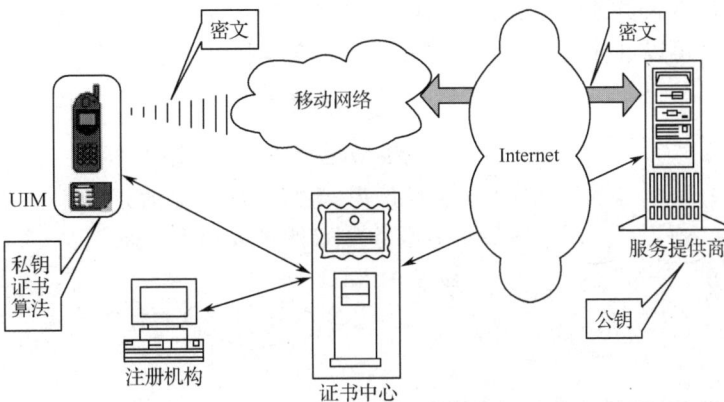

图 8-10　WPKI 系统架构

WPKI 系统主要应用在以下几个方面。

1）网上银行（无线电子支付和无线电子转账）

客户可以用移动设备通过网上银行轻松实现电话费缴纳、商场购物、泊车费缴纳、自动售货机购买饮料、公交车付费、投注彩票等手机支付服务。如果在网上银行系统中采用了

WPKI 和数字证书认证技术，不法分子即使窃取了卡号和密码，也无法在网上银行交易中实现诈骗。从世界范围看，数字证书认证技术已经被广泛地应用在国内外网上银行系统中，至今尚未发现一例由于数字证书被攻破而使网上银行诈骗得逞的案件。网上银行的应用主要有以下两种。

第一种是无线电子支付：客户可以利用手机完成实时的支付，在付款过程中客户通过认证后输入相应的银行卡账号，支付系统会从远程账号上自动减掉这笔账目，主要处理交易完成之后回传给客户相应信息并加以确认。

第二种是无线电子转账：客户可以通过手机连接到银行，执行登录操作后进行转账交易。此时，银行的相应服务器必须确认客户的转账交易资料，它会要求客户端做电子签章的确认，也会发给客户一份电子收据。

2）网上证券交易和网上缴税

通过移动终端设备进行的无线网上证券交易和网上缴税给客户带来了极大便利，并减少了操作时间，提高了办事效率，但是也面临着安全性和可靠性的问题。类似于网上银行系统的实现，采用 WPKI 作为安全技术框架，移动客户可以通过使用个人拥有的数字证书，使信息获得更有效的、端到端的安全保障。

3）指纹识别系统

公安局可以使用附有指纹识别与网络浏览器的 PDA 装置，运用无线上网方式，连线至已经建立好的指纹、相片甚至脸型、声音特征等资料库，进行即时的线上查询与对比。这些资料通过 WPKI 加密后传输于 PDA 与资料库之间，可以达到安全保密的效果。

4）小型超市及物流仓库的盘点

工厂仓库的盘点人员进行完盘点后，可以通过无线网络直接将相应资料以加密的方式传回相应部门，同时可以进行数字签名，保证信息的安全和可靠性。

> 移动电子支付就是允许客户使用手机对所消费的产品/服务进行账务支付的一种服务方式。

实训八　移动商务模式与移动信息服务

【实训目的】

通过本次实训使学生理解移动商务模式，熟悉移动商务模式特点，掌握几种常见的移动信息服务。

【实训要求】

（1）了解移动商务的模式。

（2）熟悉移动商务模式的特点。

（3）学会几种常见的移动信息服务的方法和技巧。

【实训内容及实训步骤】

【操作一】移动商务模式训练

1. 登录 http://www.emay.cn

进入北京亿美软通科技有限公司网站，应用其各项功能，体验该模式的实际功能。

2. 登录 http://www.3g.cn

进入 3G 门户网站，应用其各项功能。在实际应用领域，感受专业的移动商务公司提供的各项服务，体验该模式的实际功能。

3. 登录 http://www.cye.com.cn/ad/yidogshangjie/

进入移动商街网站，应用其各项功能。在实际应用领域，感受专业的移动商务公司提供的各项服务，体验该模式的实际功能。

4. 登录 http://www.chinaunicom.com.cn

进入中国联合网络通信集团有限公司网站，应用其各项功能。在实际应用领域，感受专业的移动商务公司提供的各项服务，体验该模式的实际功能。

5. 登录 http://www.kingdee.com

进入金蝶国际软件集团有限公司网站，应用其各项功能。在实际应用领域，感受专业的移动商务公司提供的各项服务，体验该模式的实际功能。

【操作二】移动信息服务

（1）移动短信服务。

（2）移动定位服务。

（3）CRBT 彩铃服务。

（4）移动应急服务。

（5）移动搜索服务。

【实训提醒】

当登录有些网站时，可能由于某些原因而造成登录失败。如果应用搜索引擎或者其他方法，则同样可以登录这些网站。

【实训思考】

（1）移动商务的模式有哪几种？

（2）你在实际生活中使用过哪几种移动信息服务？

（3）你认为哪几种移动信息服务最实用？为什么？

【实训报告】

1．实训过程

目的要求：

实训内容：

实训步骤：

输入：

输出：

2．实训结果

结果分析：

可以使用表格方式，或使用图形方式，也可以使用文字方式。

3．总结

通过实训，总结自己掌握相关知识的程度，分析实训中出错原因，并提出改进措施。

习题八

一、填空题

1．移动商务是由_____的概念衍生出来，是依托_____，使用_____、_____、_____等移动通信终端和设备所进行的_____信息交互而实现的_____活动。

2．移动商务的实现技术主要有_____协议、_____技术、_____技术、_____业务、_____系统。

3．移动商务的主要商务模式有_____模式、_____模式、_____模式、_____模式、_____模式。

4．所谓移动电子支付，就是指允许用户使用其_____（通常是手机）对所消费的_____或服务进行账务支付的一种_____方式。

5．移动支付方式目前有_____、_____、_____三种形式。

6．移动支付具有_____、_____、_____、利于调整价值链、优化产业资源布局等几个特点。

二、判断题（正确的打"√"，错误的打"×"）

1．移动商务作为新兴事物，不同的学者和专家都给出了相同的定义。（　　）

2．移动商务是借助于计算机技术、网络技术向客户提供内容和服务，并从中获得利润的商务活动。（　　）

3．移动商务可以作为企业降低成本、提高客户满意度的手段，典型的应用包括移动支付、移动交易和

移动订票等。（　　）

4. 手机钱包也称为小额移动支付。该方式实施较容易，是目前国外较普遍采用的方式。（　　）

5. 交易系统不只是完成支付交易流程的基本事务处理系统。（　　）

三、思考题

1. 简述移动商务的主要商务模式。

2. 简述移动商务实现的技术。

3. 简述移动商务的定义。

4. 简述商户管理门户。

5. 简述远程支付流程。

6. 简述 WPKI。

第9章

最新热点技术

9.1　大数据技术概述

9.1.1　大数据的概念

1. 什么是大数据

20 世纪 90 年代末，美国航空航天局的研究人员创造了大数据一词。大数据一词自诞生以来，一直是一个模糊而诱人的概念，直到最近几年，才跃升为一个主流词汇。其实简单来说，大数据也称为巨量资料，是指无法在一定时间范围内用常规软件工具进行捕捉、管理和处理的数据集合，是需要新处理模式才能具有更强的决策力、洞察发现力和流程优化能力的海量、高增长率和多样化的信息资产。大数据概念如图 9-1 所示。

图 9-1　大数据概念

2. 大数据的特点

大数据具有以下几个特点。

1）数据量大

随着互联网技术的发展，网络使用成本降低了，客户在网络上的任何一个行为都可能产生庞大的数据信息。为了满足不同层次客户的需求，网络上出现了很多多媒体信息，包括图片、视频、音频等，很多数据都发展成为以 GB 级规模进行计算的大型数据。一方面客户在网络上的活动将产生大量数据；另一方面各种传感器数据越来越多，现实世界中的数据被快速导入虚拟网络中。除此之外，网络中对于同一事物的描述性数据重复产生，造成大量数据的重叠现象。

2）数据类型多样化

数据类型多样化是大数据的重要特征。大数据背景下的信息资源形式越来越多，已经不再局限于单一的文本信息。尤其是智能手机与平板电脑的使用，增加了人们的网络接触概率，很多信息可能是半结构化或者非结构化。结构化的数据可以方便客户与计算机处理数据。但随着传感器技术的快速发展，网络中涌现出大量的非结构化数据，大大增加了数据存储与处理的难度，如图 9-2 所示。

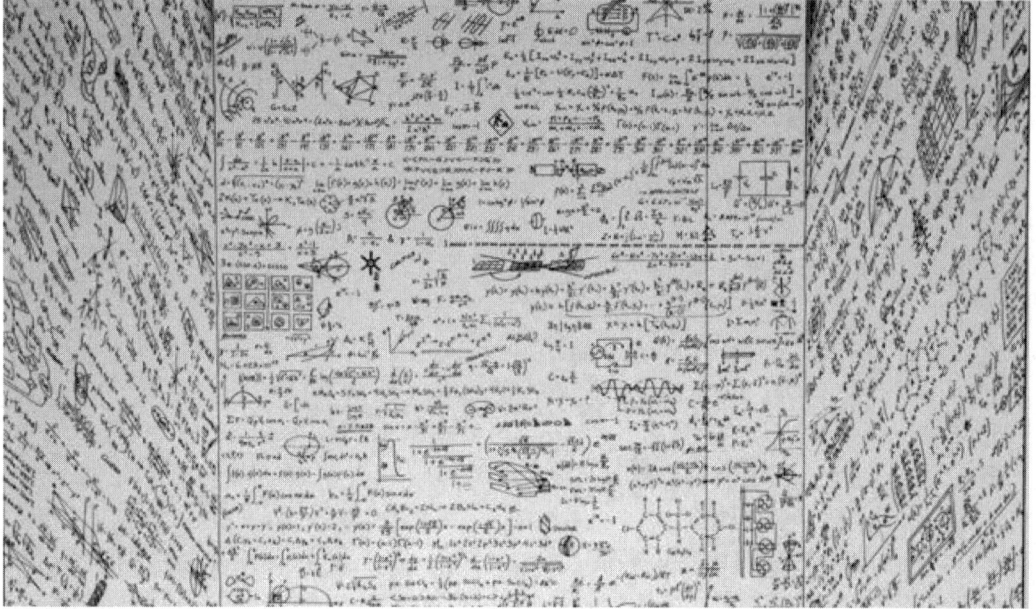

图 9-2　数据类型多样化

3）数据处理速度快

面对庞大的信息量，传统的数据处理模式已经难以满足客户的使用需求，很多数据具备较强的时效性。因此，针对不同的数据信息，数据处理模式也会存在较大的差别，这也是大数据与传统数据模式的主要区别。数据处理的速度必须跟上数据增长的速度，这样才能保证数据的时效性，否则会对网络造成巨大的负担。另外，网络中的很多应用信息必须实时处理。以火车订票为例，该种类型的数据流具有很强的时效性，如果用户响应时间超过 3 秒，就会造成用户体验下降。

4）数据价值密度低

数据价值密度低是大数据的重要属性，传统的结构化数据一般具备特定的用途，因此每条数据的信息十分完整，但数据的完整性给数据处理与存储造成巨大的负担。非结构化数据有效克服了结构化数据的缺陷，提高了数据价值密度。从大数据整体角度出发，为了保证数据信息的完整性，计算机会将数据的关联内容进行存储，导致很多价值不高的信息被纳入处理范围，直接降低了数据的整体价值，造成数据信息的价值密度降低。

9.1.2　大数据技术

大数据技术与传统数据处理技术具有一定相似性，数据处理流程过程包括数据挖掘与检索、数据存储、数据分析、数据显示等。大数据技术要根据客户的需求获取相关的应用信息，之后对这些信息数据进行聚合处理，以便于存储数据、分析数据、查询数据，最后通过数据显示将客户的需求信息展现出来。大数据的核心问题与数据处理流程具有一定关联性。

1. 数据挖掘

数据挖掘技术的主要目的是从海量网络数据中挖掘潜在的高价值数据。数据挖掘技术是伴随计算机技术发展而来的，要通过统计学、人工智能、识别模式等多种方式来实现。互联网上的数据十分驳杂，数据质量直接影响了数据分析的结果。数据挖掘技术可以有效控制错误数据的比例，同时可以尽量排除无关数据。数据挖掘流程如图 9-3 所示。

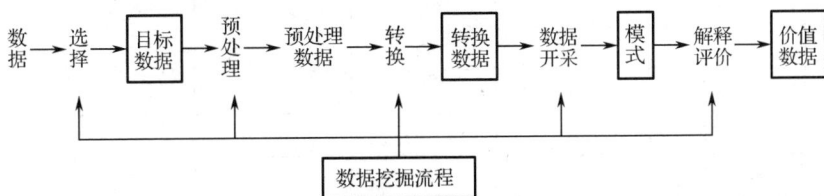

图 9-3　数据挖掘流程

2. 数据分析

大数据技术的关键就是数据分析。互联网上的数据资源十分丰富，但很多信息不具备实际意义。数据分析可以根据客户要求提取有用信息。非结构化数据具有较高的使用价值，其数据价值密度比传统结构化数据价值密度高。但现有的数据分析技术还不能快速处理非结构化数据，一方面是非结构化数据增长、更新速度快速；另一方面是现有的分析技术具有局限性，难以对非结构化语言进行有效处理。

3. 数据显示

数据显示技术可以将分析处理后的有用数据传输给客户。传统结构化数据可以通过图表显示，客户可以直接理解数据的含义。但非结构化数据的类型十分复杂，且数据之间具有较强的关联性，客户难以通过图表理解非结构化数据。针对非结构化数据的显示问题，可以通过计算机图形学与图像处理技术实现数据可视化，利用三维模型表示复杂的数据，让数据更加直观，便于客户理解。

4. 实时处理

大数据技术的实时处理能力直接关系到数据价值。数据价值会随着时间不断降低。应用大数据技术能够存储和管理海量的数据信息，并在需要时快速调出。在储存和管理的过程中，需要解决的技术问题是如何进行优化存储、如何能够降低高成本。另外，在存储和管理技术

的创新中，要实现大数据的索引、移动及备份复制等技术。在未来的发展中，大数据的存储和管理可以逐渐发展成为可视化管理，这种方式能够有效保护文件数据隐私，还能够有效合理识别数据的真伪，确保储存和管理的安全性。

9.1.3 大数据技术的应用

大数据技术的应用范围十分广泛，包括科学计算、社交网络、网络金融、互联网、政府宏观调控、移动数据等。大数据技术的典型应用领域与特征如表 9-1 所示。下面将从互联网、电信、金融及政府四个角度来阐述大数据技术的应用。

表 9-1　大数据技术的典型应用领域与特征

应用领域	应用实例	客户数量	反应时间	数据规模	可靠性	准确性
科学计算	生物信息	小	慢	TB	适中	很高
金融	电子商务	大	非常快	GB	很高	很高
社交网络	Facebook	很大	快	PB	高	高
移动数据	移动电话	很大	快	TB	高	高
物联网	传感网	大	快	TB	高	高
Web 数据	新闻网站	很大	快	PB	高	高
多媒体	视频网站	很大	快	PB	高	适中

1. 互联网

互联网信息技术是大数据技术发展的基础，同时也是大数据技术应用的主要领域之一，一方面互联网企业具有丰富的数据资源与强大的技术背景，可以支撑大数据技术的发展；另一方面大数据技术是互联网的主要发展趋势，可以促进互联网技术的发展。除此之外，互联网可以为大数据技术提供应用测试平台。以淘宝公司、百度公司、Facebook 公司为例，这些公司可以为客户提供大数据技术的应用平台，有效促进了大数据技术的发展。

2. 电信

数据分析技术一直是电信运营商的核心竞争力，电信运营商不可能忽视大数据技术的发展趋势。目前，很多电信运营商已经开始应用大数据技术，包括客户分析与营销、业务分级控制等，这些服务都是基于大数据技术开发出来的。除此之外，电信运营商具备广泛的客户基础，庞大的数据量需要大数据技术作为支撑，很多电信运营商为了弥补自身的技术缺陷，已经开始与互联网企业（Orange 公司、Facebook 公司等）合作。

3. 金融

相比于传统行业，大数据技术在网络金融行业已经得到了广泛应用。很多网络金融企业已经利用大数据技术对客户交易行为进行分析。目前，已经开发出了基于大数据技术的金融分析设备，包括客户交易行为录制设备等。大数据技术在网络金融行业中的应用正在逐步扩散，已经有网络金融公司开始利用大数据技术分析客户关注热点，从而推

测金融发展趋势。

4. 政府

美国等西方发达国家的政府部门已经具备比较成熟的大数据技术。例如，美国国防部已经利用大数据技术监测搜集情报，卫生管理部门利用大数据技术分析流行疾病。除此之外，联合国早在 2009 年已经开始应用大数据技术监控全球各地的社会经济数据，以便于对地区危机做出及时反应。目前，我国政府正在增加大数据技术的研究投入，以便利用大数据技术掌控社会发展动态，调控国家经济，保证社会繁荣稳定。

9.1.4　应用大数据技术的客户价值定位

所谓客户价值，是指客户从消费供方的提供物中所获得的满意感。根据解决问题的不同性质，客户价值可进一步划分为满足型价值和利益型价值。客户价值定位就是要阐明供方针对客户的困难而创造了何种客户价值。企业基于大数据能够获得关于客户个体自然情况、购买记录、使用习惯等一系列全面的信息。这些信息在客观上有助于企业掌握客户真实状况，并为企业确立精准的价值主张提供了依据。

1. 挖掘客户的客观需求

传统上，面向客户的企业一直以来都在用传统的营销学思维，利用性别、收入、地理、价格等维度来细分、定位自身的客户。但是，单一的、静态的、过去时的变量根本无法客观、全面地反映客户的真实需求。实际上，这种"行为"类的现象往往极其隐蔽、模糊，甚至具有一定的路径依赖性，而这恰恰是大数据技术所最擅长攻破的。应用大数据技术能够使企业最大限度地掌握客户的真实需求，因为人类任何行为都是其脑海中想法的客观反映，当这些行为得以长期记录、比较和挖掘，其内心的真实想法便可得知。因此，当客户在网络中点击、浏览、评论时，其购买意愿和偏好将被逐渐显现出来；当客户携带可穿戴设备或者其他物联产品时，其使用情况将转化成传感器数据，其"不便利"就将成为企业对其产品/服务进行下一步改进的方向。例如，许多搜索引擎巨擘将客户在网络当中的搜索热词进行汇编整理，并将其有偿反馈至相关企业，为企业提供决策依据，这样就让数据进入了市场，从而形成新的价值。

2. 实现以客户个体为对象的精准细分

传统上，企业经典的营销学理论是以性别、地理、年龄等维度进行客户细分的。这样细分的结果是，客户以"群"为单位，而实际上，"群"内单独个体间的差异性是显而易见的，因此该分类的科学性难免令人产生质疑。现在，依托计算机强大的计算能力，应用大数据技术能实现以客户个体为单位的细分，并使过去抽象的细分标准得以数据化，如客户的爱好、价值观、购买习惯、健康状况、沟通方式等都得以记录并储存，那么依托这些特征，就使精准细分具备了现实可行性。应用大数据技术能使细分对象具体化。严格来讲，客户的需求差异不在群体之间，而在个体和个体之间。如果企业以单个客户的需求和偏好为目标市场的话，成本的负担、实施的难度和管理的挑战可想而知。但是，应用大数据技术可以使企业向"微

市场"化靠近。例如，以个人遗传基因信息及分子组成为基础的精准医疗服务能够为病人量身打造整体治疗方案，并提高医疗服务的质量，这一模式已经在医疗行业掀起创新与变革的浪潮。

3．实时精准反映需求的动态变化

大数据技术的第四个特征通常被概括为实时个性化，其指的是在可接受的时间内，完成对多元、复杂数据的集聚、处理、挖掘、反馈和响应，依托该特征，客户的客观需求将得以完整、鲜明、精准地显现出来，甚至比客户自身更早地预测出其动态变化状况。当前，许多零售电商已经实现数据驱动定制化。具体来说，根据客户在互联网的足迹，结合其点击、浏览、对比、评论等行为，依托计算模型判断出其个人购买偏好、消费习惯、购买行为模式等，并进行科学预测，将产品在客户购买过程中直接精准地进行推送，提升交易的便捷性、有效性和成功率。实际上，关于客户购买行为的信息挖掘，零售商早已着手。以 Sears Holdings 公司为例，凭借广泛的销售渠道和良好的销售业绩，该公司积累了大量关于客户、产品、营销的一线数据，其出发点当然是挖掘出客户需求的实时、精准的变化。但由于该公司欠缺数据储存、处理、挖掘和分析技术，不得不搁浅该项计划。该公司大量数据的价值无法被释放，即便是以高昂的成本实现这些数据的分析，其时效性早已荡然无存。后来，该公司通过与 Cloudera 公司共同合作搭建 Hadoop Cluster（分布式计算集群），依托大数据技术，使得该公司在可接受的时间内完成了数据的提取、集聚、存储与分析的所有环节，大大缩减了数据储存、处理、挖掘、分析并进行决策设计的时间与成本，让其精准、实时并动态地锁定客户需求并以此达到"量身定做"的价值主张得以实现。再如，Google 公司通过特定词条的检索频率，与流感在传播期时的数据进行比较，比美国疾控中心提早一两周就预测到甲型 HINl 流感的爆发。大数据技术在客户价值主张模块的应用类型如表 9-2 所示。

表 9-2　大数据技术在客户价值主张模块的应用类型

客户价值主张应用类型	应 用 举 例
洞悉客户的真实需求	搜索引擎公司将搜索热词整理后反映给相关企业，以供企业决策
实现以客户个体为对象的精准细分	精准医疗服务能"量身打造"基于客户个体的医疗方案
实时、精准反映需求的动态变化	零售行业分析关于客户、产品、促销的数据，实现"量身定做"的产品推广

9.2　云计算技术概述

9.2.1　云计算的概念

1．云计算的历史

云计算的概念是曾任 Google 公司首席执行官的施密特于 2006 年首次提出的，在那之后，"云计算"变得炙手可热。全球各大互联网公司竞相宣布对外提供云计算服务。例如，Google 公司于 2007 年向全球宣布其将与 IBM 公司合作研究云计算，并声称要把全球多所大学纳入

它的"云计算"中；IBM 公司于 2007 年高调推出"蓝云"计划，并声称云计算将是 IBM 公司接下来的一个重点业务；亚马逊公司于 2007 年向开发者开放了名为"弹性计算机云"的服务，让小软件公司可以按需购买亚马逊数据中心的处理技术；同年 11 月，雅虎公司也将一个小规模的云计算服务提供给卡内基-梅隆大学的研究人员使用；另外一家以虚拟化起家的 VMware 公司，从 2008 年开始也开始扛起了"云计算"的大旗。

在国外云计算产业如火如荼进行的同时，云计算的提出者施密特于 2008 年在北京访问期间，将云计算的"东风"引入中国。自此，中国的互联网业界也开始"拥抱"云计算。国内知名的云服务商阿里云公司就是那时创立并发展起来的。随着云计算的价值被不断挖掘，国内越来越多的公司开始加入研究和部署云计算技术的阵营。比较知名的互联网公司有华为公司、腾讯公司等。我国在 2010 年 10 月 18 日发布的《国务院关于加快培育和发展战略性新兴产业的决定》中，正式将云计算定位于"十二五"战略性新兴产业之一。同一天，工信部、发改委联合印发《关于做好云计算服务创新发展试点示范工作的通知》，确定在北京、上海、深圳、杭州、无锡五个城市先行开展云计算服务创新发展试点示范工作。国家对云计算产业的支持让国内的云计算产业飞速发展。

2．什么是云计算

云计算（Cloud Computing）是一种分布式计算，是指通过网络"云"将巨大的数据计算处理程序分解成无数个小程序，然后通过多部服务器组成的系统进行处理和分析这些小程序，并将得到的结果返回给用户。简单地说，早期的云计算就是简单的分布式计算，它能实现任务的分发及计算结果的合并。因而，云计算也称为网格计算。通过这项技术，可以在很短的时间内（几秒钟）完成对数以万计的数据的处理，从而完成强大的网络服务。

云计算是一种资源利用模式，能通过网络以方便、友好、按需访问的方式访问可配置的计算机资源池（如网络、服务器、存储、应用程序和服务）。在这种模式中，云计算可以快速地以最小的管理代价提供服务。Sun 公司认为，云的类型有很多种，而且有很多不同的应用程序可以使用云来构建。由于云计算有助于提高应用程序构建速度，有助于加快创新步伐，因而它可能还会出现我们现在无法想象到的形式。

总之，云计算是一种方便的使用方式和服务模式，是并行计算、分布式计算和网格计算等技术的发展与运用，是虚拟化、效用计算的商业计算模型。

9.2.2　云计算服务的层次

云计算服务的层次包括基础设施服务、平台服务及软件服务等。目前，越来越多的企业可以提供不同层次的云计算服务，部分企业还可以同时提供基础设施、平台、软件等多层次的云计算服务。云计算服务的层次如图 9-4 所示。

1．基础设施即服务

基础设施即服务（Infrastructure as a Service，IaaS），是指

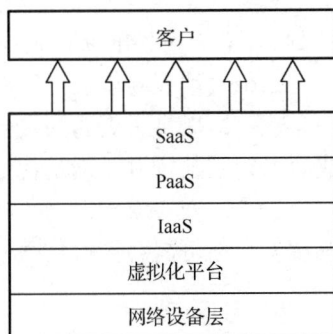

客户
SaaS
PaaS
IaaS
虚拟化平台
网络设备层

图 9-4　云计算服务的层次

客户通过处理、储存网络及各种基础运算资源，部署与执行操作系统或者应用程序等各种软件。客户无须购买服务器、软件等网络设备，即可任意部署、运行、处理、存储网络和其他基本的计算资源。客户虽然不能管理或者控制底层的基础设施，但是可以控制操作系统、储存装置、已部署的应用程序，有时也可以有限度地控制特定的网络元件，如主机端防火墙。IaaS 典型代表如亚马逊公司的弹性计算云 EC2 和简单存储服务 S3、IBM 公司蓝云等。

2．平台即服务

平台即服务（Platform as a Service，PaaS），是指将一个完整的软件研发和部署平台，包括应用设计、应用开发、应用测试和应用托管，作为一种服务提供给客户。在这种服务中，客户无须购买硬件和软件，只要利用 PaaS，就能够创建、测试和部署应用程序和服务。与基于数据中心的平台进行软件开发和部署相比，采用 PaaS 的成本和费用要低得多。Paas 典型代表如 Google App Engine（GAE），它只允许使用 Python 和 Java 语言，使用基于 Django 的 Web 应用框架来调用 GAE 并开发在线应用服务。

3．软件即服务

软件即服务（Software as a Service，SaaS），是指 SaaS 供应商将应用软件统一部署在自己的服务器上，客户可以根据工作实际需求，通过互联网向厂商定购所需的应用软件服务，按定购的服务多少和时间长短向厂商支付费用，并通过互联网获得 SaaS 供应商提供的服务。SaaS 应用软件有免费、付费和增值三种模式。付费模式通常使用"全包"费用，即囊括了通常的应用软件许可证费、软件维护费及技术支持费，并将其折算为每个客户的月度租用费。SaaS 不仅适用于中、小型企业，所有规模企业都可以从 SaaS 中获利。SaaS 典型代表如 Salesforce 公司提供的在线客户关系管理（Client Relationship Management，CRM）服务、Zoho Office、Webex、E-mail 等。

9.2.3 云计算部署模式

云计算部署模式有以下几种。

1．私有云

私有云是为一个客户单独使用而构建的，能够提供对数据、安全性和服务质量的最有效控制。私有云可被部署在企业数据中心的防火墙内，也可被部署在一个安全的主机托管场所。私有云极大地保障了安全问题，目前有些企业已经开始构建自己的私有云。

优点：提供了更高的安全性，因为单个企业是唯一可以访问它的指定实体。这也使组织更容易定制其资源以满足特定的 IT 要求。

缺点：安装成本很高。此外，企业仅限于合同中规定的云计算基础设施资源。私有云的高度安全性可能会使得从远程位置访问变得很困难。

2．社区云

社区云是大的"公有云"范畴内的一个组成部分，是指在一定的地域范围内，由云计算

服务提供商统一提供计算资源、网络资源、软件和服务能力所形成的云计算形式。

优点：云端计算资源只给两个或者两个以上的特定单位组织内的员工使用，除此之外的人和机构都无权租赁和使用云端计算资源。社区云的隐私度、安全性和政策遵从性都比公有云高。

缺点：由于社区云的共同费用的客户数比公共云的少，因此使用社区云往往比使用公共云贵。

3. 公共云

公共云通常指第三方提供商能够使用的云。公共云一般可通过 Internet 使用，可能是免费或者成本低廉的。这种云有许多实例，可在当今整个开放的公有网络中提供服务。公共云的最大意义是能够以低廉的价格，提供有吸引力的服务给最终客户，创造新的业务价值。公共云作为一个支撑平台，还能够整合上游的服务（如增值业务、广告）提供者和下游最终客户，打造新的价值链和生态系统。它使客户能够访问和共享基本的计算机基础设施，其中包括硬件、存储和带宽等资源。

优点：公共云可以实现工作负载的即时部署，而无须准备裸金属。使用公共云时，无须选择大小适当的硬件、办理使用流程，也不用打开箱子取出硬件来架构、通电、部署、安装操作系统及打补丁，只要刷一下信用卡，在几分钟之内就可以获得一个平滑的公共云虚拟机。

缺点：公共云成本是不可预测的，公共云提供商收取的利率也只能任其决定。简而言之，使用公共云在初始阶段支付费用较少，但随着时间推移，其支付费会就会增加，其成本甚至会完全失控。

4. 混合云

混合云融合了公共云和私有云，是近年来云计算的主要模式和发展方向。我们已经知道私有云主要是面向企业的。出于安全考虑，企业更愿意将数据存放在私有云中，但是同时又希望可以获得公共云的计算资源。在这种情况下，混合云被越来越多地采用，它将公共云和私有云进行混合和匹配，以获得最佳的效果，这种个性化的解决方案，达到了既省钱又安全的目的。

优点：使用混合云时，客户可以利用公共云和私有云的优势。混合云为应用程序在多云环境中的移动提供了极大的灵活性。此外，混合云模式具有成本效益，因为企业可以根据需要来决定使用成本更昂贵的云计算资源。

缺点：因为混合云的设置更加复杂，因而难以维护和保护混合云。此外，由于混合云是不同的云平台、数据和应用程序的组合，因此整合可能是一项挑战。在开发混合云时，基础设施之间也会出现兼容性问题。

9.2.4 云计算关键技术

1. 云计算技术的概念

云计算技术是基于云计算商业模式应用的网络技术、信息技术、整合技术、管理平台技

术、应用技术等的总称。云计算技术可以组成资源池，按需所用，灵活便利。伴随着互联网行业的高度发展和应用，将来每个物品都有可能存在自己的识别标志，都要传输到后台系统进行逻辑处理，不同程度级别的数据将会分开处理，各类行业数据皆需要强大的系统后盾支撑，这样只能通过云计算来实现。

2. 云计算平台技术

云计算平台也称为云平台，基于硬件的服务，具有计算、网络和存储的功能。云平台可以划分为三类：以数据存储为主的存储型云平台、以数据处理为主的计算型云平台、计算和数据存储处理兼顾的综合云计算平台。

云平台的主要特点是客户不必关心云平台底层的实现。使用云平台发布第三方应用的开发者（云平台提供商）或者云平台客户只要调用云平台提供的接口，就可以在云平台中完成自己的工作。利用虚拟化技术，云平台提供商可以实现按需提供服务，这样一方面降低了云的成本；另一方面保证了客户的需求得到满足。基于大规模的数据中心或者网络，云平台可以提供高性能的计算服务，而且对于云平台客户，云的资源几乎是无限的。

3. 虚拟化技术

虚拟化技术是一种资源管理技术，能将计算机的各种实体资源，如服务器、网络、内存及存储等，予以抽象、转换后呈现出来，并打破实体结构间的不可切割的障碍，使客户可以以比原本更好的组态方式来应用这些资源。这些资源的新虚拟部分是不受现有资源的架设方式、地域或者物理组态所限制的。一般所指的虚拟化资源包括计算能力和资料存储。

在实际的生产环境中，虚拟化技术主要用来解决高性能的物理硬件产能过剩和老的、旧的硬件产能过低的问题，通过重组、重用这些硬件，透明化底层物理硬件，以达到最大化利用物理硬件的目的。虚拟化技术主要有以下几种。

1）服务器虚拟化

将服务器物理资源抽象成逻辑资源，让一台服务器变成几台甚至上百台相互隔离的虚拟服务器，并不再受限于物理上的界限，而是让 CPU、内存、磁盘、I/O 等硬件变成可以动态管理的"资源池"，从而提高资源的利用率，简化系统管理，实现服务器整合，让 IT 对业务的变化更具适应力，这就是服务器虚拟化。

服务器虚拟化主要分为三种：

（1）"一虚多"，就是指一台服务器虚拟成多台服务器，即将一台物理服务器分割成多个相互独立、互不干扰的虚拟环境。

（2）"多虚一"，就是指多个独立的物理服务器虚拟为一个逻辑服务器，使多台服务器相互协作，处理同一个业务。

（3）"多虚多"，就是指将多台物理服务器虚拟成一台逻辑服务器，然后再将其划分为多个虚拟环境，即多个业务在多台虚拟服务器上运行。

2）存储虚拟化

对存储虚拟化最通俗的理解就是对存储硬件资源进行抽象化表现。存储虚拟化通过将一

个（或多个）目标服务或者功能与其他附加的功能集成，统一提供给客户有用的全面功能服务。存储虚拟化的方式是将整个云系统存储资源进行统一整合管理，为客户提供一个统一的存储空间。它的主要功能是：把存储资源统一整合管理形成数据中心模式；用多个异构存储服务器实现分布式存储，以统一模式访问虚拟化后的客户接口；将云存储系统虚拟成客户本地硬盘；具有节能减排、安全认证、数据加密、基层管理等功能。

3）应用虚拟化

应用虚拟化是指把应用对底层系统和硬件的依赖抽象出来，从而解除应用与操作系统和硬件的耦合关系。应用程序运行在本地应用虚拟化环境中时，这个环境为应用程序屏蔽了底层可能与其他应用产生冲突的内容，从而使其具有良好的兼容性。

4）平台虚拟化

平台虚拟化是指集成各种开发资源虚拟出的一个面向开发人员的统一接口。软件开发人员可以方便地在这个虚拟平台中开发各种应用并嵌入云计算系统中，使其成为新的云服务供客户使用。它的主要功能是：支持各种通用的开发工具及开发软件，如 C、C++、Java、C#、Basic 等；具有测试环境、服务计费、排名打分、升级更新和管理监控等功能。

5）桌面虚拟化

桌面虚拟化是指将客户的桌面环境与其使用的终端设备解耦。服务器上存放的是每个客户的完整桌面环境。客户可以使用具有足够处理和显示功能的不同终端设备通过网络访问该桌面环境。它的主要功能是：集中在服务器端管理和配置 PC 环境及其他客户端需要的软件；可以对企业数据、应用和系统进行集中管理、维护和控制，以减少现场支持工作量；具有连续使用、故障恢复、客户自定义等功能。

4．数据存储技术

数据存储技术在应用过程中主要的使用对象是临时文件在加工过程中形成的一种数据流。数据存储技术是指通过基本信息的查找，依照某种数据记录格式，将数据记录和存储在计算机外部存储介质和内部存储介质上。当数据存储时，要根据相关信息特征对其进行命名，将流动数据在系统中以数据流的形式反映出来，并同步呈现静态数据特征和动态数据特征。

云计算模式下的数据存储技术也称为云存储，属于一种延伸性的计算机存储概念。云存储是指将分布式的系统文件进行整合，在网络技术基础上通过集群应用将计算机存储设备和存储软件集中，以实现协同合作。云存储功能强大，其数据存储模式具有创新性，其应用的关键则是程序软件在不同设备的有机结合中能够保证计算机存储设备的服务功能转换，因而本质上云计算模式下的数据存储技术应用的广域网透明度较高，对外提供数据方便、业务访问范围广。

5．数据管理技术

数据管理技术是指对数据进行分类、编码、存储、检索和维护。数据管理技术是数据处理的核心部分。随着计算机技术的不断发展，在应用需求的推动下，在计算机硬件、软件发

展的基础上数据管理技术经历了人工管理、文件系统、数据库系统三个阶段。

6．分布式编程与计算技术

为了使客户能更轻松的享受云计算带来的服务，让客户能利用该编程模型编写简单的程序来实现特定的目的，云计算上的编程模型必须十分简单，必须保证后台复杂的并行执行和任务调度向客户和编程人员透明。当前，各 IT 厂商提出的"云"计划的编程工具均基于 Map-Reduce 的编程模型。Map-Reduce 是指一种处理和产生大规模数据集的编程模型，程序员在 Map 函数中指定对各分块数据的处理过程，在 Reduce 函数中指定如何对分块数据处理的中间结果进行归约。客户只要指定 Map 和 Reduce 函数，即可编写分布式的并行程序。

7．云计算业务接口技术

为了方便客户业务由传统 IT 系统向云计算环境的迁移，云计算应对客户提供统一的业务接口。业务接口的统一不仅方便客户业务向云端的迁移，也会使客户业务在云与云之间的迁移更加容易。在云计算时代，SOA 架构和以 Web Service 为特征的业务模式仍是业务发展的主要路线。

8．云计算相关安全技术

云计算模式带来一系列的安全问题，包括客户隐私的保护、客户数据的备份和云计算基础设施的防护等。云计算中虚拟服务的规模化、集约化和专业化改变了信息资源大量分散于端设备的格局。云计算中心可以实现集约化和专业化的安全服务，改变当前人人都在打补丁、个个都在杀病毒的状况；还可以将备份作为一种服务形式，实现专门的云备份服务等。

9.3 慕课技术概述

9.3.1 慕课的概念

1．什么是慕课

慕课（Massive Open Online Course，MOOC），即大规模开放在线课程，是"互联网+教育"的产物，是新近涌现出来的一种在线课程开发模式。

MOOC 的第二个字母"O"代表 Open（开放），旨在慕课是以兴趣导向的，凡是想学习的，都可以到慕课中来学，而且不分国籍，只需一个邮箱就可注册参与其中。MOOC 的第三个字母"O"代表 Online（在线），旨在慕课是在网上完成学习的，不受时空限制。

2．慕课的课程范围

慕课是以连通主义理论和网络化学习的开放教育学为基础的。这些课程跟传统的大学课程一样，遵循着循序渐进的原则，使学生通过对这些课程的学习从初学者成长为高级人才。慕课的课程范围不仅涵盖了广泛的科技学科，如数学、统计、计算机科学、自然科学和工程

学等学科，还涵盖了社会和人文学科。学生通过慕课的学习后，并不能获得相应学分，也不能获得本科或者研究生学位。慕课中的绝大多数课程都是免费的。Coursera 公司的部分课程提供收费服务，学生可以自由选择是否购买这部分课程。

3．慕课的授课形式

慕课的授课形式是一种将分布于世界各地的授课者和学习者，通过某一个共同的话题或者主题联系起来的方式。尽管这些课程通常对学习者并没有特别的要求，但是所有的慕课会以每周研讨话题这样的形式，提供一种大体的时间表，其余的课程结构也是最小的，通常会包括每周一次的讲授、研讨问题、阅读建议等。

4．慕课的测验

慕课的每门课都有频繁的小测验，有时还有期中和期末考试。这些考试通常由同学评分，例如，一门课的每份试卷由同班的五位同学评分，最后分数取其平均分。一些学生成立了网上学习小组，或者跟附近的同学组成面对面的学习小组。

5．慕课的特点

慕课具有以下几个特点。

1）规模巨大

慕课的规模巨大这一特点主要表现在学习慕课的人数众多。与传统课程只有几十个或者几百个人不同的是，慕课的受众数量更加巨大，从几万到几十万不等，规模如此巨大的教学方式，受益的可不是一两个人，而是很多人。

2）在线学习

慕课的创办规模很大，要承担这么多人的学习，这对慕课的创办者和创办慕课的要求也会高很多。不同于传统教学将时间分为上课、下课和放学等，慕课是通过网上来进行学习的，学生可以根据自己的学习情况和生活情况，合理灵活地安排自己的学习时间，无须专门跑到教师那里，也不用为了听某位教授的讲座而辛苦奔波，慕课的学习不受时间和空间的影响。

3）包容性

慕课具有很强的包容性，不会因为你的国籍、年龄、性别和职业而区分对待，所有人都可以在慕课中学习自己想要的知识。这样的前提是，你要有上网的条件，而且绝大多数的课程都是免费的，只有当年需要学分时才会交纳一定的费用。

4）强调学习互动和交流

传统的教学是老师和学生进行纵向的学习过程，而慕课则更多的是进行学习者之间的横向学习，主要是学习者之间的学习互助和学习情况的互相交流。慕课不再是以教师作为衡量和评价学习的主体，而是让学习者们彼此互为衡量和评价的主体。

9.3.2 慕课对大学的挑战

1．慕课对高校课堂教学的挑战

传统的大学物理教学主要是以教师为中心，以教为主的教学模式。这种教学模式注重课堂上对物理知识点的讲授，强调教师的权威性，无法很好地调动学生自主学习、主动思考和科学创新的积极性。此外，传统教学一般以 45 分钟为一节课，教师不断对知识进行讲授，学生难以整节课都保持高度的注意力，最终影响学生的学习兴趣和效果。

相对于传统教学模式，慕课具有大规模、开放性及学习者在线自主学习等特点。一般慕课的授课是以一个知识点进行详细展开的，其讲解时间大约在 10 分钟左右，因此学生很容易集中大约 10 分钟的注意力将课程学完。同时，对于没有弄明白的内容，学生还可以自主地反复学习。更重要的是，慕课能使学生和教师之间进行在线互动，颠覆了以教师为中心的传统教学模式，从而实现了以学生为中心的教学模式。

2．慕课对教务管理工作的挑战

传统的教学管理主要基于"教师主体"，注重知识的传播，并将授课时口齿清楚、逻辑明确、循序渐进作为评价教师的重要内容。而以教学辅助工具运用情况作为评价内容的尚不多见。此外，学生在慕课平台上获得的课程结业证书能否免修大学同门课程的学分、是否要进行学分认证是当前高校教务管理工作面临的难题。

3．慕课对大学教师的挑战

在慕课教学的背景下，教师首先受到的是教育教学理念的冲击。从传统教学模式来说，教师是课堂的主导者，通过对知识的讲解、分析和示例，使学生完成对知识的学习和掌握。在整个传统教学过程中，教师占据课堂中心，负责调动学生积极性。而慕课教学则更多的是通过这一平台激发学生的自主积极性。所以，在教育进步的大趋势下，教师要抛开传统教学中以教师为中心的教育教学理念，树立以学生为中心的新理念。慕课的引入将使教师从课堂的主导者转变为学生的辅导者和答疑者，这也迫使教师需要花大量精力来构思如何设计好一节课，并上好一节课。

因此，教师的角色不仅仅是传统的教学者，更多的是具有先进教学理念的教学研究者。慕课是一种建立在现代信息技术和网络平台的教学模式。所以，教师不仅要研究如何上好一门课，还要学会利用现代化的信息技术来制作慕课教学视频。同时，教师要对用于辅助教学的内容和课堂上的授课内容进行全面权衡布局，使之合理搭配、相辅相成，提高教学质量。此外，慕课教学会使学生自主学习的积极性得到提高。课后，教师也要相应地参与学生之间的讨论和互动，并能有效引导学生思考、解决问题。因此，面对慕课教学的引入，教师应该积极面对出现的新挑战，更新自己的教育教学理念，不断提升自身的综合素质，努力适应教师角色的变化，使教和学的效果达到最佳。

4．慕课对学生自主学习能力的挑战

目前，高校在校大学生在学习中普遍存在自主学习能力不足的问题。许多学生只关心怎

样能不挂科，而对相关学科的课外知识和技能拓展不够关心。但是，慕课教学模式要求教学从课堂讲授与知识传输向学生中心转变，学生须要在课外完成大量的学习任务，这对于大多数自我要求不高、被动学习为主和自觉性差的学生而言，无疑是巨大的挑战，这可能也是慕课结业率远远低于注册入学率的原因。

9.3.3　慕课质量模型

慕课质量模型有以下几种。

1．OpenupEd 质量标签

OpenupEd 是第一个泛欧大规模在线开放课程计划。该计划由欧洲远程教育大学协会牵头，由法国、意大利等 11 国家于 2013 年联合推出，免费提供涵盖不同学科的约 40 门课程，并有 13 种不同的语言版本。2014 年，OpenupEd 基于欧洲卓越框架发布了其质量标签，旨在描述慕课的自我评价和审查过程，也可用于慕课的质量保障。OpenupEd 质量标签分为：

（1）机构层面的基准，包括战略管理、课程大纲设计、课程设计、授课、教员支持、学生支持六个方面。

（2）慕课层面的基准，涉及学习成果定义、课程内容设计、课程活动设计、授课教师技能、课程要素复用、学习评价方式、多种形式的学习反馈、课程资料更新八个方面的内容。

2．7Cs 设计框架

7Cs 是指形成概念（Conceptionalize）、获取（Capture）、交流（Communicate）、协作（Collaborate）、思考（Consider）、结合（Combine）和巩固（Consolidate）。

7Cs 学习设计框架由 Conole 教授提出，是学习设计领域技术促进学习的一种创新方式。该框架通过设计工具引导设计过程，使教师在设计过程中相互分享和协作，使教学设计变得有步骤可循，不仅可运用于慕课设计，也可用于课程评价。

3．在线教育质量五大支柱

斯隆联盟是全球领先的网络高教专业组织。作为美国在线学习机构的"航空母舰"，斯隆联盟基于调查数据，提出优质的在线教育质量有五大支柱，分别为：有效学习、学生满意度、教师满意度、准入无障碍、成本效益。目前，这五大支柱已成为美国公众及社会组织评价在线高教质量的重要标准。

4．探究社区在线教学框架

探究社区旨在通过构建由教学过程中的核心参与者教师与学生所组成的共同体，让学生获得高质量的在线学习体验。探究社区由三个核心要素组成：认知存在——学生在学习过程中的批判性思维、社交存在——学生在探究社区中通过利用通信媒介在社交和情感上完全展示自己个性的能力、教学存在——教师在探究社区中为学生构建认知存在和社交存在提供的支持与指导。

9.3.4　慕课学习网站介绍

1. 慕课网

在浏览器的地址栏中输入 https://www.imooc.com/，即可进入慕课网主页，如图 9-5 所示。

图 9-5　慕课网主页

慕课网是属于北京慕课科技中心的一家从事互联网免费教学的网络教育公司。慕课网秉承"开拓、创新、公平、分享"的精神，将互联网特性全面的应用在教育领域，致力于为教育机构及求学者打造一站式互动在线教育品牌。

慕课网的主要特点是：科技类课程，网站使用方便，学习内容丰富，实践性课程实用性强且容易学会。

2．中国大学 MOOC 网

在浏览器的地址栏中输入 https://www.icourse163.org/，即可进入中国大学 MOOC 网主页，如图 9-6 所示。

中国大学 MOOC（慕课）网是属于网易（杭州）网络有限公司的一个国内优质的中文 MOOC 学习平台，是由爱课程网携手网易云课堂打造的。这个平台拥有 985 院校提供的千余门课程，其中包括首批获得认定的国家精品在线开放课程。

每门课程有教师设置的考核标准。当学生的最终成绩达到这个考核标准，即可免费获取由学校发出的、主讲教师签署的合格/优秀证书（电子版），也可以付费申请纸质版认证证书。

中国大学 MOOC 网的主要特点是：有搜索功能，页面设计友好，使用起来比较方便，个性化设计比较明显，资源相对丰富。

3．学堂在线网

在浏览器的地址栏中输入 http://www.xuetangx.com/，即可进入学堂在线网主页，如图 9-7 所示。

图 9-6　中国大学 MOOC 网主页

图 9-7　学堂在线网主页

学堂在线网是清华大学发起的精品中文慕课平台，为广大学习者提供来自清华、北大、斯坦福、MIT 等知名高校创业、经管、语言、计算机等各类专业 1000 余门免费课程，以及优质的在线学习。

这个平台分为在线学习系统和课程管理系统。学生通过注册、登录，便可自由选课、听课和进行社区讨论，系统会根据听课进度给出练习题目及评分；教师则可通过系统上传上课视频、添加教学资料及练习题，并能通过大数据分析平台及时查看教学反馈情况。

学堂在线网是免费公开的 MOOC（大规模开放在线课程）平台，也是教育部在线教育研究中心的研究交流和成果应用平台，致力于通过来自国内外一流名校开设的免费网络学习课程，为公众提供系统的高等教育，让每个中国人都有机会享受优质教育资源。

学堂在线网的主要特点是：内容丰富，资源涵盖面广，在线注册客户数量大，选课人次多。

4．天天象上网

在浏览器的地址栏中输入 http://www.dd-up.net/，即可进入天天象上网主页，如图 9-8 所示。

图9-8　天天象上网主页

天天象上网隶属于北京天天象上信息科技有限公司，是一个专注于 K12 领域的 C+2C 在线教育平台。天天象上网与全国百强名校、万位名师独家签约，助力名师在线创建完整教学体系，通过"微课、资料、习题、检测、互动"等教学方法，提供一流的教学内容和服务。天天象上网既为学生搭建了一个可靠高效的优质平台，又满足了广大一线教师提升学术水平、体现自我价值的迫切需求。

天天象上网的主要特点是：卡通式画面，青少年课程，趣味性强，适合青少年学习，使学生学习既省时又省心。

9.4　直播教育技术概述

9.4.1　直播教育的概念

1. 什么是直播教育

直播教育是指以互联网为媒介，利用多媒体及其他数字化手段进行的教师和学生之间模拟面对面的实时互动教学活动。直播教育包含基础网络和学习终端设备、直播教学平台等要素。基本的直播教育架构如图9-9所示。

通俗地说，直播教育是指教育机构或者企业在互联网上注册一个域名，教师或者教育类主播在这个域名上开设自己的直播间，在直播间内通过导播设备为学生进行实时教学直播，此域名即教育直播平台。它主要由直播输入端、直播输出端和管理后台组成。

教育直播平台界面的呈现方式分为网页形式、客户端形式和 App 形式。无论哪种形式，教育直播平台界面的结构大都相似。教育直播平台界面大致可以分为三个区域：屏幕区、输入区和输出区。屏幕区占据教育直播平台界面的大部分区域，用来显示教师的教学过程。输入区的作用是让学生发表自己的评论或者对教师进行"打赏"等。输出区用来显示学生发表

的一些评论或者其他信息。

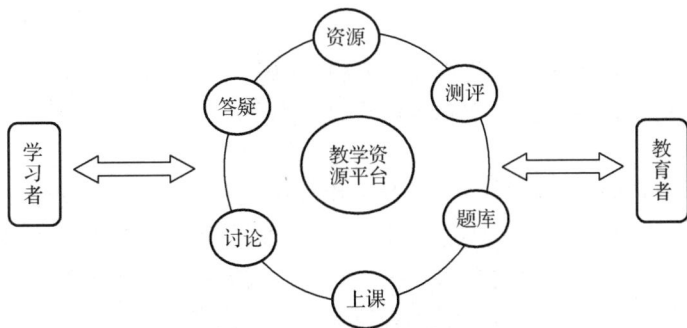

图 9-9　基本的直播教育架构

2．直播教育的特征

（1）模拟真实的教学环境，突破学习时空限制。

在传统的学校教学中，虽然通过"面对面"的教学形式可以实现交流与互动，但是教学活动要在固定时间和固定地点开展，教与学均受到时空限制。在以慕课、微课为主的在线录播教学中，虽然互联网在线的教学形式突破了时空限制，但是这种教学形式是通过教育者事先录制的教学视频以供学生观看学习，在学习者学习的过程中，教育者不能实现与学习者的实时交互。而"直播+教育"的出现，恰恰汲取了以上两种教学形式的优势，又弥补了其不足。借助教育直播平台，教育者实时授课，学习者实时听讲，模拟了真实的教学环境，实现了近似的"面对面"交互。同时，只要教育者和学习者提前约定好时间，这种教学活动就不会受到时间和空间限制。

（2）模拟真实的教学环境，促进教学媒介的发展。

实时直播教学相当于将课程网络化。学生在进行学习过程中，除了能够通过视觉观看教师的教学行为，同时能够听到教师的声音，并且能够进行实时的交流互动，模拟了真实的教学环境。传统的网络课程将课程从"线下"生硬地搬到网络中，与之相比，实时直播教学更加体现了在线教育的理念，有利于学生展开学习和交流互动，从而提高教学质量。

（3）尊重学生个体差异，满足学生个性需求。

个性化教育是"直播+教育"的核心优势，也是在线教育的未来发展方向。在传统的教学中，教师是教学目标的制定者，是教学过程的实施者，是教学活动的评价者。而在"直播+教育"中，师生角色发生了变化，教学过程以学习者为中心。正是这种师生角色的变化，使学习者成为自己学习活动的"总导演"，并能够从自己的需求出发，选择满足自己需求的学习内容进行学习。此外，教育直播相比之前的慕课、微课等在线录播教学，又更贴近传统课堂，师生可以通过文字、语音等方式进行实时交互，一方面，教育者可以根据直播期间学习者的反馈调整教学计划；另一方面，学习者可以实时提出问题并得到实时解答。

（4）教师的教学压力较大，须要筛选优秀教师。

实时直播教学相对录播教学，对教师的教学水平要求更高。录播过程中，教师可以进行反复的演练和准备，选择录播效果最优的视频进行发表，并且录播课程可以在后期进行适当

的修改，从而减小教师的压力。直播教学却反映了教学的实时性，视频不能进行多次的修改和编辑，虽然同样可以进行录播，方便学生回看，但在一定程度上要求了教师讲课内容的流畅性和有效性，以及对教学内容的熟悉性、课堂反应的灵活性。而在全国教师中筛选优秀教师以确保教学质量是一大难点。

（5）互动方式单一。

目前，在互动直播教学过程中，主要是采用"视频+文本"方式进行互动，而文本交流的缺点是输入信息时耗时、信息容易被忽略。同时，如果要进一步交流，学生要再输入信息，导致时间的不连贯，影响交流的效果和效率。互动方式的单一，大大降低了学生的参与度，降低了他们的积极性，不过可以考虑使用语音等其他方式来进行交互。

（6）互动过程少。

在大部分互动直播教学中，依然是老师占用大部分时间讲解，留给学生提问交流的时间很少或者几乎没有。这样就导致学生缺乏参与感，同时也影响了他们参与互动的积极性。

9.4.2　直播教育技术

1．4G 技术的优势

1）成本低

4G 技术从根本上来说是一种传输技术。4G 技术的应用要求较低，手机只要有信号，就可以利用 4G 技术进行电视直播。所以，从一定意义上来说，传统利用卫星转播车进行的电视直播已经可以被利用 4G 技术的电视直播替换。简而言之，利用 4G 技术的电视直播仅仅需要一位记者和一位摄像师，就可以顺利完成电视直播任务。与传统电视直播相比，4G 技术的电视直播大大节省了人力、物力和财力，其出行更加方便、轻松。与此同时，对于 4G 技术的电视直播，看直播的观众只需要一部手机，就可以观看直播。

2）不受空间的限制

4G 技术现如今发展得已经相当成熟。4G 网络信号的覆盖工作相对来说很广泛，空间限制大大减少，所以无论在何时、何地，都可以通过 4G 网络进行电视直播。如果部分新闻发生地点偏远，此时，只要通过手机和 4G 网络就可以进行电视直播，播报实时热点，让观众及时了解发生地的情况。因此，利用 4G 技术的电视直播不受空间限制。

3）更加的方便、简捷

利用 4G 技术的电视直播是新型的电视直播技术。这种运用新技术的直播形式一定程度上大大提高了新闻时效性，更能激发观众的观看兴趣，并很大程度上解决了电视热点不能及时播放的问题，让记者容易掌握新闻发生现场的第一手资料。

利用 4G 技术的电视直播除具备节省人力、财力、物力等好处外，还有一个更大的好处，就是方便观众实时参与。只要具备手机、4G 网络和新闻热点，就可以进行电视直播，这也是与传统电视直播的一大不同。因此，利用 4G 技术，可以使每个人都能参与到电视直播中。

2．4G 技术在电视直播中的发展

1）顺应了互联网时代的发展规律

现如今进入了互联网时代，电视直播只有应用新技术，才能顺应发展潮流，不至于被淘汰。在电视直播中运用 4G 技术，是响应现如今的"互联网+"时代的需求。

2）市场前景广阔

现在，4G 技术发展越发成熟，发展环境良好，4G 信号的覆盖面不断扩大，而且在未来几年，网络成本也会不断降低，4G 技术必将更加成熟，这样就为 4G 在电视直播中的应用提供了良好的发展前景。随着新技术的不断发展，运用新技术的电视直播能给观众带来更好的观看体验，以满足观众的需求。

3．4G 直播原理

4G 技术也称为 IMT-Advanced 技术。目前，广泛使用的 4G 直播技术是基于 4G 网络，将直播画面通过新媒体平台（如网站、手机等移动客户端、互联网电视、微信、微博等）为广大客户呈现出来，并实现直播的时效性与可移动性，体现新媒体特点。

4G 网络回传移动直播简称 4G 直播，是运用中国移动、电信、联通等 4G 技术来达到信号传送的目的。目前，4G 直播可使用手机或者 4G 背包等可发送 4G 信号的设备实现。4G 直播时，使用手机等信源设备拍摄不同角度的直播画面，再通过手机 4G 网络回传 IP 流至新媒体切换台；摄像机可借助摇臂设备进行辅助拍摄，以上所有信号都要汇聚到新媒体切换台，编码器对信号进行 H.264 压缩编码并制成 MP4 文件，再封装成 RTMP流并推送到流媒体服务器，实现网络移动直播。如图 9-10 所示。

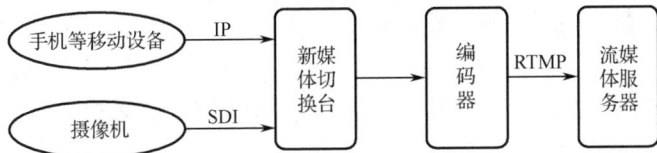

图 9-10　4G 直播技术原理

4G 直播除了用手机外，还可用现在市场上比较成熟的 4G 直播系统实现。该系统包括视/音频发送服务器与接收服务器。视/音频发送服务器包括编码与发送功能，可将接入的信号通过 H.264 压缩编码制成 MP4 格式的视/音频数据流，再封装成 IP 数据包并通过4G 公共网络传送。视/音频发送服务器自带的网络适配器支持多张 TD-LTE/fdd-lte/wcdma/cdma2000 等 4G 上网卡的捆绑进行自适应无线传输，因此直播可安装多张电信 4G 上网卡与移动 4G 上网卡，以保障传输的网络带宽及信号质量。该系统可连接录像机及手机，从而可以进行不同角度拍摄。该系统通过微波将拍摄信号传入切换台，再由切换台将信号输送到视/音频发送服务器。

在新媒体总机房内架设一台接收服务器，以接收从现场发回的 IP 流，再对 IP 流进行编码，然后以 RTMP 流的方式推送到新媒体直播平台流媒体服务器，完成网络直播。现场导播通过切换不同信号实现全角度、全方位的现场网络直播。

9.4.3 直播教育网站介绍

1．伯索云学堂网

在浏览器的地址栏中输入 http://www.plaso.cn/，即可进入伯索云学堂网主页，如图 9-11 所示。

图 9-11　伯索云学堂网主页

伯索云学堂网隶属于南京伯索网络科技有限公司。该公司成立于 2012 年，总部位于六朝古都南京市，是一家专注教育领域的高科技公司。团队骨干技术成员主要来自谷歌、摩托罗拉、阿里巴巴、朗讯、中兴、华为等知名公司，在诸如音/视频通信算法、云计算及移动互联技术等方面均有丰富经验。

伯索云学堂网是一款基于计算机、iPad 和智能手机的在线教学服务工具，能够帮助教育机构快速、低成本部署专属的在线教学平台。伯索云学堂网支持微课制作、直播课堂、答疑辅导、作业批改、教育超市、教研备课功能。伯索云学堂网在传统的线下教学服务基础上，开拓线上教学服务，进一步拓展周一至周五师生不见面时的教学服务场景，实现线上、线下相结合的混合教学服务模式，帮助教育机构进行业务升级，扩大教育机构影响力，增强教育机构招生能力，提升教育机构续班率。

伯索云学堂网的产品以"简单易用、功能实用"的鲜明特点获得了广大客户一致好评。目前，伯索云学堂网已累计服务 2000 多家教育机构。江苏书人教育、昂立教育集团、广州明师教育、郑州晨钟教育、成都望子成龙教育、乐课力教育等区域巨头企业都是伯索云学堂网的合作伙伴。

2．腾讯课堂网

在浏览器的地址栏中输入 https://ke.qq.com/，即可进入腾讯课堂网主页，如图 9-12 所示。

图 9-12　腾讯课堂网主页

　　腾讯课堂网是腾讯公司推出的专业在线教育平台，聚合大量优质教育机构和名师，下设职业培训、公务员考试、托福/雅思考试、考证/考级、英语口语、中小学教育等众多在线学习精品课程，打造教师在线上课教学、学生及时互动学习的课堂。

　　除了技术及客户上的优势，腾讯课堂网还配以对教育机构的政策支持。入驻的教育机构在腾讯课堂网达到一定评分之后，将被提供"万元广点通基金"（广点通是由腾讯公司推出的效果广告系统，它依托腾讯公司优质流量资源平台向广告主提供多种广告投放形式，利用专业数据处理算法实现成本可控、效益客观、精准定位的效果），并安排专业人员进行推广指导，让教育机构在短时间内以"零成本"获得第一批学生。

　　此外，为保证课程质量，腾讯课堂网针对每家已开课的教育机构，综合其上课人数、准点开课率、课程好评度等进行评分，按照教育机构、教师的分数情况按周进行排名，对优秀的教育机构进行奖励。随着教育机构陆续进驻，腾讯课堂网会根据不同教育机构的发展情况，优化扶持政策，让教育机构能专注为学员提供优质的课程，让更优秀的教师和教育机构脱颖而出。这样，由专业的教育机构提供教育课程，而由腾讯课堂网负责"在线"及客户服务。双方各自发挥所长，形成正向循环，实现互利共赢。

3. 网易云课堂网

　　在浏览器的地址栏中输入 https://study.163.com/，即可进入网易云课堂网主页，如图 9-13 所示。

图 9-13　网易云课堂网主页

网易云课堂网是网易公司打造的在线实用技能学习平台。该平台于 2012 年 12 月底正式上线，主要为学习者提供海量、优质的课程。学习者可以根据自身的学习程度，自主安排学习进度。

网易云课堂网立足于实用性的要求，与多家教育、培训机构建立合作，开设的课程数量已超过 4100 门，课时总数超过 50 000 课时，并涵盖实用软件、IT 与互联网、外语学习、生活家居、兴趣爱好、职场技能、金融管理、考试/认证、中/小学、亲子教育等十多个大门类。

网易云课堂网具有以下几个特色。

（1）笔记功能：网易云课堂网的笔记功能为视频学习做了专门设计。学习者添加笔记时会自动保存视频的当前时间点，回顾笔记时就可观看当时视频。学习者还可以对视频截图或者上传本地图片，并保存到笔记当中，这样使得保存教师的板书、重要信息变得更快捷。

学习者可将笔记公开，也可评论、收藏他人笔记，这样就加强了学习者之间的学习交流。另外，学习者可将笔记同步到自己的"有道云笔记"中，或者分享到各种社交网络，以便集中管理。

（2）进度管理与学习监督：在学习者学习过程中，网易云课堂网支持自动/手动标记课时完成状态，或者标记为"重要/有疑问"等，以便学习者回顾和把控学习进度。另外，学习者可设置课程的学习时间安排，而且网易云课堂网会定期向学习者发送提醒信息。

（3）问答功能：学习者在学习过程中可随时提问。网易云课堂网会根据问题内容将问题呈现给相关学习者或者教师，帮助学习者快速获得答案。

4．云朵课堂网

在浏览器的地址栏中输入 http://vip.yunduoketang.com/，即可进入云朵课堂网主页，如图 9-14 所示。

图 9-14　云朵课堂网主页

云朵课堂网是北京昱新科技有限公司于 2016 年发布的一款与"云朵课堂"同名的教学类平台。它可为教育机构、企业、教师和个人提供包括在线直播教学、课程录播授课、考试题库、智能排课、教学管理等功能。

云朵课堂网采用云服务器及 SaaS，并具有安全稳定、系统功能齐全、操作简单、无须二次开发、独立网校域名的特点。企业可将 LOGO、形象图、实现个性化界面在云朵课堂网上自行上线，并自定义页面风格。

云朵课堂具有以下特色。

（1）在线直播：分屏教学、电子白板与 PPT 切换、直播回看、调研问卷、电子投票、在线答疑、资料共享、视/音频互动等。

（2）在线录播：章节学习、笔记回看、课程收藏、评论打分、进度跟踪等。

（3）在线考试：多种题型、考试模块、错题本功能、章节练习、自动阅卷与评卷、考试成绩统计等。

（4）在线题库：布置作业、安排章节练习、随堂测验，智能组卷、答卷评阅，支持单选、多选、填空、问答、材料题等多种题型。

（5）社区功能：论坛、分享、动态、点评、交流、答疑等。

> 慕课（MOOC），即大规模开放在线课程，是"互联网+教育"的产物，是新近涌现出来的一种在线课程开发模

实训九　体验慕课和直播教育服务

【实训目的】

通过本次实训使学生了解新技术模式，熟悉慕课和直播教育实现技术，掌握慕课和直播教育这两种模式的具体操作步骤和使用技巧。

【实训要求】

1．了解慕课和直播教育的模式。
2．熟悉慕课和直播教育的特点。
3．掌握慕课和直播教育这两种模式的具体操作步骤和使用技巧。

【实训内容及实训步骤】

【操作一】体验慕课服务

（1）登录 https://www.imooc.com/，进入慕课网主页，通过注册页面注册一个账号。
（2）用新注册的账号进入该主页。

（3）了解该网站的企业文化、功能、特色并记录下来。

（4）选一门你感兴趣的课程进行学习。

（5）写不少于 1 000 字的学习体会。

【操作二】体验直播教育服务

（1）登录 http://www.plaso.cn/，进入伯索云学堂网主页，通过注册页面注册一个账号。

（2）用新注册的账号进入该主页。

（3）了解该网站的企业文化、功能、特色并记录下来。

（4）选一门你感兴趣的课程进行学习。

（5）写不少于 1 000 字的学习体会。

【实训提醒】

在选择网站的课程时，可以选本学期正在学习的课程，也可以选择已经学过的课程，还可以选择任何你感兴趣的课程，一旦选择课程后就要坚持学习下去。

【实训思考】

1．什么是慕课？它有哪些特点？

2．什么是直播教育？它有哪些特点？

3．你认为慕课和直播教育哪个更适合你？为什么？

【实训报告】

1．实训过程

目的要求：

实训内容：

实训步骤：

输入：

输出：

2．实训结果

结果分析：

可以使用表格方式，或使用图形方式，也可以使用文字方式。

3．总结

通过实训，总结自己掌握相关知识的程度，分析实训中出错原因，并提出改进措施。

习题九

一、填空题

1．大数据也称为_____，是指所涉及的数据资料量_____到无法通过人脑甚至主流软件

工具，在合理时间内达到选取、_____、处理、_____成为帮助企业经营决策更积极目的的资讯，通过_____和_____全量的非抽样的数据辅助决策。

2，大数据技术要根据_____获取相关的_____，之后对数据进行_____，以便于存储数据、_____、_____，最后通过数据显示将_____的信息展现出来，大数据的核心问题与_____具有一定关联性。

3．云计算（Cloud Computing）是_____的一种，是指通过网络"云"将_____计算处理程序分解成无数个_____，然后，通过多部_____组成的系统进行处理和_____这些小程序得到结果并返回给用户。

4．云计算技术基于_____模式应用的网络技术、_____、整合技术、_____、应用技术等的总称，可以组成资源池，_____，_____，云计算技术将变成重要支撑。

5．慕课（MOOC），即_____在线课程，是_____的产物，是新近涌现出来的一种_____模式。

6．直播教育是指以_____为媒介，利用_____及其他_____进行的老师和学生之间模拟_____的实时_____活动。直播教育包含基础网络和_____设备、直播_____等要素。

二、判断题（正确的打"√"，错误的打"×"）

1．大数据技术与传统数据处理技术没有一定相似性。（　　）

2．大数据也称为巨量资料。（　　）

3．大数据技术的应用范围十分广泛，包括科学计算、社交网络、网络金融、互联网、政府宏观调控、移动数据等。（　　）

4．移动商务是借助于计算机技术、网络技术向客户提供内容和服务，并从中获得利润的商务活动。（　　）

5．云计算是一种方便的使用方式和服务模式。（　　）

6．教育直播平台界面的呈现方式分为网页形式、客户端形式和服务器端形式。（　　）

三、思考题

1．简述大数据的概念。

2．简述大数据技术的概念。

3．简述云计算的概念。

4．简述云计算技术的概念。

5．简述慕课的概念。

6．简述直播教育的概念。

参 考 文 献

[1] 杜红萍. 电子商务概论[M]. 3 版. 上海：上海财经大学出版社，2019.
[2] 李跃贞. 电子商务概论[M]. 3 版. 北京：机械工业出版社，2018.
[3] 孟泽云. 电子商务概论[M]. 3 版. 北京：电子工业出版社，2019.
[4] 白东蕊，岳云康. 电子商务概论[M]. 2 版. 北京：人民邮电出版社，2016.
[5] 戴建中. 电子商务概论[M]. 3 版. 北京：清华大学出版社，2016.
[6] 毛晶莹. 电子商务概论[M]. 北京：北京大学出版社，2016.
[7] 吕云翔，等. 大数据基础及应用[M]. 北京：清华大学出版社，2017.
[8] 徐小龙，等. 云计算技术及性能优化[M]. 北京：电子工业出版社，2017.
[9] 董志良. 电子商务概论[M]. 北京：清华大学出版社，2014.
[10] 陈玉琨，田爱丽. 慕课与翻转课堂导论[M]. 上海：华东师范大学出版社，2014.
[11] 宋俊骥，孔华. 网络营销与策划实务[M]. 北京：人民邮电出版社，2018.
[12] 温明剑. 电子商务网络技术基础[M]. 北京：清华大学出版社，2010.
[13] 王冀鲁. 网络技术基础[M]. 北京：清华大学出版社，2009.
[14] 王宏宇，张学兵. 电子商务网络技术[M]. 武汉：武汉理工大学出版社，2010.
[15] 陈孟建. 网络营销与策划[M]. 2 版. 北京：人民邮电出版社，2012.
[16] 陈孟建. 电子商务网络安全与防火墙技术[M]. 北京：清华大学出版社，2011.
[17] 孙若莹，王兴芬. 电子商务概论[M]. 北京：清华大学出版社，2012.